NOMOSEINFÜHRUNG

Prof. Dr. Dr. Milan Kuhli
Universität Hamburg

Geschichte des Strafrechts

Von der Frühen Neuzeit
bis zur Gegenwart

Die Deutsche Nationalbibliothek verzeichnet diese Publikation in
der Deutschen Nationalbibliografie; detaillierte bibliografische
Daten sind im Internet über http://dnb.d-nb.de abrufbar.

ISBN 978-3-8487-3904-2 (Print)
ISBN 978-3-8452-8231-2 (ePDF)

1. Auflage 2025
© Nomos Verlagsgesellschaft, Baden-Baden 2025. Gesamtverantwortung für Druck und
Herstellung bei der Nomos Verlagsgesellschaft mbH & Co. KG. Alle Rechte, auch die des
Nachdrucks von Auszügen, der fotomechanischen Wiedergabe und der Übersetzung,
vorbehalten.

Vorwort

Die Idee, ein Lehrbuch zur Geschichte des Strafrechts zu verfassen, entstand in meiner Vorlesung „Strafrechtsgeschichte" an der Universität Hamburg. Diese Lehrveranstaltung wird regelmäßig im ersten Semester des Jurastudiums angeboten – in einer Phase der juristischen Ausbildung also, in der die Jurastudierenden mit dem heute geltenden Strafrecht gerade erst vertraut gemacht werden. In diesen Vorlesungen stellt sich mir immer wieder die spannende Herausforderung, die geschichtliche Entwicklung eines Rechtsgebiets zu vermitteln, das das Auditorium noch nicht in allen Details kennt. Diese Aufgabe führte mich zu der Überlegung, ein knapp gehaltenes Lehrbuch zu verfassen, das in die Geschichte des Strafrechts der Neuzeit einführt und dabei auch die Grundzüge des heutigen Strafrechts einbezieht. Das aus dieser Idee entstandene Buch richtet sich im Besonderen an Jurastudierende, darüber hinaus aber auch an alle Interessierten, die sich mit der Materie der Strafrechtsgeschichte einführungsweise vertraut machen wollen.

Während der Arbeit an diesem Buch habe ich die Grundzüge der Strafrechtsgeschichte ab dem 18. Jahrhundert in kurzer Aufsatzform an anderer Stelle (ZJS 2021, S. 21 – 29, 271 – 281) bereits veröffentlicht. Für diesen zweiteiligen Aufsatz habe ich auf Ergebnisse der Arbeiten an diesem Lehrbuch zurückgegriffen.

Dieses Buch wäre nicht ohne die großartige Unterstützung möglich gewesen, die mir von vielen Seiten zuteil wurde. In dieser Hinsicht möchte ich zunächst den Verantwortlichen des Nomos-Verlags für die Aufnahme meines Werkes in ihr Programm danken. Ein besonderer Dank gilt hier *Peter Schmidt* für die umsichtige Begleitung der Drucklegung und für die Nachsicht hinsichtlich der von mir zu verantwortenden zeitlichen Verzögerung der Fertigstellung des Buches. Aus meinem Lehrstuhlteam danke ich *Dilyara Adil, Aylin Aslan, Julius Bayón, Charlotte Kallien, Bijan Khodadadeh, Jan Hendrik May, Hannah Ofterdinger, Judith Papenfuß, Micael Soares-Kamprad, Bennet Sietas, Hannah Welling* und *Judith Zemmrich* für die vielfältige Unterstützung. Herausragender Dank gebührt auch meinem Vater *Horst Kuhli* sowie meinen Kollegen *Martin Asholt* und *Jochen Bung* für ihre wichtigen inhaltlichen Anmerkungen. Und schließlich danke ich meiner Frau *Christina Posselt-Kuhli*, die mir wertvolle Tipps für die Konzeptionierung dieses Werkes gegeben hat und die vier Abschnitte zu den historischen Hintergründen der jeweiligen Epochen (B.I.1, B.II.1, B.III.1 und B.IV.1) maßgeblich geprägt hat.

Um den Text möglichst kompakt zu halten, wird das generische Maskulinum verwendet. Selbstverständlich beziehen sich die Ausführungen auf sämtliche Geschlechter.

Soweit Sie inhaltliche Anregungen und Verbesserungsvorschläge haben, sind Sie herzlich eingeladen, sich an mich (milan.kuhli@uni-hamburg.de) zu wenden.

Hamburg, im Frühjahr 2024 *Milan Kuhli*

Inhalt

Vorwort	5
Abkürzungen	11

A. Vorbemerkungen   17
   I. Konzept und Gliederung   17
   II. Gegenstand   18
      1. „Strafrecht"   18
      2. „Neuzeit"   20
      3. „Deutschland"   21
   III. Arbeit mit historischen Quellen   21

B. Überblick   23
   I. Prolog: Status quo im ausgehenden Mittelalter   23
      1. Hintergrund: Das Heilige Römische Reich   23
      2. Fehdewesen und peinliche Strafen   24
      3. Rechtspluralität   27
   II. Frühe Neuzeit   28
      1. Hintergrund: Das Zeitalter der Religionskriege   28
      2. Ewiger Landfrieden und Reichskammergericht   30
      3. Carolina und gemeines Strafrecht   31
      4. Strafrechtsdenken und Rechtswissenschaft   34
   III. 18. Jahrhundert   37
      1. Hintergrund: Das Zeitalter der Aufklärung   37
      2. Strafrechtsdenken   39
      3. Rechtslage   42
   IV. 19. Jahrhundert   45
      1. Hintergrund: Politische und soziale Entwicklung   45
      2. Strafgesetzgebung in den Partikularstaaten   47
      3. Freiheitsstrafe und Kriminologie   50
   V. Deutsches Kaiserreich   51
      1. Reichsgründung, RStGB und RStPO   51
      2. Kolonialstrafrecht   52
      3. Strafrechtsdenken   54
      4. Weitere Strafrechtsentwicklung   56
   VI. Weimarer Republik   57
   VII. Zeit des Nationalsozialismus   58
      1. Beginn und Etablierung   58
      2. Strafgesetzgebung und Staatsterror   59
      3. Exkurs: Radbruchs Positivismuslegende   60
      4. Singularität des NS-Strafrechts?   61
   VIII. Von der Nachkriegszeit bis zur Wiedervereinigung   62
      1. Hintergrund   62
      2. Umgang mit der NS-Vergangenheit   62
         a) Aufhebung von NS-Gesetzen und NS-Urteilen   63

		b) Strafverfolgung von NS-Taten	64
		aa) Rechtsfragen	64
		bb) Verfolgungspraxis	66
	3.	Strafgesetzgebung in der Bundesrepublik	71
	4.	Strafrecht in der DDR	73
IX.	Deutschland seit der Wiedervereinigung		74

C. Zentrale Fragestellungen, Ideen und Prinzipien   78

I.	Kriterien der Strafwürdigkeit		78
	1.	Einführung	78
	2.	Frühe Neuzeit	79
		a) Benedikt Carpzov	79
		b) Hugo Grotius	80
		c) Thomas Hobbes	81
	3.	Von der Aufklärung bis zur Gegenwart	82
		a) Rechtsverletzungslehre und Rechtsgutslehre	82
		b) Pflichtverletzungslehre und Gesinnungsstrafrecht	84
		c) Verhältnismäßigkeitsprinzip	87
II.	Sinn und Zweck der Strafe		88
	1.	Einführung	88
	2.	Frühe Neuzeit	89
		a) Carolina	89
		b) Benedikt Carpzov	90
		c) Thomas Hobbes	90
	3.	18. und frühes 19. Jahrhundert	91
	4.	Spezialprävention und Schulenstreit	92
	5.	Zeit des Nationalsozialismus	96
	6.	Weitere Entwicklungen bis zur Gegenwart	96
III.	Strafgesetze und Gesetzlichkeitsprinzip		97
	1.	Einführung	97
	2.	Frühe Neuzeit	98
	3.	18. und frühes 19. Jahrhundert	100
		a) Cesare Beccaria u.a.	100
		b) Paul Johann Anselm von Feuerbach	102
	4.	Spätes 19. Jahrhundert	103
	5.	Weimarer Republik	104
	6.	Zeit des Nationalsozialismus	105
		a) Unbestimmte Gesetze	106
		b) Analogienovelle	106
		c) Rückwirkung (Reichstagsbrandprozess)	107
	7.	Von der Nachkriegszeit bis zur Gegenwart	109
		a) Gesetz- und Verfassungsgebung	109
		b) Nachträglicher Umgang mit dem Nationalsozialismus und der DDR	110
IV.	Sanktionsarten		112
	1.	Einführung	112
	2.	Frühe Neuzeit	112
	3.	18. Jahrhundert	113
		a) Überblick zur Gesetzgebung	113

Inhalt

			b) Todesstrafe	114
		4.	Weitere Entwicklungen bis zur Gegenwart	116
			a) Todesstrafe	116
			b) Freiheitsentziehende Strafen und Geldstrafe	117
	V.	Strafverfahren		117
		1.	Einführung	117
		2.	Frühe Neuzeit	118
			a) Verfahrensarten	118
			b) Ablauf eines Inquisitionsverfahrens	119
			aa) Untersuchung	119
			bb) Entscheidung	121
			c) Exkurs: Hexenverfolgung	122
		3.	18. Jahrhundert	124
			a) Inquisitionsprozess und Folter	124
			b) Exkurs: Verhaftungen auf Geheiß des Landesherrn	126
		4.	19. und frühes 20. Jahrhundert	128
		5.	Zeit des Nationalsozialismus	130
		6.	Von der Nachkriegszeit bis zur Gegenwart	130

D. Zeittafel 133

E. Kontrollfragen 137

Quellen- und Literaturverzeichnis 141

Sach- und Personenregister 161

Abkürzungen

Abh.	Abhandlung
Abs.	Absatz
Abschn.	Abschnitt
Abt.	Abteilung
ADB	Allgemeine Deutsche Biographie
AE	Alternativ-Entwurf
a.F.	alte Fassung
ALR	Allgemeines Land-Recht für die Königlich-Preußischen Staaten/Allgemeines Landrecht für die Preußischen Staaten von 1794/Preußisches Allgemeines Landrecht
Alt.	Alternative
AöR	Archiv des öffentlichen Rechts
ArchCrimR	Archiv des Criminalrechts
Art.	Artikel
AT	Allgemeiner Teil
Aufl.	Auflage
AVR	Archiv des Völkerrechts
Az.	Aktenzeichen
BayStGB	Strafgesetzbuch für das Königreich Bayern/Bayerisches Strafgesetzbuch
Bd.	Band
Bde.	Bände
BeckOK-GG	Beck'scher Online-Kommentar Grundgesetz
BeckOK-StPO	Beck'scher Online-Kommentar StPO mit RiStBV und MiStra
Beschl.	Beschluss
BGB	Bürgerliches Gesetzbuch
BGBl.	Bundesgesetzblatt/Bundes-Gesetzblatt
BGH	Bundesgerichtshof
BGHSt	Entscheidungen des Bundesgerichtshofs in Strafsachen
BR-Drucks.	Verhandlungen des Deutschen Bundesrates, Drucksachen
Bsp.	Beispiel
bspw.	beispielsweise
BT	Besonderer Teil
BT-Drucks.	Verhandlungen des Deutschen Bundestages, Drucksachen
BT-Plenarprot.	Deutscher Bundestag, Plenarprotokoll
Buchst.	Buchstabe
BVerfG	Bundesverfassungsgericht
BVerfGE	Entscheidungen des Bundesverfassungsgerichts
BVerwG	Bundesverwaltungsgericht
bzw.	beziehungsweise
CCC	Constitutio Criminalis Carolina
DDR	Deutsche Demokratische Republik
DDR-Grenzgesetz	Gesetz über die Staatsgrenze der DDR

ders.	derselbe
d. h.	das heißt
dies.	dieselbe/dieselben
Diss.	Dissertation
dt.	deutsch/deutsche/deutschen/deutscher/deutsches
DtStrafR	Deutsches Strafrecht. Strafrecht, Strafrechtspolitik, Strafprozeß. Zeitschrift der Akademie für Deutsches Recht
DVBl	Deutsches Verwaltungsblatt
DZPhil	Deutsche Zeitschrift für Philosophie
E	Entwurf
ebd.	ebenda
Ed.	Edition
ed.	edition/editor
EGGVG	Einführungsgesetz zum Gerichtsverfassungsgesetz
EGMR	Europäischer Gerichtshof für Menschenrechte
Einf.	Einführung
eingel.	eingeleitet
EMRK	Europäische Menschenrechtskonvention
Entsch.	Entscheidung
ErmächtigungsG	Ermächtigungsgesetz
et al.	et alii
europ.	europäisch/europäische/europäischer/europäisches
Fak.	Fakultät
f.	und der/die/das Folgende
ff.	und die Folgenden
FG	Festgabe
Fn.	Fußnote
FS	Festschrift
G	Gesetz
GA	Goltdammer's Archiv für Strafrecht
GBl. DDR	Gesetzblatt der Deutschen Demokratischen Republik
gem.	gemäß
Gestapo	Geheime Staatspolizei
GG	Grundgesetz
grds.	grundsätzlich
GVG	Gerichtsverfassungsgesetz
GYIL	German Yearbook of International Law
Halbbd.	Halbband
Halbs.	Halbsatz
Hdb StrR	Handbuch des Strafrechts
HeimtückeG	Heimtückegesetz
HRG	Handwörterbuch zur deutschen Rechtsgeschichte
HRR	Höchstrichterliche Rechtsprechung
HRRS	Höchstrichterliche Rechtsprechung im Strafrecht

Abkürzungen

Hrsg.	Herausgeber/Herausgeberin/Herausgebendes Organ
hrsgg.	herausgegeben
HU	Humboldt-Universität
HuV-I	Humanitäres Völkerrecht – Informationsschriften
HZ	Historische Zeitschrift
ICC	International Criminal Court
i.d.F.	in der Fassung
i.d.F.v.	in der Fassung vom/von
i.d.R.	in der Regel
i.d.S.	in diesem Sinne
i.E.	im Erscheinen
i.e.S.	im engeren Sinne
IMT	International Military Tribunal Nuremberg
insb.	insbesondere
Inst.	Institut
Int.	International/Internationales
i.R.d.	im Rahmen der/im Rahmen des
i.S.	im Sinne
i.S.d.	im Sinne der/im Sinne des
IStGH	Internationaler Strafgerichtshof
i.S.v.	im Sinne von
i.V.m.	in Verbindung mit
i.w.S.	im weiteren Sinne
JA	Juristische Arbeitsblätter
JBl	Juristische Blätter
JGG	Jugendgerichtsgesetz
Jhd.	Jahrhundert
Jhde.	Jahrhunderte
Jhds.	Jahrhunderts
JJZG	Jahrbuch der Juristischen Zeitgeschichte
jur.	juristisch/juristische/juristischer/juristisches
Jura	Jura. Juristische Ausbildung
JuS	Juristische Schulung. Zeitschrift für Studium und Ausbildung
JZ	Juristenzeitung
Kap.	Kapitel
KJ	Kritische Justiz
KK-StPO	Karlsruher Kommentar zur Strafprozessordnung mit GVG, EGGVG und EMRK
KP	Kommunistische Partei
Kriminalwiss.	Kriminalwissenschaften
KriPoZ	Kriminalpolitische Zeitschrift
krit.	kritisch
KZ	Konzentrationslager
Lfg.	Lieferung

Abkürzungen

LG	Landgericht
Ls.	Leitsatz
m.	mit
m.a.W.	mit anderen Worten
MHI	Miscellanea Historico-Iuridica
MiStra	Anordnung über Mitteilungen in Strafsachen
MR	Matt/Renzikowski
Ms.	Manuskript
MüKo-StGB	Münchener Kommentar zum Strafgesetzbuch
MüKo-StPO	Münchener Kommentar zur Strafprozessordnung
m.w.N.	mit weiterem Nachweis / mit weiteren Nachweisen
m.W.v.	mit Wirkung vom
Nachdr.	Nachdruck
Neudr.	Neudruck
n.F.	neue Fassung
N.F.	Neue Folge
NJ	Neue Justiz. Zeitschrift für Rechtsetzung und Rechtsanwendung
NJW	Neue Juristische Wochenschrift
NK-StGB	NomosKommentar StGB
Nr.	Nummer
NS	Nationalsozialismus
NS-AufhG	Gesetz zur Aufhebung nationalsozialistischer Unrechtsurteile in der Strafrechtspflege
NSDAP	Nationalsozialistische Deutsche Arbeiterpartei
NStZ	Neue Zeitschrift für Strafrecht
o.	ohne
OWiG	Gesetz über Ordnungswidrigkeiten
Preuß.	Preußische/Preußischer/Preußisches
ReichstagsbrandVO	Reichstagsbrandverordnung
RG	Reichsgericht
RGBl.	Reichsgesetzblatt/Reichs-Gesetzblatt
RGSt	Entscheidungen des Reichsgerichts in Strafsachen
RiStBV	Richtlinien für das Strafverfahren und das Bußgeldverfahren
RJGG	Reichsjugendgerichtsgesetz
RKG	Reichskammergericht
Rn.	Randnummer
RphZ	Rechtsphilosophie. Zeitschrift für Grundlagen des Rechts
Rspr.	Rechtsprechung
RStGB	Strafgesetzbuch für das Deutsche Reich/Reichsstrafgesetzbuch
RStPO	Reichsstrafprozessordnung
S.	Satz/Seite

Abkürzungen

s.	siehe
SA	Sturmabteilung
sächs.	sächsische/sächsischer/sächsisches
SchGG	Schutzgebietsgesetz
scil.	scilicet
SJZ	Süddeutsche Juristen-Zeitung
sog.	sogenannte/sogenannter/sogenanntes
Sp.	Spalte
SS	Schutzstaffel
Staatsmin.	Staatsministerium
StGB	Strafgesetzbuch
StPO	Strafprozessordnung
StrÄndG	Strafrechtsänderungsgesetz
StrRG	Gesetz zur Reform des Strafrechts/Strafrechtsreformgesetz
StV	Strafverteidiger
StVollzG	Gesetz über den Vollzug der Freiheitsstrafe und der freiheitsentziehenden Maßregeln der Besserung und Sicherung/Strafvollzugsgesetz
Teilbd.	Teilband
u.	und
u.a.	und andere/unter anderem
Übersetz.	Übersetzung
Univ.	Universität
Urt.	Urteil
US	United States
v.	vom/von
Var.	Variante
Verf.	Verfasser
vgl.	vergleiche
VO	Verordnung
vol.	volume
Vorbem.	Vorbemerkung
vs.	versus
VStGB	Völkerstrafgesetzbuch
WA	Werkausgabe
WestfF	Westfälische Forschungen, Zeitschrift des LWL-Instituts für Westfälische Regionalgeschichte
WRV	Weimarer Reichsverfassung
Z.	Zeile
z.B.	zum Beispiel
ZEuP	Zeitschrift für Europäisches Privatrecht
ZHF	Zeitschrift für historische Forschung
Ziff.	Ziffer

Abkürzungen

ZIS	Zeitschrift für Internationale Strafrechtsdogmatik
zit.	zitiert
ZJS	Zeitschrift für das Juristische Studium
ZRG (GA)	Zeitschrift der Savigny-Stiftung für Rechtsgeschichte (Germanistische Abteilung)
ZRP	Zeitschrift für Rechtspolitik
ZRph	Zeitschrift für Rechtsphilosophie. Theoretische, methodische und politische Grundfragen
ZStrR	Schweizerische Zeitschrift für Strafrecht
ZStW	Zeitschrift für die gesamte Strafrechtswissenschaft
zugl.	zugleich

A. Vorbemerkungen

I. Konzept und Gliederung

Warum nun noch ein weiteres Lehrbuch der Strafrechtsgeschichte? Es gibt bereits einige solcher Werke,[1] darüber hinaus auch strafrechtliche Ausführungen in rechtsgeschichtlichen Lehr- und Handbüchern[2] und schließlich strafrechtshistorische Darlegungen in Lehrbüchern des Strafrechts.[3] Sie alle vermitteln anschauliche Überblicke zur historischen Entwicklung der Kriminalität, des Strafrechtsdenkens, der Strafgesetzgebung, der Strafrechtsprechung und der Kriminalpolitik. Sie alle bieten Argumentationen und historische Bewertungen, die auch für das Verständnis gegenwärtiger Probleme und Phänomene des Strafrechts relevant sind. Mit dem vorliegenden Lehrbuch kann deshalb keinesfalls der Anspruch verfolgt werden, einen besseren Überblick, eine bessere Argumentation oder eine bessere historische Bewertung zu vermitteln. Das Werk, das Sie gerade lesen, soll vielmehr dazu dienen, einen geschichtlichen Überblick, vergangene und gegenwärtige Argumentationen sowie historische Bewertungen *anders* zu vermitteln.

Das didaktische Konzept dieses Buches besteht darin, die **Geschichte zentraler Fragestellungen, Ideen und Prinzipien** des neuzeitlichen Strafrechts nachzuzeichnen. Dies umfasst sowohl Fragestellungen, Ideen und Prinzipien, die für das geltende Strafrecht konstitutiv sind, als auch solche, die zwischenzeitlich wieder obsolet wurden. Die hiermit angedeutete separate Erzählung der Geschichte zentraler Fragestellungen, Ideen und Prinzipien findet sich in **Kapitel C**. Hier kann man etwa erfahren, in welchen Entwicklungslinien bzw. mit welchen Brüchen Antworten auf folgende **fünf Leitfragen** gegeben wurden und unter welchen historischen Voraussetzungen diese Fragen überhaupt gestellt wurden:

1. Was soll strafbar sein?
2. Warum soll jemand bestraft werden?
3. Von welchen Voraussetzungen soll eine Bestrafung abhängen?
4. Welche Strafen soll es geben?
5. Wie erfährt man, wer zu bestrafen ist?

Die erste Frage betrifft den Aspekt der **Strafwürdigkeit**, dessen Geschichte weiter unten beleuchtet wird.[4] Die zweite Frage gilt dem **Strafzweck**.[5] Die dritte Frage lässt sich prinzipiell in eine Vielzahl von weiteren Fragen unterteilen, da eine Bestrafung von unzähligen denkbaren Voraussetzungen abhängen könnte. In diesem Lehrbuch wird sie hingegen nur auf eine zentrale Voraussetzung bezogen, die seit Jahrhunderten diskutiert wird – das Vorliegen eines entsprechenden **Strafgesetzes**.[6] Die vierte Frage betrifft den Aspekt der maßgeblichen **Sanktionen**,[7] die fünfte Frage denjenigen des

---

1 Z.B. *T. Vormbaum*, Strafrechtsgeschichte, 2019.
2 Z.B. *Hattenhauer*, Europ. Rechtsgeschichte, 2004, Rn. 65 – 83, 117 – 128, 326 – 330, 342 – 366, 696 – 758, 879 – 896, 1023 – 1030, 1364 – 1380, 1619 – 1625, 1969 – 1975, 1995 – 2000, 2127 – 2135, 2159 – 2169; *Steinberg*, in: Hilgendorf u.a., Hdb StrR I, 2019, § 5; *Hilgendorf*, in: ders. u.a., Hdb StrR I, 2019, § 6.
3 Z.B. *Jescheck/Weigend*, Strafrecht AT, 1996, S. 70 – 79, 90 – 106, 119 – 121.
4 Abschnitt C.I.
5 Abschnitt C.II.
6 Abschnitt C.III.
7 Abschnitt C.IV.

A. Vorbemerkungen

Strafprozesses bzw. Strafverfahrens.[8] Sämtliche der hiermit angesprochenen Aspekte haben sich im Laufe der Geschichte entwickelt. Zum Beispiel sind sie Reaktionen auf historische Gegebenheiten. Mitunter sind sie aber auch trotz bestimmter äußerer Umstände entstanden.

4 Durch die dem Kapitel C zugrundeliegende Distinktion soll **nicht** der Eindruck erweckt werden, als stünde die Geschichte der einzelnen Fragestellungen, Ideen und Prinzipien **losgelöst voneinander**. Dass dem keineswegs so ist, zeigt sich **beispielsweise** anhand der eben genannten zweiten und vierten Frage: Die Frage nämlich, ob die Gesellschaft durch die für eine Tat verhängte Strafe abgeschreckt werden soll (= Strafzweck der negativen Generalprävention), hängt durchaus auch mit der Frage zusammen, ob Strafe überhaupt abschrecken kann. Diese Frage wurde im Laufe der Zeit mitunter auch von der Art der in Betracht kommenden Sanktion abhängig gemacht. Den vielfältigen Zusammenhängen zwischen den einzelnen Fragen (mit anderen Worten: zwischen den jeweiligen Fragestellungen, Ideen und Prinzipien) wird im Folgenden durch **Querverweise** innerhalb dieses Buches Rechnung getragen.

5 Bevor die Geschichte zentraler Fragestellungen, Ideen und Prinzipien im Kapitel C beleuchtet und diskutiert wird, gibt **Kapitel B** einen Gesamtüberblick zur Strafrechtsgeschichte (zum Begriff des Strafrechts → Rn. 8 ff.). Kapitel B und C überschneiden sich thematisch, setzen aber unterschiedliche Schwerpunkte. Kapitel B dient einer knappen Darstellung der Chronologie des Wesentlichen, während Kapitel C problemorientiert ist und entsprechend den oben genannten Leitfragen gegliedert ist. Die wechselseitigen Bezüge beider Kapitel werden durch Verweise auf die entsprechenden Randnummern deutlich gemacht. Soweit in diesem Buch auf Aussagen aus Sekundärliteratur Bezug genommen wird, werden die entsprechenden Autoren *kursiv* hervorgehoben.

▶ Darüber hinaus werden weiterführende Anmerkungen, inhaltliche Vertiefungen, Exkurse sowie Biografien zentraler Personen der Strafrechtsgeschichte abgesetzt hervorgehoben. ◀

6 Einem Überblick dient auch **Kapitel D**, das eine Zeittafel der wesentlichen Ereignisse der Strafrechtsgeschichte enthält. **Kapitel E** bietet die Möglichkeit, mithilfe von Kontrollfragen, die – bereits vorhandenen bzw. neu erworbenen – Kenntnisse der Strafrechtsgeschichte aktiv zu verfestigen. Zusätzlich wird am Schluss der jeweiligen Abschnitte auf die sie betreffenden Kontrollfragen verwiesen.

II. Gegenstand

7 Der wesentliche Gegenstand dieses Buches lässt sich in einem kurzen Satz zusammenfassen: Es ist die Geschichte des neuzeitlichen Strafrechts in Deutschland. Was das aber genau heißt, bedarf einiger Erläuterungen:

1. „Strafrecht"

8 Es ist kaum in Abrede zu stellen, dass es nicht nur einen einzigen Begriff des Strafrechts gibt. Bereits der zugrundeliegende Terminus des Rechts ist denkbar vieldeutig. Allerdings reicht an dieser Stelle eine Annäherung an den Begriff des Strafrechts. Wenn jemand heute diesen Terminus verwendet, werden hiermit regelmäßig **zumindest** solche Regelungen bezeichnet, die die Voraussetzungen der staatlichen Verhängung bestimmter Sanktionen (z.B. einer Geldstrafe) zum Gegenstand haben. Hierunter fallen

---

8 Abschnitt C.V.

II. Gegenstand

in Deutschland etwa der Totschlagstatbestand[9] oder die gesetzliche Regelung der Strafmündigkeit.[10] Bezugspunkt derartiger Vorschriften ist die Kriminalität, die in einer Gesellschaft vorliegt bzw. befürchtet wird.[11]

Jenseits des eben Gesagten lassen sich mitunter auch **weitere Aspekte** unter den Begriff des Strafrechts fassen: So spricht beispielsweise nichts dagegen, dieses Rechtsgebiet auch auf solche Vorschriften zu erstrecken, die das Strafverfahren bzw. den Strafprozess zum Gegenstand haben (z.B. Beweisregelungen). Entsprechendes dürfte für Vorschriften des Strafvollzugs gelten (z.B. Regelungen der Vollzugsaufgaben). Auch können nicht-staatliche Bestimmungen strafrechtliche Relevanz besitzen: Dies gilt insbesondere dann, wenn man auf Gepflogenheiten abstellt, die für die Strafverfolgung bedeutsam sein können und deshalb möglicherweise ihrerseits Recht darstellen.

- **Beispiel 1:** Man denke an eine zwischen Privatpersonen getroffene Absprache, einen Konflikt ohne Einschaltung staatlicher Strafverfolgungsbehörden zu lösen.
- **Beispiel 2:** Das Regelwerk eines privaten Fußballverbands könnte bei der Frage Berücksichtigung finden, ob sich ein Fußballspieler wegen Körperverletzung an einem anderen Fußballspieler strafbar macht.

Entsprechendes gilt für nicht-staatliche formalisierte Sanktionen:

- **Beispiel 3:** Dopingsperre durch einen Sportverband.

Soweit man im Ausgangspunkt ein **staatsbezogenes Strafrechtsverständnis** vertritt, also von vornherein nur staatlich gesetztes Recht unter den Begriff des Strafrechts fasst, so ist wichtig zu sehen, dass ein solches Verständnis nicht unbesehen in die Vergangenheit übertragen werden darf.[12] Insbesondere bei der Diskussion zeitlicher Epochen, die keinerlei Staatlichkeit kannten, setzt die Verwendung eines historischen Strafrechtsbegriffs zumindest die Vergegenwärtigung voraus, dass ein Vergleich mit dem heutigen Strafrechtsdenken nur bedingt möglich ist.

Bis hierhin ist noch offengeblieben, aus welchen **Quellen** sich die Regelungen speisen, die das Strafrecht bilden. In dieser Hinsicht stellen staatliche Gesetze[13] sicherlich nur eine von mehreren Möglichkeiten dar. Prinzipiell denkbar ist auch, dass Gerichte konkretes Recht schaffen, indem sie einen Rechtsfall unter Rückgriff auf allgemeine – vielleicht ungeschriebene – Rechtsprinzipien lösen. Durch derartige Entscheidungen entsteht **Richterrecht**, das möglicherweise auch für künftige Rechtsfälle Bedeutung entfalten kann. Auch wissenschaftliche Erkenntnisse können strafrechtliche Relevanz entfalten: Sie können etwa der Systematisierung oder auch der Kritik der Rechtspraxis dienen. Dabei kann die Wissenschaft mit der Praxis in unterschiedlichen Verhältnissen stehen: Mal spiegelt die Wissenschaft die Praxis wider, mal nimmt sie eine zukünftige Praxis vorweg, mal wird sie von der Praxis schlichtweg ignoriert.

---

9 § 212 Abs. 1 StGB (Wortlaut: „Wer einen Menschen tötet, ohne Mörder zu sein, wird als Totschläger mit Freiheitsstrafe nicht unter fünf Jahren bestraft").
10 § 19 StGB (Wortlaut: „Schuldunfähig ist, wer bei Begehung der Tat noch nicht vierzehn Jahre alt ist"); vgl. hierzu *Streng*, in: MüKo-StGB, 2020, § 19 Rn. 1.
11 Dabei kann man auch begrifflich zwischen einer *Strafrechtsgeschichte* und einer *Kriminalitätsgeschichte* differenzieren (vgl. in dieser Hinsicht etwa *Härter*, Kriminalitätsgeschichte, 2018).
12 Vgl. zu Letzterem auch *Wadle* (1996), in: ders., Landfrieden, 2001, S. 219 (221).
13 Es ist dabei durchaus möglich, dass strafrechtlich relevante Regelungen nicht nur in einem einzelnen Gesetz, sondern in verschiedenen Gesetzen enthalten sind.

A. Vorbemerkungen

2. „Neuzeit"

13 In zeitlicher Hinsicht liegt der Schwerpunkt dieses Buches auf der Neuzeit, worunter hier der Zeitraum von dem **späten 15. Jahrhundert bis zur Gegenwart** verstanden wird. Sicherlich lässt sich die Bildung zeitlicher Epochen im Einzelnen durchaus kritisieren: Die **Annahme eines Epochenwandels** stellt letztlich eine besondere Form der Klassifikation dar und steht als solche vor den Problemen, die jeder Form der Einteilung immanent sind. Man muss entscheiden, warum bestimmte Aspekte als **wesentlich** bzw. als **unwesentlich** eingestuft werden.[14] Gerade die Annahme einer zeitlichen Zäsur sollte dabei nicht verschleiern, dass die zugrundeliegenden sozialen, politischen oder kulturellen Umwälzungen häufig über einen längeren Zeitraum stattgefunden haben, mitunter auch längere Vorgeschichten aufweisen.[15]

14 Gleichwohl kann sich die Bildung zeitlicher Epochen zur Strukturierung historischer Darstellungen als hilfreich erweisen. Ohne den Eindruck erwecken zu wollen, eine strikte Zäsur anzunehmen, lässt sich sagen, dass an der **Wende vom 15. zum 16. Jahrhundert** Ereignisse stattfanden, die tiefgreifende gesellschaftliche, kulturelle, religiöse und politische Auswirkungen mit sich bringen. Zu nennen sind etwa die Erfindung des Buchdrucks mit beweglichen Lettern (wohl 1452/1453),[16] die Entdeckung Amerikas durch Christoph Kolumbus (1492)[17] und der Beginn der von Martin Luther angestoßenen Reformation (1517). Dabei bildet die Wende vom 15. zum 16. Jahrhundert in religiöser, politischer und gesellschaftlicher Hinsicht allerdings keine lineare oder einheitliche Gesamtentwicklung.[18] Berücksichtigt man, wie weit die eben genannten Ereignisse zeitlich auseinanderliegen, so wird deutlich, dass der angenommene Übergang vom **Mittelalter**[19] zur **Frühen Neuzeit** kein punktuelles Ereignis darstellte, sondern einen schleichenden Prozess bildete.[20]

15 Auch in **strafrechtshistorischer Perspektive** ist die Annahme einer scharfen Epochengrenze zwischen dem Mittelalter und der Frühen Neuzeit eher unplausibel.[21] Wenn überhaupt, handelt es sich um eine lange andauernde Übergangszeit, die keineswegs frei von konträren Entwicklungen ist. Beachtet man diesen Vorbehalt, so lässt sich allerdings davon sprechen, dass sich um die Wende zum 16. Jahrhundert – allmählich und über einen längeren Zeitraum – unter anderem ein Strafrechtssystem festigte, das von der jeweiligen Obrigkeit betrieben wurde und das in normativer Hinsicht in Ordnungen wie der Constitutio Criminalis Carolina von 1532 (→ Rn. 48) zum Ausdruck kam.[22] In Anbetracht dieses Umstands erscheint es gerechtfertigt, den Schwerpunkt dieses Buches auf die Neuzeit zu legen. Jedoch kann der vor dem 16. Jahrhundert liegende Zeitraum nicht völlig ausgeblendet werden. Der Abschnitt I von Kapitel B skizziert daher die für uns bedeutsamen Aspekte des ausgehenden Mittelalters.

---

14 Vgl. etwa zur Austauschbarkeit der zeitlichen Vorschläge zum Ende des Mittelalters: *Knefelkamp*, Mittelalter, 2022, S. 14.
15 Vgl. hierzu das Plädoyer für einen breiten Epochenübergang zwischen Mittelalter und Neuzeit: *W. Schulze*, Einführung, 2010, S. 30.
16 *Moraw*, in: Landeshauptarchiv Koblenz, Reichstag, 1995, S. 25 (28).
17 S. hierzu *Winkler*, Geschichte I, 2016, S. 92.
18 Vgl. zur „Komplexität jener Übergangsepoche zwischen Mittelalter und Neuzeit": *T. Kaufmann*, in: Eser u.a., Luther, 2017, S. 8.
19 Vgl. zu diesem Begriff: *Knefelkamp*, Mittelalter, 2022, S. 13 ff.
20 *W. Schulze*, Einführung, 2010, S. 30.
21 Vgl. in diesem Kontext *Härter*, Kriminalitätsgeschichte, 2018, S. 27.
22 *Härter*, Kriminalitätsgeschichte, 2018, S. 27 f.

| III. Arbeit mit historischen Quellen | A. |

Soweit in diesem Buch – etwa in Kapitel C – hin und wieder Vergleiche mit dem gegenwärtig **geltenden Strafrecht** vorgenommen werden, dient dies primär didaktischen Gründen, da für die Lektüre dieses Buches kein vertieftes Vorwissen im Bereich des Strafrechts vorausgesetzt wird.[23] Der Vergleich mit der Gegenwart soll also keinesfalls einen „Glaube[n] an einen gesetzmäßigen Geschichtsverlauf" (*Hattenhauer*) suggerieren.[24]

16

3. „Deutschland"

Schwerpunktmäßig befasst sich dieses Buch mit der neuzeitlichen Entwicklung des Strafrechts im räumlichen Bereich der heutigen Bundesrepublik Deutschland. Im Ausgangspunkt ist damit eine geografische Festlegung getroffen, die nicht von historischen Fremd- oder Selbstwahrnehmungen als „deutsch" abhängen soll. Die hier vorgenommene räumliche Zuordnung ist jedoch aus mehreren Gründen **nicht strikt** zu verstehen:

17

- Erstens haben das Heilige Römische Reich Deutscher Nation, das Kaiserreich, der NS-Staat etc. **mitunter andere Grenzen** gehabt als die heutige Bundesrepublik Deutschland.
- Zweitens ist sowohl in Bezug auf die Rechtspraxis als auch in Bezug auf das Rechtsdenken häufig ein **Blick über die Landesgrenzen** hinweg notwendig. Dies gilt vor allem in denjenigen Bereichen, in denen Entwicklungen stattfanden und Theorien gedacht wurden, die schließlich auch in Deutschland auf Resonanz stießen.

Dementsprechend hat dieses Buch auch keineswegs allein ein originär deutsches Strafrecht zum Gegenstand. Behandelt wird vielmehr ein Strafrecht, das seit dem Beginn der Frühen Neuzeit (→ Rn. 13) im räumlichen Bereich der heutigen Bundesrepublik Deutschland gilt – mögen die Wurzeln eines solchen Rechts durchaus auch in anderen Regionen liegen.[25]

18

III. Arbeit mit historischen Quellen

Dieses Lehrbuch dient primär dazu, Basiswissen zur Strafrechtsgeschichte zu vermitteln. Es ist daher nicht das Hauptziel, eine systematische Einführung zur Arbeit mit historischen Quellen darzulegen. Einen Überblick zu den verschiedenen Gruppen historischer Quellen und einen Einblick in methodische Grundprobleme der strafrechtshistorischen Quellenarbeit bietet folgendes Werk:

19

- *Härter*, Strafrechts- und Kriminalitätsgeschichte der Frühen Neuzeit, 2018, S. 57 – 154.

Darüber hinaus kann auf folgende Quellensammlungen verwiesen werden, die die klassischen Strafgesetze (im weiten Sinne), Reformentwürfe und theoretischen Werke der Strafrechtsgeschichte enthalten:

---

23 Vgl. auch das Vorwort zu diesem Buch.
24 Vgl. *Hattenhauer*, Europ. Rechtsgeschichte, 2004, Rn. 70; vgl. in diesem Kontext auch *Steinberg*, in: Hilgendorf u.a., Hdb StrR I, 2019, § 5 Rn. 1, der in geschichtstheoretischer Hinsicht dafür plädiert, „dem – historisch auf die Ausklärungszeit zurückgehenden – auch in modernen rechtsgeschichtlichen Texten mitunter noch auffindbaren Fortschrittsdenken" entgegenzutreten.
25 Zur Gegenüberstellung zwischen dem in einem Land geltenden Recht und dem Recht, das seinen Ursprung in dem betreffenden Land hat: *Kroeschell*, Dt. Rechtsgeschichte I, 2008, S. 1.

A. Vorbemerkungen

- *Buschmann* (Hrsg.), Textbuch zur Strafrechtsgeschichte der Neuzeit, 1998.
- *T. Fuchs* (Hrsg.), Strafgesetzbuch für das Deutsche Reich vom 15. Mai 1871. Historisch-synoptische Edition 1871 – 2020, online verfügbar.
- *T. Vormbaum* (Hrsg.), Moderne deutsche Strafrechtsdenker, 2011.
- *T. Vormbaum* (Hrsg.), Moderne italienische Strafrechtsdenker, 2012.
- *T. Vormbaum / K. Rentrop* (Hrsg.), Reform des Strafgesetzbuchs, 2008.
- *Zwiehoff* (Hrsg.), Materialien zur Geschichte der StPO und der Strafgerichtsverfassung, 2012.

B. Überblick

I. Prolog: Status quo im ausgehenden Mittelalter

1. Hintergrund: Das Heilige Römische Reich

Im ausgehenden Mittelalter – also in den Jahren vor 1500[1] – war die Mitte Europas in eine Vielzahl kleinerer und größerer Herrschaftsgebiete zersplittert, die zusammen das **Heilige Römische Reich** bildeten. Diese räumliche und politische Situation wird heute häufig mit dem Schlagwort des **Flickenteppichs** charakterisiert.[2] Dies bezieht sich auf den Umstand, dass hunderte Herrschaftsgebiete einerseits eigenständig nebeneinanderlagen, andererseits aber in einem Reich zusammengeschlossen waren. So bildeten etwa die Herrscher des Fürstentums Minden, des Herzogtums Sachsen und der Grafschaft Waldeck – um nur einige Beispiele zu nennen – mit den vielen weiteren Territorialherren, Reichsrittern, geistlichen Amtsträgern und Reichsstädten die sog. **Reichsstände**.[3]

Das **Reichsgebiet** erstreckte sich im 15. Jahrhundert im Norden bis zur Nord- und Ostsee und umfasste im Süden bzw. Südosten unter anderem die Grafschaft Tirol und das Herzogtum Steiermark.[4] Als Reichsterritorium im Osten ist unter anderem das Königreich Böhmen zu nennen, während das Kernreich Gebiete in Schwaben, Franken und am Rhein umfasste.[5]

Das Reich des späten Mittelalters hatte den Charakter eines Zusammenschlusses, der maßgeblich auf **personalen Beziehungen** beruhte,[6] fundiert durch das Lehnswesen und ein darauf gegründetes persönliches Treueverhältnis. *Funk* umschreibt diese Verhältnisse als „eher virtuelle Angelegenheit"[7] und bringt hiermit zum Ausdruck, dass es kaum feststehende und gegenständlich fassbare Einrichtungen des mittelalterlichen Reiches gab. Da der König des Reiches gewählt wurde,[8] konnten Herrschergeschlecht und Herrschersitz wechseln. Festgelegt in den Regelungen der sog. **Goldenen Bulle** von 1356, wurde der mittelalterliche Reichsherrscher durch einige privilegierte Landesfürsten – die sieben **Kurfürsten**[9] – gewählt.[10]

▶ Zu den **Kurfürsten** zählten lange Zeit der König von Böhmen, die Erzbischöfe von Köln, Trier und Mainz, der Pfalzgraf bei Rhein, der Herzog von Sachsen sowie der Markgraf von Brandenburg.[11] ◀

In der Regel war der gewählte König zugleich Landesfürst innerhalb des Heiligen Römischen Reiches. Nach Luxemburgern und Wittelsbachern stellten ab 1438 nur noch Angehörige der Königsdynastie der Habsburger das Reichsoberhaupt.[12] Zudem

---

1 Zur Grenzziehung zwischen dem Mittelalter und der Neuzeit → Rn. 14.
2 Vgl. etwa *H. Schulze*, Staat und Nation, 2004, S. 127; *Geo. Schmidt*, Geschichte, 1999, S. 26.
3 *Stollberg-Rilinger*, Reich, 2018, S. 15.
4 *Geo. Schmidt*, Geschichte, 1999, S. 10–12.
5 Vgl. hierzu auch *Geo. Schmidt*, Geschichte, 1999, S. 10.
6 Vgl. *Funk*, Kleine Geschichte, 2010, S. 38; vgl. auch *Moraw*, in: Landeshauptarchiv Koblenz, Reichstag, 1995, S. 25 (27).
7 *Funk*, Kleine Geschichte, 2010, S. 38.
8 *Gotthard*, Reich, 2003, S. 9.
9 Goldene Bulle, Kap. II, in: Buschmann, Kaiser und Reich I, 1994, S. 104 (120).
10 *Fried*, Mittelalter, 2009, S. 449; auch regelte diese Reichsverfassung die Zuordnung der Regalien (*Wadle* [1995], in: ders., Landfrieden, 2001, S. 183 [194]).
11 *Geo. Schmidt*, Geschichte, 1999, S. 14.
12 Ebd., S. 14.

konnte der Reichsherrscher zum Kaiser gekrönt werden.[13] So wurde etwa Friedrich III. (1415 – 1493), Landesfürst der Herzogtümer Steiermark, Kärnten und Krain, 1440 zum römisch-deutschen König gewählt und 1452 in Rom zum Kaiser gekrönt.

24 Als höchste Quelle aller Legitimität im Reich war der König nicht nur oberster Gesetzgeber, sondern auch oberster Regent und Richter.[14] Aufgrund der nur rudimentären Verwaltung war er aber häufig auf die Mitwirkung der Fürsten angewiesen.[15] Für den mittelalterlichen Personenverband des Reiches war der König nicht nur wegen seiner Aufgabe der Friedenswahrung im Inneren, sondern vor allem auch wegen der Verwaltung der königlichen Hoheitsrechte (Regalien) – u.a. Höchstgerichtsbarkeit, Münzrecht, Zölle und Nutzungsrechte – bedeutsam, die er als Reichsbesitz im Lehenswege an weltliche und geistliche Fürsten vergeben musste.[16] Diese sog. **Lehnsverfassung** gründete auf personale, nicht territoriale, Beziehungen zwischen Adel und König.[17] In dem aus dem Hoftag entwickelten **Reichstag**, auf dem etwa Kurfürsten, Fürsten, Grafen und bestimmte Städte vertreten waren, wirkten die **Reichsstände** mit der Krone zusammen. Beispielsweise wurden hier Steuerangelegenheiten beraten. Gefasste Beschlüsse (Gutachten) wurden im Falle königlicher Zustimmung durch herrschaftliches Dekret als sog. Abschied wirksam.[18] Ab dem 15. Jahrhundert spricht man beim Reich auch vom Heiligen Römischen Reich **Deutscher Nation**.[19] Üblich ist später auch der Begriff des **Alten Reiches**.

2. Fehdewesen und peinliche Strafen

25 Eine der besonderen Herausforderungen, die sich für die Herrscher im Heiligen Römischen Reich des ausgehenden Mittelalters stellte, resultierte aus dem sog. **Fehdewesen**, das trotz diverser Bemühungen bis zum 15. Jahrhundert immer noch nicht vollständig verdrängt war.[20] In Anlehnung an *Wadle* „kann man unter Fehde jede Art der gewaltsamen Selbsthilfe verstehen".[21] Dabei handelte es sich im Grundsatz jedoch um ein gestattetes und durchaus formalisiertes Verfahren. Es diente der eigenständig durchgeführten Durchsetzung eines Anspruchs, die insoweit als notwendig erachtet wurde, als noch keine staatlichen Zwangsvollstreckungsmöglichkeiten existierten.[22] Alle Formalisierungen konnten dabei aber nicht verhindern, dass Fehden immer wieder zu Gewaltexzessen führten.[23] *Willoweit* und *Schlinker* verweisen gar auf Fehden im 15. Jahrhundert, „die den Charakter weit ausgreifender Regionalkriege annehmen konnten".[24]

26 Fehden konnten für einen Herrscher ein immenses Problem darstellen, da sie zu eskalierenden Unruhen und Schäden im jeweiligen Herrschaftsgebiet führen konnten. So

---

13 Vgl. *Stollberg-Rilinger*, Reich, 2018, S. 10.
14 *Moraw*, in: Landeshauptarchiv Koblenz, Reichstag, 1995, S. 25 (32); dies schließt auch seine Rolle als oberster Schlichter und Vermittler ein (vgl. *Funk*, Kleine Geschichte, 2010, S. 38).
15 *Moraw*, in: Landeshauptarchiv Koblenz, Reichstag, 1995, S. 25 (27).
16 *Funk*, Kleine Geschichte, 2010, S. 39 f.
17 *Hattenhauer*, Europ. Rechtsgeschichte, 2004, Rn. 896.
18 *Moraw*, in: Landeshauptarchiv Koblenz, Reichstag, 1995, S. 25 (32); *Gotthard*, Reich, 2003, S. 20 f.
19 Den Zusatz „Deutscher Nation" erhielt das Reich im Landfriedensgesetz Kaiser Friedrichs III. von 1486 (vgl. *Stollberg-Rilinger*, Reich, 2018, S. 12).
20 Vgl. zum Ausmaß der Fehden im 15. Jhd.: *Willoweit/Schlinker*, Dt. Verfassungsgeschichte, 2019, § 15 Rn. 2.
21 *Wadle*, in: Schlosser u.a., Strafen, 2002, S. 9 (11).
22 *Hattenhauer*, Europ. Rechtsgeschichte, 2004, Rn. 833.
23 Vgl. *Hattenhauer*, Europ. Rechtsgeschichte, 2004, Rn. 833.
24 *Willoweit/Schlinker*, Dt. Verfassungsgeschichte, 2019, § 15 Rn. 2.

I. Prolog: Status quo im ausgehenden Mittelalter

mag es kaum verwundern, dass sich bereits im Frühmittelalter **Bemühungen um Zurückdrängung** des Fehdewesens belegen lassen.[25] Allerdings zogen sich diese Initiativen – dieser „zähe Kampf" (so *Hattenhauer*) – in Europa über mehrere Jahrhunderte hin.[26] In dieser Hinsicht ist unter anderem zu berücksichtigen, dass die Beschränkung oder gar die Abschaffung von seit langem gebräuchlichen Fehdehandlungen letztlich immer einen Bruch mit der überkommenen Ordnung darstellte.[27] Soweit also Fehdehandlungen nicht ohne weiteres für unzulässig erklärt werden konnten, war eine Verhinderung von Selbsthilfe in der Regel nur dadurch erreichbar, dass Fehdehandlungen schlicht unnötig wurden. Dementsprechend wurden vereinzelt solche Verhaltensweisen, die Anlass zu einer Fehde hätten geben können, in der Fränkischen Zeit (hier vor allem im **8. und 9. Jahrhundert**) von Herrschern unter **Blutstrafen** (Todes- und Körperstrafen) gestellt.[28] Mangels hinreichender Institutionalisierung kann allerdings von einer systematischen Strafverfolgung noch nicht die Rede sein.[29] Vom **späten 9. bis 11. Jahrhundert** wurden Konflikte sogar wieder verstärkt unter den Betroffenen ausgetragen, also durch **Fehde und Versühnung**.[30]

Veränderungen brachte die sog. **Gottesfriedensbewegung**, deren Wurzeln im südfranzösischen Raum liegen.[31] Hier fehlte ein starkes Königtum, sodass Bischöfe im ausgehenden 10. Jahrhundert damit begannen, sich ihrerseits der Friedenssicherung zu widmen.[32] Sie schlossen mit weltlichen Adeligen Übereinkünfte (sog. Gottesfrieden),[33] deren Zielsetzung in der Verhinderung sowohl von Fehdehandlungen als auch von einfachen Gewaltverbrechen bestand.[34] Eines der Augenmerke lag dabei auch auf den sog. „schädlichen" Leuten, worunter man etwa streunende Bettler und Vagabunden verstand.[35] Zudem wurden bestimmte für schützenswert erachtete Personengruppen (z.B. Frauen, Kinder, Bauern) und Lokalitäten, die für die Gemeinschaft von zentraler Bedeutung waren (z.B. Kirchen, Mühlen), von der Fehde ausgeschlossen (sog. **pax dei**).[36] Darüber hinaus bestanden mitunter auch zeitliche Beschränkungen (sog. **treuga dei**): So wurden beispielsweise solche Gewalthandlungen untersagt, die zu bestimmten Zeiten (etwa an hohen Feiertagen) stattfanden[37] – ein Verbot, das mitunter sanktionsbewehrt war und dessen Einhaltung auch durch bewaffnete Truppen überwacht wurde. Als Sanktion kam nicht nur die religiöse Exkommunikation in Betracht, sondern auch eine sog. **peinliche Strafe**,[38] worunter man eine Strafe an Leib und Leben versteht.[39]

▶ Man beachte den Wortzusammenhang zur **Pein** (im Sinne von Schmerz oder Qual). Vgl. auch das englische Wort „pain". ◀

---

25 Vgl. (mit einem Beispiel aus dem 7. Jhd.): *Kroeschell*, Dt. Rechtsgeschichte I, 2008, S. 35.
26 *Hattenhauer*, Europ. Rechtsgeschichte, 2004, Rn. 884.
27 Vgl. hierzu auch ebd., Rn. 884.
28 *Gmür/Roth*, Grundriss, 2018, Rn. 78.
29 Vgl. *Rüping/Jerouschek*, Grundriss, 2011, Rn. 25.
30 Ebd., Rn. 25.
31 Vgl. zum Ursprung: *Kroeschell*, Dt. Rechtsgeschichte I, 2008, S. 196.
32 *Kroeschell*, Dt. Rechtsgeschichte I, 2008, S. 196; vgl. auch *Schild*, Geschichte, 1980, S. 14, 16.
33 *Schild*, Geschichte, 1980, S. 16.
34 *Gernhuber*, Landfriedensbewegung, 1952, S. 46.
35 *Schild*, Geschichte, 1980, S. 16.
36 Vgl. *Rüping/Jerouschek*, Grundriss, 2011, Rn. 49; *Vogel*, Fehderecht, 1998, S. 37 f.; *Schild*, Geschichte, 1980, S. 16.
37 *Vogel*, Fehderecht, 1998, S. 37 f.; *Kroeschell*, Dt. Rechtsgeschichte I, 2008, S. 196.
38 *Kroeschell*, Dt. Rechtsgeschichte I, 2008, S. 196 f.
39 *Wadle* (1996), in: ders., Landfrieden, 2001, S. 197 (206).

B. Überblick

28 Im 11. Jahrhundert wurden auch andernorts Frieden beschworen,[40] so zum Beispiel 1082 in Lüttich.[41] Drei Jahre später kam es in Mainz zu einem Gottesfrieden für das gesamte Reich.[42] Bei diesem zuletzt genannten Beispiel zeigte sich zugleich ein schleichender Übergang in Richtung eines Friedensinstruments, an dem weltliche Herrscher maßgeblich mitbeteiligt waren. Nach und nach traten die sog. **Landfrieden** an die Stelle der Gottesfrieden,[43] ohne dass für jeden einzelnen Fall eine eindeutige Zuordnung vorgenommen werden kann.[44] Zunächst wurden die neuen Landfrieden vertraglich bzw. eidgenössisch begründet.[45] In inhaltlicher Hinsicht zeigten sich noch Übereinstimmungen mit den früheren Gottesfrieden,[46] mag es auch Verschiebungen bei den für Friedensbrüche drohenden Sanktionen gegeben haben.[47] Das Ziel der Landfrieden – die Verhinderung von Gewaltdelikten und die Begrenzung[48] der Fehden[49] – wurde auf verschiedene Weise angestrebt. In den Worten von *Wadle*:

> Es kam „im Frieden nicht nur darauf an[…], Fehdehandlungen zu untersagen, es mußten auch Fehdegründe verhindert werden; so galt es auch, reine Unrechtstaten, mithin solche, die – wie etwa der Diebstahl – selbst als Fehdehandlung gar nicht in Betracht kommen konnten, mit Sanktionen zu belegen, um mögliche Anreize zur Selbsthilfe zu vermeiden."[50]

29 Aus dem zuletzt genannten Präventionsziel folgt letztlich, dass peinliche Strafen auch für solche Gewalttaten vorgesehen waren, die nicht im Rahmen einer Selbsthilfe begangen worden waren.[51]

30 Auch der **Mainzer Reichslandfrieden von 1235**, ein von Kaiser Friedrich II. erlassenes Reichsgesetz,[52] reglementierte das Fehdewesen. Jenseits der Fälle einer Notwehr sollte danach niemand „sein Recht im Wege der Fehde durchsetzen […], wenn er nicht zuvor Klage vor dem zuständigen Richter erhoben und sein Recht bis zu einem rechtskräftigen Urteil verfolgt hat".[53] Hinsichtlich der Durchführung der Fehde heißt es im Mainzer Reichslandfrieden:

> „Erhebt jemand wie vorgeschrieben vor dem zuständigen Richter Klage, wird ihm das Recht verweigert und muß er notgedrungen seinem Gegner den Frieden aufkündigen […], dann soll dies bei Tage geschehen und außerdem sollen Fehdeführer und Fehdegegner vom Tage der Absage bis zum vierten Tage […] absoluten Frieden gegen Personen und Sachen bewahren."[54]

---

40 Vgl. *Wadle* (1995), in: ders., Landfrieden, 2001, S. 183 (189 f.); *Schild*, Geschichte, 1980, S. 16.
41 *Gernhuber*, Landfriedensbewegung, 1952, S. 43 f.
42 *Kroeschell*, Dt. Rechtsgeschichte I, 2008, S. 196 f.
43 *Schild*, Geschichte, 1980, S. 16.
44 Vgl. *Rüping/Jerouschek*, Grundriss, 2011, Rn. 48.
45 Vgl. hierzu und zur allmählichen Entwicklung: *Hattenhauer*, Europ. Rechtsgeschichte, 2004, Rn. 885, 889; *Kroeschell* u.a., Dt. Rechtsgeschichte II, 2008, S. 167.
46 Vgl. hierzu *Kroeschell*, Dt. Rechtsgeschichte I, 2008, S. 197.
47 Vgl. hierzu *Vogel*, Fehderecht, 1998, S. 38.
48 Vgl. hierzu *Baumbach*, Königliche Gerichtsbarkeit, 2017, S. 63 f.
49 *Gernhuber*, Landfriedensbewegung, 1952, S. 46.
50 *Wadle* (1995), in: ders., Landfrieden, 2001, S. 183 (190).
51 *Hattenhauer*, Europ. Rechtsgeschichte, 2004, Rn. 1027.
52 Vgl. hierzu *Funk*, Kleine Geschichte, 2010, S. 52; *Willoweit/Schlinker*, Dt. Verfassungsgeschichte, 2019, § 10 Rn. 14.
53 Mainzer Reichslandfriede, zit. nach der Übertragung des lateinischen Textes, in: *Buschmann*, Kaiser und Reich I, 1994, S. 82 (85).
54 Ebd., S. 86.

Bis weit ins 15. Jahrhundert waren viele Landfrieden zeitlich befristet,[55] wenngleich wiederholte Erneuerungen keineswegs ausgeschlossen waren.[56] Ein **Ewiger Landfrieden** wurde erst **1495** verabschiedet (→ Rn. 45).

3. Rechtspluralität

Die eben skizzierten peinlichen Strafen standen keineswegs allein. Neben **Rechtsaufzeichnungen** aus dem 13. Jahrhundert, wie etwa dem Sachsenspiegel[57] und dem Schwabenspiegel, kannte man im Heiligen Römischen Reich um 1500 unter anderem auch eine Vielzahl regional geltender Ordnungen[58] und rechtliche **Regelungen in den Reichsstädten**.[59] *Härter* charakterisiert die strafrechtlichen Normen der beginnenden Frühen Neuzeit im Wesentlichen als „traditionelles, aufgezeichnetes, vereinbartes, regionales/lokales und vor allem partikulares Recht".[60] In der hiermit angedeuteten **Vielfalt der Rechte** spiegelt sich auch der Umstand wider, dass das Reich in zahlreiche Herrschaftsgebiete zersplittert war (→ Rn. 20 f.).

▶ Unter dem **Begriff „Partikularrecht"** bzw. „partikulares Recht" werden hier Rechte verstanden, die nur in einem einzelnen Territorium des Heiligen Römischen Reiches (z.B. in einer bestimmten Reichsstadt) Anwendung fanden. ◀

Die rechtliche Pluralität änderte allerdings nichts daran, dass es durchaus auch inhaltliche Überschneidungen und Gemeinsamkeiten zwischen einzelnen Regelungen gab. Im ausgehenden 15. und im 16. Jahrhundert zeigte sich in der Strafrechtspflege auch der zunehmende Einfluss **römisch-oberitalienischen Rechts**.[61] Dessen Wurzeln lagen in der Universität **Bologna**, wo ab der Wende zum 12. Jahrhundert die spätantike Rechtssammlung[62] des Corpus iuris civilis studiert, interpretiert und kommentiert wurde.[63]

Da das Corpus iuris civilis allerdings nur wenige strafrechtliche Aussagen enthält,[64] machte die wissenschaftliche Erschließung eines hinreichend komplexen Rechts auch die Einbeziehung weiterer Rechtsquellen notwendig, etwa langobardische Regelungen und **kanonisches** (kirchliches) **Recht**.[65] Die hierdurch entstehenden Lehren waren in der Folgezeit durchaus wirkmächtig. Auch wurden sie nach und nach in der Rechtspraxis rezipiert.[66] Eine italienische Prägung lässt sich in Deutschland etwa in der **Constitutio Criminalis Bambergensis** von 1507[67] (→ Rn. 51) sowie in der **Constitutio Criminalis Carolina** von 1532 (→ Rn. 48) belegen.[68]

---

55 *Buschmann*, in: ders., Kaiser und Reich I, 1994, S. 9 (23 f.).
56 Vgl. hierzu *Kroeschell* u.a., Dt. Rechtsgeschichte II, 2008, S. 167.
57 Der Sachsenspiegel wurde mancherorts bis in die Neuzeit angewendet (*Pahlmann/Schröder*, in: Kleinheyer u.a., Juristen, 2017, S. 130 [131 f.]); vgl. allgemein zum Sachsenspiegel: *Hattenhauer*, Europ. Rechtsgeschichte, 2004, Rn. 868 ff.
58 *Härter*, Kriminalitätsgeschichte, 2018, S. 67; vgl. allgemein zur Rechtszersplitterung um 1500: *Lange*, in: ders. u.a., Römisches Recht II, 2007, S. 935.
59 Vgl. etwa zur Entwicklung der Strafgerichtsverfassung der Reichsstadt Augsburg vom 13. bis zum 16. Jhd.: *Schorer*, Strafgerichtsbarkeit, 2001, S. 209 f.
60 *Härter*, Kriminalitätsgeschichte, 2018, S. 67.
61 Vgl. *Eb. Schmidt*, Einführung, 1965, S. 107 f.; *Jessen*, in: Sächs. Staatsmin. der Justiz, Leipzig, 1994, S. 30 (38).
62 Vgl. *Schlosser*, Europ. Rechtsgeschichte, 2023, 1. Kap. Rn. 1.
63 *Gmür/Roth*, Grundriss, 2018, Rn. 126 – 128.
64 Vgl. hierzu *Lange*, in: ders. u.a., Römisches Recht II, 2007, S. 932 f.
65 Ebd., S. 933.
66 *Jescheck/Weigend*, Strafrecht AT, 1996, S. 93.
67 *Lange*, in: ders. u.a., Römisches Recht II, 2007, S. 935.
68 *Jessen*, in: Sächs. Staatsmin. der Justiz, Leipzig, 1994, S. 30 (38).

B. Überblick

▶ → **Kontrollfragen 1 und 2.** ◀

II. Frühe Neuzeit

1. Hintergrund: Das Zeitalter der Religionskriege

35 Zur Begründung einer Epochengrenze zwischen dem Mittelalter und der Neuzeit wurden oben (→ Rn. 14) bereits einige historische Ereignisse genannt, so etwa der Beginn der **Reformation** (1517). Selbstredend fanden diese und weitere Begebenheiten nicht isoliert voneinander statt, sondern standen in vielfältigen Zusammenhängen miteinander. Augenscheinlich ist dies etwa für das Verhältnis zwischen der Erfindung des modernen Buchdrucks im 15. Jahrhundert und der Reformation: So ermöglichte der Buchdruck eine rasche Verbreitung der von Martin Luther (1483 – 1546) unternommenen deutschen Übersetzung der Bibel.[69] Die Reformation wiederum veränderte die Anschauungen zum Verhältnis zwischen Gott und dem Menschen: Luther sah in diesem Verhältnis eine direkte Beziehung, die prinzipiell ohne Gnadenerweise und Mittlertätigkeiten der kirchlichen Institutionen auskommt. Die katholische Kirche konnte diesen Angriff auf ihre Autorität nicht hinnehmen. Allerdings wurde die deutsche Reformation durch einzelne zum Protestantismus übergetretene Landesfürsten rasch zu einer Fürstenrevolution,[70] die keineswegs leicht niederzuringen war.

36 Die beginnende Neuzeit ist die Epoche der **Religionskriege**. Die Reformation hatte zur Folge, dass sich nun im Heiligen Römischen Reich zwei Konfessionen gegenüberstanden – die katholische und die protestantische, wobei diese wiederum in unterschiedliche Lager gespalten war (lutherisch, zwinglianisch, calvinistisch).[71] Diese religiöse Ausdifferenzierung entfaltete auch unmittelbare Auswirkungen auf die Politik im Reich (**Konfessionalisierung**): Sowohl der Protestantismus als auch der Katholizismus stellten wichtige Faktoren für die Festigung herrschaftlicher Macht.[72] Nach *Stolleis* wurde der „Ausbau der ‚Staatlichkeit' auf der Ebene der Territorien" gerade dadurch begünstigt, dass die Reichspolitik infolge der Aufspaltung in Protestantismus und Katholizismus gelähmt war.[73] Hinzu kommt, dass die Erfahrungen der Religionskriege Raum für philosophische und juristische Ansätze gab, die im 17. und 18. Jahrhundert das Recht in säkularisierter (also weltlicher) Weise zu begründen suchten.[74]

37 Erwähnenswert sind auch die **wirtschaftlichen und sozialen Dimensionen** der Reformation, die sich bereits im frühen 16. Jahrhundert zeigten: Zu dieser Zeit forderten Bauern eine aus der Bibel abgeleitete Freiheits- und Gesellschaftsordnung und schlossen sich in überregionalen Truppen zusammen, vor allem in Gebieten Süd- und Südwestdeutschlands.[75] Der hieraus entstehende Bauernkrieg (1524 – 25) konnte jedoch durch die Fürsten im Schwäbischen Bund niedergeschlagen werden.[76]

38 Häufig überlagerte sich die Religionspolitik auch mit reichsrechtlichen Absichten. Die protestantischen Reichsstände (→ Rn. 20) etwa gründeten 1531 ein militärisches Defensivbündnis gegen den katholischen Kaiser Karl V. (1500 – 1558). Die hierin zum

---

69 *Schorn-Schütte*, Geschichte Europas, 2024, S. 195.
70 *Winkler*, Geschichte I, 2016, S. 112.
71 *Schorn-Schütte*, Geschichte Europas, 2024, S. 214 ff.
72 Zum Aspekt der Konfessionalisierung: *Reinhard* ZHF 10 (1983), S. 257; *Schilling* HZ 246 (1988), S. 1.
73 *Stolleis*, Geschichte I, 2012, S. 126.
74 Vgl. in diesem Kontext *Rüthers* u.a., Rechtstheorie, 2022, Rn. 445.
75 *Geo. Schmidt*, Geschichte, 1999, S. 68.
76 *Stollberg-Rilinger*, Reich, 2018, S. 55 f.

Ausdruck kommende Rivalität mündete 1546/47 in einen offenen Krieg, der in der Schlacht bei Mühlberg mit der Niederlage der Protestanten endete.[77] 1555 erreichte der **Augsburger Reichstag** einen zeitweiligen Religionsfrieden, indem den Landesherren in ihren Territorien das **ius reformandi** zugestanden wurde, wodurch Kirche und Glauben in das jeweilige „landesherrliche Behördensystem integriert" wurden (*Stollberg-Rilinger*).[78]

Anfang des 17. Jahrhunderts überlagerten sich vielerorts konfessionelle und machtpolitische Spannungen,[79] die sich schließlich im **Dreißigjährigen Krieg** (1618 – 1648) entluden. Es war ein „Konflikt mit europäischer Dimension" (*van Dülmen*),[80] von dem nicht nur das konfessionell gespaltene Reich betroffen wurde, sondern in den auch – mitunter zu verschiedenen Zeitpunkten – Dänemark, Schweden und zuletzt Frankreich eingriffen.

▶ **Konfessionell** war das Reich **gespalten** in die protestantische Union (reformierte und lutherische Fürsten mit calvinistischer Unterstützung) und die katholische Liga (Maximilian von Bayern und die geistlichen Reichsfürsten).[81] ◀

Allianzen deutscher Fürsten konnten dabei auch konfessionsübergreifend mit ausländischen Mächten geschlossen werden, religiöse Fragen wurden von machtpolitischen Interessen zunehmend überlagert.[82] Im Reich führte der Krieg zur Zerstörung weiter Gebiete und zum Tod sowie zur Verelendung unzähliger Menschen.[83] Erst im **Westfälischen Frieden**, der im Jahr 1648 in Münster und Osnabrück ausgehandelt wurde, gelang es, die verschiedenen Kriegsparteien zu befrieden und zugleich einen völkerrechtlichen Vertrag und Regelungen der Reichsverfassung auszuhandeln.[84] Letztere betrafen vor allem das neue Bündnisrecht der Reichsstände, das sich jedoch nicht gegen Kaiser und Reich richten durfte.[85]

Auch **außerhalb des Heiligen Römischen Reiches** flammten im 16. und 17. Jahrhundert vielfach Kriege und gewaltsame Auseinandersetzungen auf. In **England** brach 1642 ein Bürgerkrieg zwischen König Karl I. (1600 – 1649) und dem Parlament unter Führung von Oliver Cromwell (1599 – 1658) aus, der mit der Ausrufung der Republik und der Enthauptung des Königs 1649 endete, jedoch ab 1660 wieder in die Restauration der Monarchie unter Karl II. (1630 – 1685) mündete.[86] Mit der nunmehr friedlichen **Glorious Revolution** von 1688/89 und der **Bill of Rights** wurde in England eine konstitutionelle Monarchie etabliert.[87]

Die protestantischen nördlichen **Niederlande** erkämpften ab 1568 in einem achtzigjährigen Krieg ihre Unabhängigkeit vom katholischen Spanien,[88] die mit dem Westfälischen Frieden in der Anerkennung als selbständige Republik der Vereinigten Nieder-

---

77 *Schorn-Schütte*, Geschichte Europas, 2024, S. 129 ff.
78 *Stollberg-Rilinger*, Reich, 2018, S. 60 f., 65 (Zitat auf S. 65).
79 Vgl. zu den einzelnen Konflikten: *van Dülmen*, Entstehung, 2000, S. 402.
80 *van Dülmen*, Entstehung, 2000, S. 399.
81 Vgl. *Geo. Schmidt*, Geschichte, 1999, S. 129 f.
82 Vgl. *Stollberg-Rilinger*, Reich, 2018, S. 84.
83 *van Dülmen*, Entstehung, 2000, S. 401.
84 *Stollberg-Rilinger*, Reich, 2018, S. 84.
85 *Geo. Schmidt*, Geschichte, 1999, S. 182.
86 Vgl. *Winkler*, Geschichte I, 2016, S. 142 – 150; *Schorn-Schütte*, Geschichte Europas, 2024, S. 118 ff.
87 *Winkler*, Geschichte I, 2016, S. 151; *Schorn-Schütte*, Geschichte Europas, 2024, S. 122 ff.
88 *Schorn-Schütte*, Geschichte Europas, 2024, S. 109 ff.

lande völkerrechtlich abgesichert wurde.[89] Demgegenüber blieben die überwiegend katholischen südlichen Niederlande im Wesentlichen zunächst bei Spanien;[90] später gingen sie in Belgien und Luxemburg auf.

43 Auch in **Frankreich** waren konfessions- und staatspolitische Konflikte miteinander verzahnt. Mit der Thronfolge des 1559 verstorbenen französischen Königs Heinrich II., die während der Unmündigkeit seines zweiten Sohnes Karl IX. (1550 – 1574) mit der Regentschaft von dessen Mutter Katharina de' Medici (1519 – 1589) ausgefüllt wurde, kam es zum konfessionellen Bürgerkrieg zwischen Katholiken und französischen Calvinisten (**Hugenotten**).[91] Erst mit der Konversion Heinrichs von Navarra (des Thronprätendenten und Anführers der hugenottischen Partei) zum katholischen König Heinrich IV. (1593) und mit der Zusicherung freier Religionsausübung für die Hugenotten im Edikt von Nantes (1598) konnte sich das französische Königtum wieder konsolidieren.[92]

2. Ewiger Landfrieden und Reichskammergericht

44 An der Wende zum 16. Jahrhundert erfuhr die Herrschaftsordnung des Heiligen Römischen Reiches Neuerungen, die in der Forschung zum Teil als **Reichsreformen** bezeichnet werden.[93] Allerdings darf dieser Begriff hier nicht zu der Fehlvorstellung verleiten, dass das eben angesprochene Vorhaben von den Protagonisten in erster Linie als Innovation gedacht war. Stattdessen bestand die Vorstellung, dass das Reich eine für erstrebenswert gehaltene vergangene Gestalt wiedererlangen sollte, wenngleich einzelne Reformideen faktisch Neuerungen beinhalteten.[94] Einer der vielen Gründe dieses Reformvorhabens bestand in dem Wunsch nach einem effektiven Landfrieden.[95]

45 Auf dem **Reichstag zu Worms** (1495) verständigte sich König Maximilian I. (1459 – 1519), der wegen verschiedener Konflikte unter Druck stand,[96] mit den versammelten Reichsständen (→ Rn. 20) auf verschiedene Reforminhalte.[97] Unter anderem wurde der sog. **Ewige Landfrieden** verkündet,[98] durch welchen die Fehde (→ Rn. 25) verboten wurde.[99] Im Fall eines Friedensbruchs drohte unter anderem die Reichsacht,[100] also mitunter die Rechtlosigkeit.[101] Die Besonderheit des Ewigen Landfriedens bestand darin, dass er (wie der Name bereits erahnen lässt) keine zeitliche Befristung vorsah.[102] Nach seiner Einführung ging das Fehdewesen tatsächlich mehr und mehr zurück.[103]

---

89 Vgl. *von Dülmen*, Entstehung, 2000, S. 369 – 376.
90 *Schorn-Schütte*, Geschichte Europas, 2024, S. 219.
91 Ebd., S. 140 ff.
92 Ebd., S. 143 ff.
93 Vgl. *Angermeier*, Reichsreform, 1984, S. 14; *Buschmann*, in: ders., Kaiser und Reich I, 1994, S. 9 (22 f.); *Willoweit/Schlinker*, Dt. Verfassungsgeschichte, 2019, § 15. – Krit. gegenüber dem Gebrauch des Begriffs der Reichsreform in diesem Kontext: *Moraw*, in: Landeshauptarchiv Koblenz, Reichstag, 1995, S. 25 (34).
94 *Willoweit/Schlinker*, Dt. Verfassungsgeschichte, 2019, § 15 Rn. 1.
95 Ebd., § 15 Rn. 2.
96 Vgl. hierzu *K.-P. Schroeder*, Vom Sachsenspiegel, 2011, S. 37.
97 *Willoweit/Schlinker*, Dt. Verfassungsgeschichte, 2019, § 15 Rn. 9.
98 *Gmür/Roth*, Grundriss, 2018, Rn. 232 f.
99 § 1 des Ewigen Landfriedens, in: *Buschmann*, Kaiser und Reich I, 1994, S. 158 (160).
100 § 3 des Ewigen Landfriedens, in: *Buschmann*, Kaiser und Reich I, 1994, S. 158 (160); vgl. hierzu auch *Baumbach*, Königliche Gerichtsbarkeit, 2017, S. 368; *Wadle* (1995), in: ders., Landfrieden, 2001, S. 183 (184 f.).
101 *Battenberg*, Reichsacht, in: HRG IV, 1990, Sp. 523; *Battenberg*, Acht, in: HRG I, 2008, Sp. 59; *E. Kaufmann*, Acht, in: HRG I, 1971, Sp. 25.
102 Vgl. *Buschmann*, in: ders., Kaiser und Reich I, 1994, S. 9 (23); *Funk*, Kleine Geschichte, 2010, S. 81.
103 *Funk*, Kleine Geschichte, 2010, S. 81; *Moraw*, in: Landeshauptarchiv Koblenz, Reichstag, 1995, S. 25 (33).

II. Frühe Neuzeit

Wenn die Einzelnen ihre Interessen nicht im Wege der Fehde, sondern auf anderem Wege durchsetzen sollten,[104] setzte dies jedoch ein funktionierendes Rechtswesen voraus. Das herrschaftliche Bemühen um eine Unterbindung des Fehdewesens ging deshalb einher mit einer Stärkung der Möglichkeiten gerichtlicher Rechtsdurchsetzung.[105] Auf dem Reichstag zu Worms wurde dementsprechend auch die Etablierung eines hohen Reichsgerichts beschlossen.[106] Dieses sog. **Reichskammergericht** war unter anderem bei Landfriedensverstößen zuständig.[107] Daneben fungierte es in Zivilsachen unter bestimmten Voraussetzungen als Appellationsgericht,[108] also als übergeordnete Instanz in Fällen von „Ungerechtigkeit, d. h. Verstößen gegen das materielle Recht" (*Fuchs*).[109]

▶ Zu beachten ist, dass einzelne Reichsstände (→ Rn. 20) über ein sog. **Appellationsprivileg** (privilegium de non appellando) verfügten. Sie waren also in den Worten von *Weitzel* von der Verpflichtung entbunden, „Urteile ihrer Obergerichte auf das von den Parteien eingelegte Rechtsmittel der Appellation hin dem [Reichskammergericht] [...] zur Überprüfung der Rechtmäßigkeit der Entscheidung vorzulegen".[110] Die Erlangung eines solchen Privilegs setzte allerdings in der Regel voraus, dass in dem betreffenden Territorium ein funktionierendes Gerichtswesen bestand.[111] ◀

Ein Rechtsmittel der Appellation zum Reichskammergericht war in **Strafsachen** grundsätzlich ausgeschlossen,[112] jedoch konnten hier elementare Verfahrensfehler in der Regel mit der Nichtigkeitsbeschwerde vorgetragen werden.[113] Das Reichskammergericht existierte bis zum Ende des Reiches im Jahr 1806[114] (→ Rn. 82).

3. Carolina und gemeines Strafrecht

Im ausgehenden 15. Jahrhundert wurde immer deutlicher, dass der zeitgenössische Strafprozess **Missstände** aufwies.[115] Vor diesem Hintergrund wurde auf dem 1497/98 abgehaltenen Freiburger Reichstag in Aussicht gestellt, „ein gemein reformacion und ordnung in dem reich fürzunemen, wie man in criminalibus procediren soll".[116] Das Ergebnis dieses Vorhabens bildete die **Peinliche Halsgerichtsordnung Kaiser Karls V.** (lateinisch: Constitutio Criminalis Carolina),[117] die nach langen Vorarbeiten schließlich im Jahr 1532 auf dem Reichstag zu Regensburg verabschiedet wurde.[118]

---

104 Vgl. hierzu *Funk*, Kleine Geschichte, 2010, S. 81.
105 Vgl. zum Zusammenhang zwischen Fehdeverbot und gerichtlichem Verfahren: *Wadle* (1995), in: ders., Landfrieden, 2001, S. 183 (194).
106 *Gmür/Roth*, Grundriss, 2018, Rn. 232, 234.
107 *Kroeschell* u.a., Dt. Rechtsgeschichte II, 2008, S. 277 f.
108 *Gmür/Roth*, Grundriss, 2018, Rn. 235.
109 *R.-P. Fuchs*, Hexerei, 1994, S. 11; vgl. hierzu auch *Stolleis*, Geschichte I, 2012, S. 132 f.
110 *Weitzel*, Appellation, 1976, S. 36 m.w.N.
111 *Funk*, Kleine Geschichte, 2010, S. 82.
112 *Rüping/Jerouschek*, Grundriss, 2011, Rn. 91.
113 *R.-P. Fuchs*, Hexerei, 1994, S. 11 f.
114 *Buschmann*, in: ders., Kaiser und Reich I, 1994, S. 9 (24).
115 *F.-C. Schroeder* (1980), in: ders., Carolina, 1986, S. 305 (310); vgl. hierzu auch *Lieberwirth*, Carolina, in: HRG I, 2008, Sp. 885.
116 Reichstagsabschied v. 4. September 1498 (Freiburg i. Br.), in: Gollwitzer, Reichstage, 1979, Nr. 119 (S. 718 [732]); vgl. hierzu auch *Kroeschell* u.a., Dt. Rechtsgeschichte II, 2008, S. 293; *Rüping/Jerouschek*, Grundriss, 2011, Rn. 94.
117 Abgedruckt in und jeweils zit. nach: *Buschmann*, Textbuch, 1998, S. 103 ff.
118 Vgl. *F.-C. Schroeder* (1980), in: ders., Carolina, 1986, S. 305; *Hattenhauer*, Europ. Rechtsgeschichte, 2004, Rn. 1206.

B. Überblick

49 Bei der **Carolina** – so die gebräuchliche Kurzform dieses Werkes – handelt es sich um die erste Satzung,[119] die strafprozessuale und strafrechtliche Bestimmungen enthielt[120] und die prinzipiell im gesamten Reich in Geltung war.[121] Mit „prinzipiell" ist gemeint, dass die Carolina in den einzelnen Reichsterritorien nur Anwendung finden sollte, soweit vor Ort keine speziellen Regelungen existierten.[122]

▶ Die hiermit angesprochene **subsidiäre** (also nachrangige) **Geltung der Carolina** ergab sich aus der sog. **salvatorischen Klausel**, die sich am Ende der Vorrede zur Carolina befand und die wie folgt lautet:

„Doch wollen wir durch diese gnedige erinnerung Churfürsten[,] Fürsten und Stenden, an jren alten wohlherbrachten rechtmessigen vnnd billichen gebreuchen nichts benommen haben."

Diese Klausel wurde eingeführt, um den politischen Widerstand zu überwinden, der sich vor der Entstehung der Carolina bei einigen Fürsten des Reiches gegen eine als zu stark empfundene Rechtsvereinheitlichung formiert hatte.[123] ◀

50 **Inhaltlich** galt die Carolina für bestimmte „Verfahren der schwersten Missetaten" (*Schild*), wohingegen kleinere Delikte in der Regel von partikularen Policeyordnungen erfasst wurden.[124]

▶ Der eben verwendete Begriff der **Policey** ist vom modernen Terminus der **Polizei** zu unterscheiden:

- Das **heutige Polizeirecht** dient der Abwehr von Gefahren (z.B. Verhinderung von zu erwartenden Gewalttätigkeiten oder Verkehrsunfällen). Diese Rechtsmaterie ist heute also präventiv und zukunftsgerichtet, wohingegen sich die Strafverfolgung generell auf bereits begangene Delikte bezieht, also auf die Vergangenheit bezogen ist.
- Demgegenüber umfasste die sog. **gute policy** im 16. und 17. Jahrhundert diejenige „Tätigkeit, mit der der Fürst das Gemeinwesen in gute Ordnung brachte und in guter Ordnung erhielt" (*Kingreen/Poscher*).[125] Unter einem mächtigen Fürsten konnten also prinzipiell sehr viele Gesetzgebungsbereiche hierunter gefasst werden. Erst in der Aufklärung (→ Rn. 66 ff.) wurden Forderungen laut, das Betätigungsfeld der Polizei auf den Bereich der Gefahrenabwehr zu beschränken.[126] ◀

51 Dabei orientierte sich die Carolina – durchaus mit Abweichungen[127] – an der Halsgerichtsordnung für das Fürstbistum Bamberg (lateinisch: Constitutio Criminalis Bambergensis) von 1507.[128] Diese sog. **Bambergensis** war wohl ein Gemeinschaftsprodukt „zwischen rechtsgelehrten Würdenträgern des Bischofs und einem seiner […] Vasallen, Johann Freiherr von Schwarzenberg" (*Gmür/Roth*).[129] Inhaltlich speisten sich die

---

119 Vgl. *Ger. Schmidt* (1966), in: F.-C. Schroeder, Carolina, 1986, S. 185 (200).
120 *Gmür/Roth*, Grundriss, 2018, Rn. 329 f.
121 Vgl. *F.-C. Schroeder* (1980), in: ders., Carolina, 1986, S. 305.
122 *Hattenhauer*, Europ. Rechtsgeschichte, 2004, Rn. 1206.
123 Vgl. *Lieberwirth*, Carolina, in: HRG I, 2008, Sp. 887.
124 *Schild*, Geschichte, 1980, S. 168.
125 *Kingreen/Poscher*, Polizei- und Ordnungsrecht, 2022, § 1 Rn. 2.
126 Ebd., § 1 Rn. 5.
127 Vgl. *Rüping/Jerouschek*, Grundriss, 2011, Rn. 101.
128 *Ger. Schmidt* (1966), in: F.-C. Schroeder, Carolina, 1986, S. 185 (195); *F.-C. Schroeder* (1980), in: ders., Carolina, 1986, S. 333.
129 *Gmür/Roth*, Grundriss, 2018, Rn. 327 (im Original mit Hervorhebung); demgegenüber ging die ältere Forschung teilweise noch von einer alleinigen Autorenschaft Schwarzenbergs aus.

II. Frühe Neuzeit

Bambergensis und die Carolina aus unterschiedlichen **Quellen:** Neben einheimischem Recht[130] ist vor allem das durch italienische Gelehrte im Mittelalter rezipierte römische Recht der Spätantike (→ Rn. 33) zu nennen.[131]

Die **Carolina** unterschied **in prozessualer Hinsicht** zwischen zwei Arten des Verfahrens, dem Akkusationsprozess und dem Inquisitionsprozess[132] (→ Rn. 301 ff.). Wichtig sind auch die Regelungen zur Folter (sog. peinliche Fragen[133]), deren Durchführung in der Carolina gegenüber dem bis dato Üblichen eingeschränkt wurde[134] (→ Rn. 306 f.). Weitere Bestimmungen betrafen Zeugen sowie Fragen der Gerichtsbesetzung und der Protokollierung.[135] Darüber hinaus existierten zu einzelnen Delikten eigenständige Verdachtsregelungen. Wurde beispielsweise eine Frau der Kindstötung (→ Rn. 75) verdächtigt, so sollte man nach der Carolina „sonderlich erkunden, ob sie mit eynem grossen vngewonlichen leib gesehen worden sei, Me[h]r, ob jr der leib kleyner worden, vnd darnach bleich vnnd schwach gewest sei".[136]

Bereits in solchen Verdachtsregelungen spielten Fragen der deliktischen Einordnung des jeweiligen Verhaltens eine Rolle. Entsprechendes gilt für die in der Carolina enthaltenen deliktsspezifischen Geständnisregeln[137] und vor allem für die in dieser Satzung anzutreffenden **Strafvorschriften,** die man heute zum sog. materiellen Recht zählen würde.

▶ Man unterscheidet im Strafrecht zwischen dem **formellen Strafrecht** (= weniger gebräuchlicher Begriff für Strafprozessrecht) und dem **materiellen Strafrecht.** Letzteres umfasst eine Aufzählung der strafbaren Verhaltensweisen (Delikte) und allgemeine Regeln, etwa zum Vorsatz und zur Fahrlässigkeit oder zum Versuch. ◀

Die in der Carolina vorgesehenen **Sanktionsarten** sind größtenteils blutig (→ Rn. 284 ff.). In der heutigen Forschung wird zu Recht hervorgehoben, dass die Carolina nicht „den Charakter einer abschließenden und verbindlichen Kodifikation" (*Koch*) hatte.[138] Sie ist vielmehr primär als Verfahrensordnung gedacht[139] und enthält nur einzelne **materielle Strafbestimmungen,**[140] wie zum Beispiel Regelungen zur Notwehr[141] und die Benennung von Delikten.

▶ Ein **Beispiel** bildet die in Art. 111 CCC geregelte **Münzfälschung,** die in folgenden Fällen gegeben sein sollte:

„[...] inn dreierlei weiß würd die müntz gefelscht, Erstlich wann eyner betrieglicher weiß eyns andern zeichen darauff schlecht [also schlägt, M.K.], Zum andern wann eyner vnrecht metall darzu setzt, Zum dritten, so eyner der müntz jre rechte schwere geuerlich benimbt".

Auf einen Fall der Münzfälschung konnte unter Umständen der Feuertod folgen. ◀

---

130 Zur Bambergensis: *Ignor*, Geschichte, 2002, S. 45.
131 Vgl. *Ignor*, Geschichte, 2002, S. 45, 47; *Kroeschell* u.a., Dt. Rechtsgeschichte II, 2008, S. 304; zur Carolina: *F.-C. Schroeder*, in: ders., Carolina, 1986, S. 1; *Schaffstein*, Lehren, 1930 (1973), S. 25 f.
132 *Ignor*, Geschichte, 2002, S. 43.
133 So auch in der Überschrift zu Art. 48 CCC (1532).
134 *F.-C. Schroeder* (1980), in: ders., Carolina, 1986, S. 305 (328).
135 Z.B. Art. 3, 63, 84, 182 CCC (1532).
136 Art. 35 CCC (1532).
137 Art. 48 – 53 CCC (1532).
138 *Koch*, in: FS Rüping, 2008, S. 393 (399); ähnlich auch *Schreiber*, Gesetz und Richter, 1976, S. 27.
139 *Lieberwirth*, Carolina, in: HRG I, 2008, Sp. 887; *Buschmann*, Textbuch, 1998, S. 104.
140 Vgl. hierzu *K.-P. Schroeder*, Vom Sachsenspiegel, 2011, S. 47 f.; *Jescheck/Weigend*, Strafrecht AT, 1996, S. 94.
141 Art. 139 ff. CCC (1532).

B. Überblick

55 In zeitlicher Hinsicht fand die Carolina in einzelnen Gegenden bis nach dem Ende des Heiligen Römischen Reiches (1806) Anwendung.[142] So sollen einzelne gerichtliche Entscheidungen sogar noch 1870 auf diese Satzung gestützt worden sein.[143] Obwohl die Carolina ihrer ursprünglichen Idee nach formal subsidiär (also nachrangig) gegenüber Partikularrechten war (→ Rn. 49), führte sie in der Zeit nach ihrer Entstehung (1532) rasch zu einer gewissen Vereinheitlichung des Strafrechts im Reich.[144] Auch soweit im 16. und 17. Jahrhundert Partikularrechte eingeführt wurden, übernahmen sie nämlich teilweise die Regelungen der Carolina oder änderten sie nur geringfügig.[145]

56 Gleichwohl ist zu betonen, dass in den Territorien des Heiligen Römischen Reiches bis ins 18. Jahrhundert hinein nicht *das eine* Strafrecht existierte. Stattdessen herrschte auch in der Frühen Neuzeit eine deutliche Rechtspluralität – ein Umstand, der seinen Grund nicht nur in der territorialen Zersplitterung des Reiches fand, sondern auch darin, dass die Gesellschaft in Gruppen (Stände) differenziert war (z.B. Geistlichkeit und Adel), die mitunter eigenen Regeln unterworfen waren.[146] So kamen häufig verschiedene Rechte und Rechtsquellen in Betracht, deren Rangverhältnis zueinander nicht immer eindeutig war.[147] Angesprochen sind hiermit die Lehren des sog. **gemeinen Strafrechts**, die ihre Grundlagen im römischen und im kanonischen (kirchlichen) Recht[148] sowie in der Carolina fanden.[149]

▶ Der **Begriff „gemein"** meint hier so etwas wie „gemeinsam" oder „allgemein". ◀

57 So bildet etwa der Begriff der Schuld ein Beispiel dafür, dass das gemeine Recht unter anderem vom kirchlichen Recht beeinflusst wurde.[150] Daneben wurde allgemein auch dem Richter- bzw. Gewohnheitsrecht der Status einer Rechtsquelle beigemessen.[151] Und vor allem konnte es in den Territorien auch eigene sog. **Partikulargesetze** geben[152] (z.B. in den Reichsstädten in Form von Stadtrechten[153]), die im Einzelfall möglicherweise von den Regelungen der Carolina abwichen. Dies mochten zunächst nur Ausnahmefälle gewesen sein, doch zeigte sich spätestens im 18. Jahrhundert eine Partikulargesetzgebung, die sich deutlich von den Ideen der Carolina löste[154] (→ Rn. 78 ff.).

4. Strafrechtsdenken und Rechtswissenschaft

58 In Anbetracht der eben skizzierten pluralen und mitunter diffusen Rechtssituation dürfte auch nach Erlass der Carolina ein erhebliches Bedürfnis an einer systematischen Durchdringung des Rechtsstoffes bestanden haben.[155] Dies war der Hintergrund, vor

---

142 *Ger. Schmidt* (1966), in: F.-C. Schroeder, Carolina, 1986, S. 185 (201); *Buschmann*, Textbuch, 1998, S. 103.
143 *K.-P. Schroeder*, Vom Sachsenspiegel, 2011, S. 53; vgl. auch *Jescheck/Weigend*, Strafrecht AT, 1996, S. 94.
144 So auch die Bewertung bei *Hattenhauer*, Europ. Rechtsgeschichte, 2004, Rn. 1206; *Lieberwirth*, Carolina, in: HRG I, 2008, Sp. 889.
145 *Schaffstein*, in: Nachrichten, 1985, Nr. 3, S. 123 (141).
146 *Härter*, Kriminalitätsgeschichte, 2018, S. 41.
147 Vgl. *Schaffstein*, in: Nachrichten, 1985, Nr. 3, S. 123 (142 f.).
148 *Koch*, in: Hilgendorf u.a., Hdb StrR I, 2019, § 7 Rn. 2 f.
149 *Jescheck/Weigend*, Strafrecht AT, 1996, S. 94.
150 Ebd., S. 94 f.; vgl. in diesem Zusammenhang auch *Kroeschell* u.a., Dt. Rechtsgeschichte II, 2008, S. 305 m.w.N.
151 *Koch*, in: Hilgendorf u.a., Hdb StrR I, 2019, § 7 Rn. 2 f.; *Schaffstein*, in: Nachrichten, 1985, Nr. 3, S. 123 (143).
152 Vgl. *Schaffstein*, in: Nachrichten, 1985, Nr. 3, S. 123 (141 f.).
153 *Härter*, Kriminalitätsgeschichte, 2018, S. 75.
154 Vgl. in diesem Kontext *Lieberwirth*, Carolina, in: HRG I, 2008, Sp. 889.
155 Vgl. *Härter*, Kriminalitätsgeschichte, 2018, S. 41 f.

dem der fromme Lutheraner[156] und sächsische Jurist **Benedikt Carpzov** zu einer der prägendsten Stimmen der deutschen Strafrechtswissenschaft des **17. Jahrhunderts** wurde.[157]

▶ **Benedikt** (auch Benedict) **Carpzov** (auch Carpzow[158]) (1595 – 1666) war hochrangiger Richter am sog. Leipziger Schöffenstuhl (→ Rn. 302), daneben Professor und Wissenschaftler.[159] Er gilt mitunter als „Begründer einer deutschen gemeinrechtlichen Strafrechtswissenschaft" (*Kleinheyer*).[160] Mittlerweile widerlegt ist die in der Aufklärung (→ Rn. 66 ff.) vertretene Annahme, Carpzov sei für über 20.000 Todesurteile (vor allem wegen Hexerei) verantwortlich gewesen.[161] ◀

Zu **Carpzovs Hauptwerk** zählt die 1635 veröffentlichte Abhandlung „Practica Nova Imperialis Saxonica Rerum Criminalium"[162] – ein äußerst wirkmächtiges Werk, das bis in das 18. Jahrhundert in einer Vielzahl von Auflagen erschienen ist.[163] In den Worten von *Oehler* schuf Carpzov mit dieser Abhandlung „ein einheitliches Strafrecht durch Auslegung der deutschen Gesetzesquellen unter Mitverwendung oberitalienischer und anderer ausländischer strafrechtlicher Literatur in Deutschland".[164] Hinzu kam das 1638 erschienene prozessrechtliche Werk „Peinlicher Sächsischer Inquisition[s]- und Achtsprocess".[165]

59

Es dürfte Carpzovs Expertise als anerkannter Wissenschafter und Praktiker zu verdanken gewesen sein, dass seinem Wirken bis in das 18. Jahrhundert eine „quasigesetzliche Geltungskraft" (*Lück*) beigemessen wurde.[166] Carpzovs intellektueller Einfluss reichte dabei deutlich über das Gebiet seiner sächsischen Heimat.[167] Zentral waren etwa Carpzovs Doktrinen zu sog. **außerordentlichen Strafen** (→ Rn. 250), zur **Todesstrafe** (→ Rn. 284 f.), zu den **Strafzwecken** (→ Rn. 219 f.) und schließlich zu den Kriterien hinsichtlich der Frage, welches Verhalten überhaupt **strafwürdig** ist (→ Rn. 184 f.).

Carpzov schuf im Ergebnis durch die wissenschaftliche Durchdringung und Systematisierung des gemeinen Strafrechts[168] (→ Rn. 56) ein Werk, das bis in das 18. Jahrhundert hinein wirkte. Demgegenüber steht einer seiner Zeitgenossen – der im nieder-

60

---

156 *Kleinheyer*, in: ders. u.a., Juristen, 2017, S. 92 (94); *Hilgendorf*, in: ders. u.a., Hdb StrR I, § 6 Rn. 11.
157 So auch das Urteil von *Jescheck/Weigend*, Strafrecht AT, 1996, S. 94 f.
158 Z.B. *Gmür/Roth*, Grundriss, 2018, Rn. 333.
159 Zu Carpzovs Biografie: *Hoyer*, in: Jerouschek u.a., Carpzov, 2000, S. 27; *Jessen*, in: Sächs. Staatsmin. der Justiz, Leipzig, 1994, S. 30 ff.; *Kleinheyer*, in: ders. u.a., Juristen, 2017, S. 92 ff.
160 *Kleinheyer*, in: ders. u.a., Juristen, 2017, S. 92; vgl. zu dieser Bewertung auch *Jessen*, in: Sächs. Staatsmin. der Justiz, Leipzig, 1994, S. 30 (37); vgl. aber auch *Jerouschek* ZStW 109 (1997), S. 390 (395 f.), der über Kritik an dieser Bewertung berichtet.
161 *Kroeschell*, Dt. Rechtsgeschichte III, 2008, S. 91; vgl. auch *Kleinheyer*, in: ders. u.a., Juristen, 2017, S. 92 (95), der die im 18. Jhd. erfolgende unkritische Übernahme dieser Legende mit der ablehnenden Haltung begründet, welche dem Rechtsverständnis Carpzovs in der Aufklärung entgegengebracht wurde.
162 *Carpzow*, in: T. Vormbaum, Strafrechtsdenker, 1998, S. 26; vgl. hierzu *Jessen*, in: Sächs. Staatsmin. der Justiz, Leipzig, 1994, S. 30 (37).
163 *Jessen*, in: Sächs. Staatsmin. der Justiz, Leipzig, 1994, S. 30 (37).
164 *Oehler*, in: FS Hirsch, 1999, S. 105.
165 *Carpzovus*, Peinlicher Sächsischer Inquisitions- und Achtsprocess, 1638; vgl. hierzu *Lück*, in: Jerouschek u.a., Carpzov, 2000, S. 55 (56).
166 *Lück*, in: Jerouschek u.a., Carpzov, 2000, S. 55 (56); vgl. zu diesem Zusammenhang auch *Lück* ZEuP 2016, S. 888 (894); vgl. in diesem Kontext auch *Rüping* ZStW 109 (1997), S. 381: „gesetzesgleiche Autorität".
167 *Sellert*, in: Lehmann/Ulbricht, Vom Unfug, 1992, S. 325 (326).
168 *T. Vormbaum*, Strafrechtsgeschichte, 2019, S. 22; vgl. auch *Lück*, in: Jerouschek u.a., Carpzov, 2000, S. 55 (56 f.); es soll dabei nicht vernachlässigt werden, dass das Naturrecht auch in Carpzovs Rechtsdenken eine zumindest ergänzende Rolle spielte; vgl. hierzu *Steinberg*, in: Hilgendorf u.a., Hdb StrR I, 2019, § 5 Rn. 36.

B. Überblick

ländischen Delft geborene **Hugo Grotius** (1583 – 1645)[169] (→ Rn. 186) – für ein Rechtsdenken, das in anderer Hinsicht zukunftsgerichtet war: Grotius entkoppelte die Frage der Geltung des Rechts von Gott[170] (→ Rn. 186 ff.). Zur maßgeblichen Erkenntnisquelle dieses **Naturrechts** wurde hiernach die Vernunft des Menschen, sodass man auch vom **Vernunftrecht** sprechen kann.[171] *Wieacker* datiert das von ihm sogenannte „Zeitalter des Vernunftrechts" auf die Periode zwischen 1600 und 1800, in der

> „die alte Rechts- und Gesellschaftsphilosophie des Abendlands ('Naturrecht') in der Gestalt, welche ihr die Frühaufklärung gegeben hatte, unmittelbaren Einfluß auf Rechtswissenschaft, Gesetzgebung und Rechtspflege der meisten europäischen Völker gewann".[172]

61 So entwickelte der deutsche Philosoph und Jurist **Christian Thomasius** (1655 – 1728) das Naturrechtsdenken in Richtung einer „juristischen Aufklärung" (*Cattaneo*), die eine Reform einzelner rechtlicher Institute anstrebte.[173] Bedeutung erlangte Thomasius etwa als Kritiker der bis dato praktizierten Hexenverfolgung (→ Rn. 312 ff.). Doch sollte letztlich ein langer Zeitraum vergehen, bis das eben skizzierte Naturrechtsdenken das positive Recht (m.a.W. die niedergeschriebenen Gesetze) nachhaltig erfasste. *Schmidt* unterscheidet insgesamt zwei Phasen:

> „Die Naturrechtslehre des 17. Jahrhunderts hatte eine Säkularisierung und Rationalisierung des straftheoretischen Denkens bewirkt und den Anlaß gegeben, daß die Dogmatik des Strafrechts sich immer stärker in systematisch-synthetischer Richtung entwickeln konnte. Im Jahrhundert der Aufklärung (→ Rn. 66 ff.) tritt aber daneben noch eine zweite, nicht weniger folgenreiche Wirkung des naturrechtlichen Denkens in die Erscheinung. […] Damit tritt das Naturrecht in seine kritische Epoche ein. Es treten die Denker hervor, deren Hauptanliegen es ist, alles überkommene ‚Recht' vor den Richterstuhl der Vernunft zu ziehen […]."[174]

62 Exemplarisch zeigt sich dies bei dem Naturrechtslehrer **Samuel von Pufendorf** (1632 – 1694), der forderte, dass „die Inhaber der Staatsgewalt dem Naturrecht durch staatliche Gesetze Wirksamkeit verleihen".[175] Als die mächtigen deutschen Territorialstaaten im ausgehenden 18. Jahrhundert eine breit angelegte Gesetzgebungstätigkeit entfalteten (Zeitalter der **Kodifikationen** → Rn. 78 f.), wurde insbesondere auch an solche Systematisierungsleistungen angeknüpft, die die Naturrechtslehre bis dato vollbracht hatte.[176]

---

169 *Moosheimer*, in: Kleinheyer u.a., Juristen, 2017, S. 187.
170 *Rüthers* u.a., Rechtstheorie, 2022, Rn. 447; vgl. in diesem Kontext auch *Stolleis*, Geschichte I, 2012, S. 278.
171 *Rüthers* u.a., Rechtstheorie, 2022, Rn. 447.
172 *Wieacker*, Privatrechtsgeschichte, 1967, S. 249.
173 *Cattaneo* (1987), in: ders, Aufklärung und Strafrecht, 1998, S. 225 (229); vgl. aber auch *Steinberg*, der hervorhebt, „dass Thomasius punktuell wichtige Fortschritte in der Strafrechtslehre erzielt, sich auf diesem Rechtsgebiet als Ganzem jedoch mit rechtspolitischen Forderungen konsequent zurückhält" (*Steinberg*, Thomasius, 2005, S. 186).
174 *Eb. Schmidt*, Einführung, 1965, S. 212; dem folgend unterscheidet auch *T. Vormbaum* (Strafrechtsgeschichte, 2019, S. 25) einen Übergang zwischen zwei Phasen: „von der Diagnose und Systematisierung des vernunftgemäßen Rechts zur Therapie, zu Forderungen nach Veränderung der bestehenden Rechtsverhältnisse"; eine weitere Periodisierung findet sich bei *Stolleis*, Geschichte I, 2012, S. 269 („vier Stufen").
175 *Pufendorf*, De officio hominis et civis iuxta legem naturalem libri duo, 1673, 2. Buch, Kap. 12, § 3; hier zitiert in dt. Übersetzung: *Pufendorf*, Über die Pflicht, 1994, S. 187, 217 (Zitat auf S. 187); vgl. hierzu *Jakobs*, in: Kubiciel u.a., Erscheinung, 2020, S. 93 (95).
176 *Gmür/Roth*, Grundriss, 2018, Rn. 312.

Auch ein anderer Protagonist des frühen 17. Jahrhunderts wies mit seinen Ansichten bereits deutlich in die Zukunft. Der Jesuit und Seelsorger[177] **Friedrich Spee**[178] (1591 – 1635) bejahte in seiner 1631 anonym erschienenen Schrift[179] zwar die Frage der Existenz von Hexen,[180] sprach sich jedoch gegen die Hexenverfolgung aus,[181] die zu dieser Zeit praktiziert wurde (→ Rn. 312 ff.). *Hilgendorf* bezeichnet Spee deshalb nicht zu Unrecht als „christlichen Frühaufklärer".[182] Dessen ungeachtet sollte es in Deutschland noch bis zum 18. Jahrhundert dauern, bis Hinrichtungen angeblicher Hexen aufhörten.[183]

▶ → **Kontrollfragen** 3 bis 7. ◀

III. 18. Jahrhundert

1. Hintergrund: Das Zeitalter der Aufklärung

Bereits die Entdeckungen, die den Beginn der Frühen Neuzeit markierten (→ Rn. 14) machten deutlich, dass der Mensch durch den Einsatz seines Verstandes Bahnbrechendes zu leisten imstande war und dass sich mitunter auch solche Annahmen als falsch erweisen konnten, die zuvor lange Zeit für richtig gehalten worden waren. So erschien auch der Gedanke naheliegend, dass es noch viel mehr zu entdecken und zu hinterfragen gab. Eine solche Stimmung des „Aufbruch[s] zu neuen Ufern" (*Winkler*) zeigte sich bereits im **Humanismus**, der in der Mitte des 15. Jahrhunderts aus Italien sich ausbreitend an Wissenschaften, Menschenbild und Christentum einen neuen Maßstab anlegte – eine Abkehr von überkommenen Doktrinen und eine Hinwendung zur Antike.[184]

Die **Renaissance**, also die sinnbildliche Wiedergeburt der Antike aus dem Geist des Humanismus mit einem neuen Menschen- und Wissenschaftsverständnis, hatte bis dato für unumstößlich gehaltene Doktrinen hinterfragt und durch Empirie, naturwissenschaftliche und philosophisch-intellektuelle Herangehensweisen neue Wahrheiten gefunden. Einschlagend war etwa das 1543 von Nikolaus Kopernikus erkannte heliozentrische Weltbild mit der Sonne im Zentrum, das der kirchlichen Auffassung von Gottes Schöpfung als Mittelpunkt des Universums fundamental zuwiderlief.

In der später einsetzenden Geisteshaltung der **Aufklärung** wurde die menschliche Vernunft zum Ausgangspunkt für Reformbestrebungen. Im Jahr 1784 umschreibt der Königsberger Philosoph **Immanuel Kant** (1724 – 1804) (→ Rn. 76) diese Bewegung wie folgt:

---

177 *van Oorschot*, in: ders., Spee, 1993, S. 7 (8).
178 Vollständiger Name: Friedrich Spee von Langenfeld.
179 Vgl. zum Erscheinen: *Hattenhauer*, Europ. Rechtsgeschichte, 2004, Rn. 1374; ihm zufolge lässt sich der Zeitraum der Abfassung dieser Schrift nicht genau bestimmen (ebd., Rn. 1374); demgegenüber datieren *Zaffaroni* und *Croxatto* diesen Zeitraum auf etwa 1629 bis 1631 (*Zaffaroni/Croxatto* ZStW 131 [2019], S. 1228 [1235]).
180 *Spee*, Cautio Criminalis. Dt. Ausgabe, 1967, S. 1.
181 Ebd., S. 35.
182 *Hilgendorf*, in: ders. u.a., Hdb StrR I, 2019, § 6 Rn. 22; ähnlich auch *Cattaneo*, in: ders, Aufklärung und Strafrecht, 1998, S. 1 (2 f.).
183 Nach *T. Vormbaum* (Strafrechtsgeschichte, 2019, S. 25 f. m.w.N.) fand die „letzte Hexenverbrennung in Deutschland [...] immerhin erst 1775 in Kempten" statt; zweifelnd hierzu *Dorn-Haag*, Hexerei, 2016, S. 75, die das Ende auf 1756 datiert.
184 *Winkler*, Geschichte I, 2016, S. 93, 102 f. (Zitat auf S. 93).

B. Überblick

> „Aufklärung ist der Ausgang des Menschen aus seiner selbst verschuldeten Unmündigkeit. Unmündigkeit ist das Unvermögen, sich seines Verstandes ohne Leitung eines anderen zu bedienen. Selbstverschuldet ist diese Unmündigkeit, wenn die Ursache derselben nicht aus Mangel des Verstandes, sondern der Entschließung und des Muthes liegt, sich seiner ohne Leitung eines andern zu bedienen. ‚Sapere aude! Habe Muth, dich deines eigenen Verstandes zu bedienen!' ist also der Wahlspruch der Aufklärung."[185]

67 Die Aufklärung bildete zwar eine europaweite Geistesströmung, doch darf man sich diese nicht als Massenbewegung vorstellen. In Bezug auf Deutschland weist *Kroeschell* darauf hin, dass die Aufklärung „die schmale Schicht der Gebildeten" prägte.[186] Nichtsdestoweniger erwies sich diese Bewegung als durchaus wirkungsvoll, da im 18. Jahrhundert erste Grundlagen für eine bürgerliche Gesellschaft gelegt wurden[187] und mächtige europäische Herrscher aufgeklärt agierten.[188] Zu nennen sind etwa der aufgeklärt-absolutistische Preußenkönig **Friedrich II.** (1712 – 1786), der auch unter dem Namen „Friedrich der Große" bekannt ist,[189] und die österreichische Monarchin **Maria Theresia** (1717 – 1780).

68 Es ist also durchaus berechtigt, von einer **Epoche der Aufklärung** zu sprechen – einer Epoche, die in zeitlicher Hinsicht in der zweiten Hälfte des 17. Jahrhunderts und vor allem im 18. Jahrhundert verortet wird.[190] Dabei liegt die „Blütezeit" (*Naucke*) der europäischen Aufklärung – und auch ihrer Ausprägung im Strafrecht – in der zweiten Hälfte des 18. Jahrhunderts.[191]

69 Mitunter wurde das philosophische Streben nach dem besten Staat aber auch vom Volk gewaltsam durchgesetzt. In **Frankreich** trafen die Ideen von Freiheit, gerechter Herrschaft und Volkssouveränität, wie sie **Voltaire** (1694 – 1778) oder **Jean-Jacques Rousseau** (1712 – 1778) entwickelt hatten, mit politischen Konflikten in einer Zeit der Wirtschaftskrise zusammen.[192] Der sog. dritte Stand rebellierte gegen das Feudalsystem und erstürmte am 14. Juli 1789 das Pariser Staatsgefängnis, die Bastille. Die neu gegründete verfassungsgebende Nationalversammlung verkündete wenige Wochen später die Bürger- und Menschenrechte und die Abschaffung der Feudalrechte, was mit der Annahme durch **Ludwig XVI.** (1754 – 1793) das Ende des Absolutismus (→ Rn. 190) in Frankreich symbolisierte.[193] In der folgenden Umgestaltung der Verfassung kam es jedoch zum Prozess gegen den König und zu seiner Enthauptung 1793, die Revolution schlug in Terror um. Diese Ereignisse führten zudem von 1792 bis 1815 zu den Koalitionskriegen gegen die europäischen Mächte, in denen sich **Napoléon Bonaparte** (1769 – 1821) als General der Revolutionsarmee hervortat, der sich nach weitreichenden Reformen 1804 zum Kaiser der Franzosen krönte. Seine Beherrschung weiter Teile Europas endete mit dem Feldzug gegen Russland (1812) und den gegen Napoléon geführten sog. Befreiungskriegen (1813 – 1815).

---

185 *Kant* Berlinische Monatsschrift 1784, S. 481 (im Original mit Hervorhebung; die Anführungszeichen beim Wahlspruch der Aufklärung wurden aus Gründen der Lesbarkeit durch M.K. eingefügt).
186 *Kroeschell*, Dt. Rechtsgeschichte III, 2008, S. 65.
187 Vgl. hierzu *Geo. Schmidt*, Wandel, 2009, S. 15.
188 Das 19. Jahrhundert prägte hierfür den Begriff des „aufgeklärten Absolutismus", vgl. *Geo. Schmidt*, Geschichte, 1999, S. 307.
189 Vgl. *Epkenhans*, Geschichte Deutschlands, 2011, S. 20.
190 *Schorn-Schütte*, Geschichte Europas, 2024, S. 237.
191 *Naucke*, in: Beccaria, Von den Verbrechen (1764), 2004, S. IX (X).
192 Vgl. im Einzelnen *Fahrmeir*, Revolutionen und Reformen, 2010, S. 36 – 59.
193 *Winkler*, Geschichte I, 2016, S. 321.

III. 18. Jahrhundert   **B.**

Auf der anderen Seite des Atlantiks kämpften die europäischen Siedler zeitweise mit Unterstützung von Frankreich und Spanien um die Unabhängigkeit und Eigenständigkeit gegenüber der britischen Kolonialpolitik. Mit der Unabhängigkeitserklärung vom 4. Juli 1776, die die berühmte Formel der Gleichheit aller Menschen beinhaltete, sagten sich 13 amerikanische Staaten vom Mutterland los. In der Folge stand weniger eine soziale Umwälzung auf der Agenda als eine neue Verfassung mit Gewaltenteilung (→ Rn. 254), Grundrechtekatalog und gegenseitiger Kontrolle der Regierungsorgane, die sich die Konföderation der 13 Staaten 1787/88 in Form eines Präsidialsystems gab und damit die politische und rechtliche Grundordnung der USA etablierte.[194]

2. Strafrechtsdenken

Die Aufklärung ergriff auch das rechtliche Denken. Überkommene Ansätze der allgemeinen Rechtsbegründung schienen nun ebenso hinterfragbar wie konkrete Institute des Rechts. Als strafrechtliche Leistungen der Aufklärung werden von *Schmidt* vier Aspekte genannt: „Säkularisierung, Rationalisierung, Humanisierung, Liberalisierung".[195] Hierbei gilt es aber zu berücksichtigen, dass die Aufklärungsbewegung durchaus heterogen war.[196] Insbesondere lässt sich zeigen, dass der Humanität im Einzelfall eine lediglich untergeordnete Rolle im Vergleich zu **Erwägungen der Zweckmäßigkeit** zukam.[197] Dies zeigt sich etwa im Werk des Aufklärers Cesare Beccaria.

▶ **Cesare Beccaria** (1738 – 1794) studierte Rechtswissenschaft in Pavia.[198] Bereits im Jahr 1764 erschien – in der Erstausgabe anonym[199] – sein Buch „dei delitti e delle pene" (Von den Verbrechen und von den Strafen),[200] das in Europa rasch weite Verbreitung fand.[201] In dieser Streitschrift[202] unterzog Beccaria die zeitgenössischen Strafrechte einer tiefgreifenden kritischen Überprüfung. Die Veröffentlichung des Buches fiel in eine Zeit, in der auch andernorts deutliche Kritik an Strafgerichten und Strafverfahren geübt wurde.[203] ◀

Die eben angedeutete Bedeutung der Zweckmäßigkeitserwägungen bei Beccaria kommt etwa in seiner Argumentation gegen die Todesstrafe (→ Rn. 291) zum Ausdruck. So schreibt er in seinem Werk von 1764:

> „Werde ich aber nachgewiesen haben, daß dieser Tod weder nützlich noch notwendig ist, so werde ich für die Menschlichkeit einen Streit gewonnen haben."[204]

Als Argumentationsmittel wurden hiermit also keine Humanitätserwägungen angekündigt, sondern Überlegungen der Nützlichkeit bzw. Notwendigkeit. Beccaria be-

---

194 Vgl. im Einzelnen *Adams*, in: ders., Die Vereinigten Staaten, 2000, S. 22 (34 – 55).
195 *Eb. Schmidt* ZStrR 73 (1958), S. 341 (343); vgl. hierzu auch *Hilgendorf*, in: ders. u.a., Hdb StR I, 2019, § 6 Rn. 2.
196 *Hilgendorf*, in: ders. u.a., Hdb StR I, 2019, § 6 Rn. 2.
197 Hierauf und auf das folgende Beccaria-Zitat wird hingewiesen von: *T. Vormbaum*, Strafrechtsgeschichte, 2019, S. 28 ff.; vgl. in diesem Kontext auch *Naucke*, in: Beccaria, Von den Verbrechen (1764), 2004, S. IX (XIX – XX, XLII).
198 Zu Beccarias Biografie: *Naucke*, in: Beccaria, Von den Verbrechen (1764), 2004, S. IX – XIII.
199 *Naucke*, in: Beccaria, Von den Verbrechen (1764), 2004, S. XI.
200 Dt. Ausgabe: *Beccaria*, Von den Verbrechen (1764), 2004.
201 Das Werk wurde bis zum Ende des 18. Jhd. in zahlreiche europäische Sprachen übersetzt (*Hattenhauer*, Europ. Rechtsgeschichte, 2004, Rn. 1620).
202 *Hattenhauer*, Europ. Rechtsgeschichte, 2004, Rn. 1620.
203 Vgl. *Hilgendorf*, in: ders. u.a., Hdb StR I, 2019, § 6 Rn. 6; *Hattenhauer*, Europ. Rechtsgeschichte, 2004, Rn. 1620 f.
204 *Beccaria*, Von den Verbrechen (1764), 2004, S. 49; vgl. hierzu auch *T. Vormbaum*, Strafrechtsgeschichte, 2019, S. 29.

B. Überblick

zeichnete die Folter (→ Rn. 318) zwar ausdrücklich als „Grausamkeit", trug allerdings auch an dieser Stelle wiederum Nützlichkeitserwägungen vor.[205] Andererseits weist *Vormbaum* zu Recht darauf hin, dass ein Autor wie Beccaria vermutlich hoffen konnte, bei den zeitgenössischen europäischen Herrschern mit Nützlichkeitsargumenten am ehesten durchzudringen.[206]

74 Die **Säkularisierungsbestrebung** der Aufklärung ging Hand in Hand mit einem naturrechtlichen bzw. vernunftrechtlichen Denken, dessen Ansätze durchaus älter sind[207] (zu Grotius etc. → Rn. 60 ff.). Die Idee der Säkularisierung sieht man im 18. Jahrhundert etwa in Beccarias gesellschaftsvertraglicher Gesetzesbegründung:[208]

> „Die Gesetze sind nun die Bedingungen, unter denen unabhängige und vereinzelte Menschen sich zur Gesellschaft zusammenschließen, da sie es müde sind, in einem ständigen Zustand des Krieges zu leben und eine Freiheit zu genießen, die infolge der Ungewißheit, sie bewahren zu können, unnütz geworden ist. Sie opfern einen Teil von ihr, um den verbleibenden Teil in Sicherheit und Ruhe zu genießen."[209]

75 Auch die Strafe erfuhr bei Beccaria eine Säkularisierung. Er begründete sie nicht unter Rückgriff auf einen religiösen Sühnegedanken, wie etwa Carpzov dies tat[210] (→ Rn. 184 f.), sondern betrachtete die Verhängung von Strafen als Instrument der Abschreckung („fühlbare Beweggründe").[211] Das Kriterium der Nützlichkeit legte Beccaria auch zugrunde, soweit er die strafrechtlichen Institute der **Folter** (→ Rn. 318) und der **Todesstrafe** (→ Rn. 291) diskutierte. In der Aufklärung wurden aber auch die **Hexenverfolgung** (→ Rn. 312 ff.) und **Sanktionen für Kindsmord** einer deutlichen Kritik unterzogen.[212] Hinzu trat die Forderung der Aufklärungsphilosophie, die **Gerichte** bei ihren Entscheidungen streng an das **Gesetz zu binden**[213] – eine Forderung, die der Sache nach aber die Existenz eines inhaltlich „guten" Gesetzes verlangte (→ Rn. 256).

▶ **Kindstötung und Kindsmord:** Fälle, in denen ein neugeborenes Kind von seiner Mutter getötet wurde,[214] wurden unter der Geltung der Carolina von 1532 (→ Rn. 48) bis zur Mitte des 18. Jahrhunderts als qualifizierter Mord sanktioniert.[215] Zwischen 1700 und 1770 war die Todesstrafe für Kindsmord verbreitet.[216] Doch erkannte man in dieser Zeit auch, dass diese massive Sanktion in Anbetracht der **sozialen Situation** vieler Täterinnen unverhältnismäßig war: Häufig handelte es sich um Frauen, die in Anbetracht einer als Makel empfun-

---

205 *Beccaria*, Von den Verbrechen (1764), 2004, S. 31 f.
206 *T. Vormbaum*, Strafrechtsgeschichte, 2019, S. 30.
207 *Rüping/Jerouschek*, Grundriss, 2011, Rn. 157.
208 Vgl. zur Säkularisierung des Gesetzes bei Beccaria auch *Naucke*, in: Beccaria, Von den Verbrechen (1764), 2004, S. IX (XV).
209 *Beccaria*, Von den Verbrechen (1764), 2004, S. 10; vgl. zum Gesellschaftsvertrag auch *Beccaria*, Von den Verbrechen (1764), 2004, S. 12.
210 *T. Vormbaum*, Strafrechtsgeschichte, 2019, S. 23.
211 *Beccaria*, Von den Verbrechen (1764), 2004, S. 10; vgl. zum abschreckenden Gesetz bei Beccaria: *Naucke*, in: Beccaria, Von den Verbrechen (1764), 2004, S. IX (XXIX).
212 *Kroeschell*, Dt. Rechtsgeschichte III, 2008, S. 92; zur Kindstötung: *Heydenreuter*, Kriminalgeschichte, 2003, S. 84.
213 *Cattaneo* (1987), in: ders, Aufklärung und Strafrecht, 1998, S. 225 f.
214 *Wächtershäuser*, Verbrechen, 1973, S. 7, spricht hinsichtlich dieser Fälle von „Kindermord".
215 *Wächtershäuser*, Verbrechen, 1973, S. 148.
216 Im Detail und zu weiteren Sanktionen: *Ulbricht*, Kindsmord, 1990, S. 403.

III. 18. Jahrhundert

denen unehelichen Geburt handelten.[217] Hinzutreten konnte die Furcht vor Verarmung und ökonomischer Existenzbedrohung.[218]

Die einsetzende **Forderung nach milderen Bestrafungen** wurde zum Teil durch die Justiz selbst umgesetzt,[219] nach und nach aber auch durch den Gesetzgeber. So wurde etwa einer „Mutter, welche ihr uneheliches Kind in oder gleich nach der Geburt vorsätzlich tödtet", gemäß dem **Preußischen Strafgesetzbuch** von 1851 (→ Rn. 95) keine Todesstrafe angedroht, sondern Zuchthausstrafe (→ Rn. 287) zwischen fünf und 20 Jahren „wegen Kindesmordes".[220] Ein gutes halbes Jahrhundert vorher (1794) sah das **Allgemeine Landrecht für die Preußischen Staaten** (→ Rn. 79) für „Kindermord" noch den Tod durch das Schwert vor.[221] Das **Reichsstrafgesetzbuch** von 1871 (→ Rn. 105) wiederum sah (insoweit im Einklang mit dem Preußischen StGB von 1851[222]) keine Todesstrafe für eine Mutter vor, die ein uneheliches Kind während oder unmittelbar nach der Geburt tötet. § 217 RStGB (1871) drohte stattdessen im Regelfall eine mindestens dreijährige Zuchthausstrafe (→ Rn. 287) an, bei mildernden Umständen Gefängnisstrafe (→ Rn. 286 ff.) nicht unter zwei Jahren. Eine ähnliche, aber etwas mildere Regelung fand sich bis zum Jahr 1998 als § 217 im Strafgesetzbuch. Die Aufhebung dieses Straftatbestandes wurde vom Gesetzgeber 1997 wie folgt begründet:

„§ 217 ist nicht mehr zeitgemäß. Die psychische Ausnahmesituation einer Mutter, die ihr eheliches oder nichteheliches Kind in oder gleich nach der Geburt tötet, kann durch die Anwendung des § 213 StGB[223] Berücksichtigung finden. Mit der Aufhebung des § 217 StGB wird zugleich die allgemein kritisierte[224] Beschränkung des Tatbestandes auf die Tötung nichtehelicher Kinder beseitigt."[225]

Eine **literarische Verarbeitung** erfuhr das Phänomen des Kindsmordes in Goethes Faust, und zwar in der Figur des Gretchens.[226] Dem zugrunde lag der historische Fall der Susanna

---

217 *Kroeschell*, Dt. Rechtsgeschichte III, 2008, S. 92; *Heydenreuter*, Kriminalgeschichte, 2003, S. 84; vgl. auch zum Zusammenhang zwischen Kindstötungen einerseits und der Ahndung der sog. Unzucht unter Ledigen und des Ehebruchs andererseits: *Heydenreuter*, Kriminalgeschichte, 2003, S. 83, 325 (Glossar zur sog. Leichtfertigkeit).
218 Vertiefend: *Michalik*, Kindsmord, 1997, S. 93 f.
219 *Wächtershäuser*, Verbrechen, 1973, S. 148; vgl. in diesem Kontext auch *Ulbricht*, Kindsmord, 1990, S. 403.
220 § 180 Abs. 1 Preuß. StGB (1851); erwähnenswert ist, dass diese vergleichsweise milde Strafe nur für die Mutter selbst vorgesehen war; so bestimmte § 180 Abs. 2 Preuß. StGB (1851): „Wird die vorsätzliche Tödtung des Kindes von einer anderen Person als der Mutter verübt, oder nimmt eine andere Person an dem Verbrechen des Kindesmordes Theil, so kommen gegen dieselbe die Bestimmungen über Mord oder Todtschlag, sowie über die Theilnahme an diesem Verbrechen zur Anwendung"; § 175 Abs. 1 Preuß. StGB (1851) wiederum sah für Mord die Todesstrafe vor; vgl. hierzu *Wächtershäuser*, Verbrechen, 1973, S. 148.
221 § 965 des 20. Titels des zweiten Teils des ALR (1794); vgl. hierzu auch *Hirsch*, in: Karremann, Frau, 2024, S. 219; hervorzuheben ist hier aber noch, dass z.B. § 889 des 20. Titels des zweiten Teils des ALR (1794) unter der Überschrift der „Vorbeugungsmittel [...]" Folgendes anordnete: „In jeglichem Falle haben Weibspersonen, welche außer der Ehe geschwängert worden, [...] Entschädigung von dem Schwängerer zu erwarten".
222 Vgl. hierzu *Wächtershäuser*, Verbrechen, 1973, S. 148, der auch darauf hinweist, dass die Bezeichnung als Kindsmord noch im Preuß. StGB von 1851 zu finden ist (dort als „Kindesmord[...]"), aber im Reichsstrafgesetzbuch fallengelassen wurde.
223 Erläuterung durch M.K.: § 213 StGB normiert den minder schweren Fall des Totschlags, für den 1998 und heute als Sanktion eine Freiheitsstrafe von einem Jahr bis zu zehn Jahren galt bzw. gilt.
224 Anmerkung durch M.K.: Vgl. zu dieser Kritik die Darstellung bei *Michalik* Feministische Studien 1994 (Heft 1), S. 44.
225 Gesetzentwurf der Bundesregierung zum 6. Strafrechtsreformgesetz (BT-Drucks. 13/8587, S. 34).
226 *Goethe*, Faust, 1968, u.a. Z. 4507 ff., 4611 ff.; vgl. hierzu *Heydenreuter*, Kriminalgeschichte, 2003, S. 84.

Margaretha Brandt, die im Jahr 1772 in Frankfurt am Main wegen Kindstötung hingerichtet worden war.²²⁷ ◂

76 Bereits im Zeitalter der Aufklärung erkannte man, dass Überlegungen der Nützlichkeit und **Zweckmäßigkeit** im Strafrecht **nicht immer richtig** sein müssen. Wird beispielsweise die **Folter** ausschließlich unter Rückgriff auf Erwägungen der Unzweckmäßigkeit abgelehnt, so muss eine solche Ablehnung letztlich unter dem Vorbehalt stehen, dass technische Entwicklungen oder Praktiken im Einzelfall nicht doch zur Annahme der Zweckmäßigkeit der Folter führen.²²⁸ Es soll an dieser Stelle keinesfalls der Eindruck erweckt werden, dass Folter zu befürworten ist. Sie ist ausnahmslos abzulehnen! Jedoch spricht vieles dafür, dass ein absolutes Folterverbot auf einen anderen Bezugspunkt angewiesen ist als die bloße Erwägung der Unzweckmäßigkeit.²²⁹ Ein solcher anderer Bezugspunkt lässt sich aus **Kants Straftheorie** (→ Rn. 224 ff.) ableiten, die nach der Einschätzung von *Schmidt* „völlig aus dem Rahmen des Schemas naturrechtlicher Nützlichkeitstheorien herausfiel".²³⁰

▶ **Immanuel Kant** (1724 – 1804) studierte unter anderem Mathematik und Naturwissenschaften, Theologie und Philosophie. 1770 wurde er Professor für Logik und Metaphysik an der Universität Königsberg.²³¹ ◂

77 Kants Denken entsprang zwar letztlich der Aufklärung, unterschied sich von anderen Theoretikern seiner Zeit aber fundamental.²³² So übte er deutliche Kritik am Zweckdenken im Strafrecht, da es den Menschen zum bloßen Mittel degradiere²³³ (→ Rn. 224 ff.). In der Konsequenz vertrat Kant hinsichtlich der **Todesstrafe** eine grundlegend andere Auffassung als Beccaria (→ Rn. 291).

3. Rechtslage

78 Die Carolina von 1532 galt in einigen Gebieten des Alten Reiches über das 18. Jahrhundert hinaus²³⁴ (→ Rn. 55). Allerdings strebten die mächtiger werdenden Territorialstaaten – allen voran Preußen und Österreich – in der zweiten Hälfte des 18. Jahrhunderts nach eigenen Gesetzen²³⁵ oder sogar nach sog. **Kodifikationen**, die der Idee nach das gesamte Recht eines Staates (und damit auch das Strafrecht) umfassend regeln sollten.²³⁶ Zu nennen sind hier vor allem²³⁷ drei Gesetzeswerke:

---

227 Vgl. *Lerch u.a.* Forschung Frankfurt 2/2011, S. 49; *Koch* ZStW 122 (2010), S. 741; *Heydenreuter*, Kriminalgeschichte, 2003, S. 84; *Kroeschell*, Deutsche Rechtsgeschichte III, 2008, S. 92.
228 Vgl. in diesem Kontext: *Eb. Schmidt*, Einführung, 1965, S. 229: „Das naturrechtliche Denken hatte die rational erfaßbaren Nützlichkeitszwecke, die bezüglich der Strafe [... in bestimmter Hinsicht] in Betracht kamen, herausgearbeitet, hatte aber damit das Strafproblem in nicht ungefährliche Nähe der Staatsräson und staatlicher Nützlichkeitsgesichtspunkte gerückt"; *Naucke*, in: Beccaria, Von den Verbrechen (1764), 2004, S. IX (XX): „Nützlichkeit und Wahrheit und Rationalität nimmt auch ein Strafrecht für sich in Anspruch, das mit Rechtsstaatlichkeit wenig im politischen Sinn hat".
229 Heute besteht ein solcher Bezugspunkt in der Garantie der Menschenwürde nach Art. 1 Abs. 1 GG, aus der ein allgemeines Verbot der Folter abgeleitet werden kann (vgl. *Hufen* JuS 2010, S. 1 [8]).
230 *Eb. Schmidt*, Einführung, 1965, S. 229.
231 Zu Kants Biografie: *Höffe*, Kant, 2020, S. 19 ff., 311 f.
232 *Gmür/Roth*, Grundriss, 2018, Rn. 342.
233 *Kant*, Metaphysik [1797/98], 1977, S. 453.
234 *Ger. Schmidt* (1966), in: F.-C. Schroeder, Carolina, 1986, S. 185 (201); *Buschmann*, Textbuch, 1998, S. 103; vgl. auch *Schaffstein*, Lehren, 1930 (1973), S. 26.
235 Überblick bei *Eb. Schmidt*, Einführung, 1965, S. 247 ff.
236 Vgl. zum Kodifikationsbegriff auch *Kuhli*, Svarez, 2012, S. 115; *Kesper-Biermann*, Einheit, 2009, S. 15 f.
237 Man könnte in diesem Zusammenhang auch noch die österreichische **Constitutio Criminalis Theresiana** von 1768 erwähnen; *T. Vormbaum* bemerkt zu diesem Werk jedoch, es habe „den bestehenden Rechtszu-

III. 18. Jahrhundert

- Der Großherzog von Toskana[238] Peter Leopold (1747 – 1792) verfasste die **Riforma della Legislazione Criminale Toscana,**[239] die 1786 verkündet wurde (sog. Toskanisches Strafgesetzbuch bzw. **Leopoldina**).[240]
- In Österreich wurde 1787 das **Allgemeine Gesetz über Verbrechen und derselben Bestrafung Kaiser Josephs II.** (sog. Josephinisches Strafgesetzbuch bzw. **Josephina**)[241] (→ Rn. 288) erlassen.
- Andernorts trat 1794 das **Allgemeine Landrecht für die Königlich-Preußischen Staaten** (sog. Preußisches Allgemeines Landrecht bzw. ALR (→ Rn. 79) in Kraft.[242]

Die rege Gesetzgebungstätigkeit im ausgehenden 18. Jahrhundert lässt sich **keineswegs monokausal** erklären. In Preußen etwa speisten sich die Kodifikationsbestrebungen aus machtpolitischen Interessen, Beschwerden über Missstände der Justiz[243] und aus Forderungen der Aufklärung nach Rechtssicherheit.[244] Erleichtert wurde die Kodifizierungstätigkeit durch die natur- bzw. vernunftrechtlichen (→ Rn. 60) Systematisierungsleistungen, die bis dato vollbracht worden waren.[245]

▶ **Preußisches Allgemeines Landrecht:**[246] Die Idee einer Kodifikation, die nahezu sämtliche Lebensbereiche der Untertanen in einem Gesetz erfassen sollte, entwickelte sich in Preußen unter naturrechtlichem Einfluss schon seit Ende des 17. Jahrhunderts.[247] Ein allgemeines Gesetz entsprach den **Idealen der Aufklärung**, indem man Regelhaftigkeit und Gleichförmigkeit im Rechtsgang sowie logischen Zusammenhang in der Gesetzgebung forderte. Man verlangte nunmehr verstärkt ein allgemein verständliches Recht, welches übersichtlich und in volkstümlicher Sprache formuliert sein sollte.[248] Verstärkt wurden diese Bestrebungen durch bestehende Missstände im preußischen Justizwesen,[249] die sich unter anderem aus einer unklaren Rechtslage ergaben.[250] So stellten die preußischen Staaten im 18. Jahrhundert ein Gebilde aus unterschiedlichsten Landesteilen dar, die vornehmlich durch die Person des Herrschers zusammengehalten wurden.[251] Dabei umfassten die brandenburgisch-preußischen Lande bereits in der ersten Hälfte des 18. Jahrhunderts Gebiete innerhalb und außerhalb des Heiligen Römischen Reiches.[252] Vor diesem Hintergrund bestand ein erhebliches Interesse an einer Rechtsvereinheitlichung.[253]

---

stand kompiliert, inhaltlich aber nur geringfügige Änderungen herbeigeführt" (*T. Vormbaum*, Strafrechtsgeschichte, 2019, S. 31).
238 Das Großherzogtum Toskana gehörte zu dieser Zeit zum Heiligen Römischen Reich.
239 Das Gesetz ist im italienischen Original und in deutscher Übersetzung abgedruckt in: *Schlosser*, Leopoldina, 2010, S. 49 ff., 91 ff.
240 *Schlosser*, Leopoldina, 2010, S. 1.
241 Abgedruckt in und jeweils zit. nach: *Buschmann*, Textbuch, 1998, S. 224 ff.
242 Der 20. Titel des zweiten Teils des ALR (1794), der das Strafrecht umfasst, ist abgedruckt in und jeweils zit. nach: *Buschmann*, Textbuch, 1998, S. 272 ff.; vgl. zu den hier genannten und weiteren Gesetzen: *T. Vormbaum*, Strafrechtsgeschichte, 2019, S. 31.
243 *Hattenhauer*, ALR, 1996, S. 3; vgl. *Kuhli*, Svarez, 2012, S. 124; *Barzen*, Entstehung, 1999, S. 17; *Eb. Schmidt*, in: Andreae u.a., Schlesier, 1926, S. 22 (23).
244 Vgl. zu dieser Forderung *Cattaneo* (1987), in: ders, Aufklärung und Strafrecht, 1998, S. 225.
245 *Hattenhauer*, Europ. Rechtsgeschichte, 2004, Rn. 1536.
246 Diese Darstellung zum ALR folgt *Kuhli*, Svarez, 2012, S. 115 ff.
247 *Schreiber*, Gesetz und Richter, 1976, S. 83.
248 *Conrad*, Grundlagen, 1958, S. 10 f.
249 *Ogris*, in: Hauser, Friedrich der Große, 1987, S. 47 (80).
250 *Finkenauer* ZRG (GA) 113 (1996), S. 40 (45 f.); *Barzen*, Entstehung, 1999, S. 1.
251 Vgl. *Geus*, Mörder, 2002, S. 106.
252 *Giese*, Preuß. Rechtsgeschichte, 1920, S. 76 f.; *Albrecht*, Methode, 2005, S. 39.
253 *Conrad*, Grundlagen, 1958, S. 11; vgl. *Kuhli*, Svarez, 2012, S. 117.

B. Überblick

Erst unter **Friedrich II. von Preußen** (→ Rn. 67) konnten die Reformgedanken festere Gestalt annehmen.[254] Zentrale Protagonisten waren die beiden Rechtsreformer **Carl Gottlieb Svarez**[255] (1746 – 1798) und **Ernst Ferdinand Klein** (1744 – 1810) (→ Rn. 323 ff.), die unter der Leitung des preußischen Großkanzlers **Johann Heinrich Casimir von Carmer** (1721 – 1801) tätig wurden. Jedoch dauerten die Arbeiten so lange, dass eine Kodifikation letztlich erst unter dem Nachfolger auf dem preußischen Thron, **Friedrich Wilhelm II.** (1744 – 1797), in Kraft gesetzt werden konnte.[256]

Das Preußische Allgemeine Landrecht gehörte mit seinen über **19.000 Paragrafen** zu den umfangreichsten Kodifikationen der Neuzeit.[257] Thematisch umfasste es etwa das Handels- und Arbeitsrecht, das Gemeinderecht, das Gewerbe- und Baurecht, das Beamtenrecht, das Lehnsrecht, das Kirchenrecht und schließlich das Strafrecht.[258] Allerdings lässt sich der paragrafenmäßige Umfang des ALR nicht nur mit der großen Anzahl an umfassten Rechtsgebieten erklären. Vielmehr zeichnete sich die Kodifikation auch durch eine sehr detaillierte Regelungsdichte[259] aus. Das Bedürfnis nach Verständlichkeit und Volkstümlichkeit ging sogar so weit, dass jeder Paragraf des Landrechts nur aus einem einzigen Satz bestand.

Der **strafrechtliche Teil des ALR** enthielt unter anderem allgemeine Grundsätze und solche Regelungen, die heute zum Allgemeinen Teil des Strafrechts gezählt werden (z.B. Vorschriften zur Beihilfe[260] und zur Fahrlässigkeit[261]). Daneben wurden die Delikte genannt, die mit Strafe bedroht waren (u.a. Hochverrat und Landesverrat, Mord und Totschlag, Verführung und Notzucht, Diebstahl und Betrug).[262] Ersetzt wurde der strafrechtliche Teil des Landrechts von 1794 später durch das Preußische Strafgesetzbuch von 1851[263] (→ Rn. 95). ◀

80 Zentrale **Forderungen der Aufklärung**, wie etwa die Abschaffung der Folter (→ Rn. 318 ff.) und die Bindung des Richters an gesetzliche Regelungen (→ Rn. 253 ff.) wurden Mitte und Ende des 18. Jahrhunderts – zumindest teilweise – **umgesetzt**. Mitunter unklar blieben allerdings nach wie vor die Grenzen zwischen Strafrecht und Moral. So befanden sich etwa im Preußischen Allgemeinen Landrecht (1794) (→ Rn. 79) unter der Überschrift „Von den Verbrechen und deren Strafen"[264] auch Regelungen wie die Folgende:

> „Muthwillige Bettler, Landstreicher, und Müßiggänger, müssen zur Arbeit angehalten, und wenn sie dazu unbrauchbar sind, auf eine billige Art versorgt, oder als Fremde aus dem Lande geschafft werden."[265]

81 Darüber hinaus darf auch nicht vergessen werden, dass das Preußische Allgemeine Landrecht noch die Geltung der Todesstrafe vorsah,[266] obwohl prominente Aufklä-

---

254 *Conrad*, Grundlagen, 1958, S. 12.
255 Zu Svarez' Biografie: *Kuhli*, Svarez, 2012, S. 5 ff.
256 Vgl. zum Umfang der Inkraftsetzung: *Kuhli*, Svarez, 2012, S. 170, 176 f.
257 *Schwennicke* JuS 1994, S. 456.
258 Vgl. *Schwennicke* JuS 1994, S. 456.
259 Vgl. *Hattenhauer*, ALR, 1996, S. 8.
260 §§ 64 ff. des 20. Titels des zweiten Teils des ALR (1794).
261 §§ 28 ff. des 20. Titels des zweiten Teils des ALR (1794).
262 §§ 91 ff., 100 ff., 806 ff., 826 ff., 1028 ff., 1048 ff., 1108 ff., 1325 ff. des 20. Titels des zweiten Teils des ALR (1794).
263 *Gmür/Roth*, Grundriss, 2018, Rn. 317.
264 So die Überschrift des 20. Titels des zweiten Teils des ALR (1794).
265 § 4 des 20. Titels des zweiten Teils des ALR (1794).
266 So z.B. für Kindermord gem. § 965 des 20. Titels des zweiten Teils des ALR.

rungsphilosophen wie der Mailänder **Cesare Beccaria** (→ Rn. 71) bereits im Jahr 1764 öffentlich Kritik an diesem Sanktionsmittel geübt hatten.[267]

▶ → **Kontrollfragen** 10 und 11. ◀

IV. 19. Jahrhundert

1. Hintergrund: Politische und soziale Entwicklung

Der Aufstieg der Territorialstaaten im 18. Jahrhundert ging einher mit einer zunehmenden Bedeutungslosigkeit des Heiligen Römischen Reiches.[268] Insbesondere die mächtigen Territorien Preußen und Österreich waren Ende des 18. Jahrhunderts kaum mehr auf das Reich angewiesen.[269] Als der letzte Kaiser Franz II. unter dem Druck Napoléons im Jahr 1806 die Reichskrone niederlegte,[270] bildete dies das **Ende** eines ohnehin nur noch formal existenten **Reiches**.[271]

82

Bereits zuvor wurden die – mittlerweile zu Königreichen gewordenen – Länder Bayern und Württemberg, das Großherzogtum Baden und einige andere Territorien im Jahr 1806 durch Napoléon zum **Rheinbund** zusammengeschlossen.[272] Der Rheinbund diente Napoléon dazu, einen Puffer zwischen Frankreich und den beiden Großmächten Österreich und Preußen zu etablieren.[273]

83

Die spätere Niederwerfung Napoléons, die in mehreren Etappen stattfand und endgültig erst 1815 gelang,[274] machte den Weg frei für eine Neuordnung der europäischen Staatenlandschaft. Auf dem 1814 und 1815 durchgeführten Wiener Kongress, der der Ausarbeitung der „Grundzüge der europäischen Nachkriegsordnung" (*Winkler*) diente,[275] wurde unter anderem auch der **Deutsche Bund** gegründet.[276] Hierbei handelte es sich um einen Zusammenschluss von 34 souveränen Fürstenstaaten (verfasst als Königreiche, Großherzogtümer, Fürsten- und Herzogtümer) und vier freien Reichsstädten, repräsentiert in der Bundesversammlung (Bundestag) mit Sitz in Frankfurt am Main.[277] Der Deutsche Bund, dem auch der Kaiser von Österreich und der König von Preußen angehörten, erwies sich von vornherein als ein fragiles Gebilde, das an dem Dualismus zwischen den mächtigen Mitgliedern Österreich und Preußen litt.[278] Das Konkurrenzverhältnis zwischen beiden Staaten führte dazu, dass keine föderative Nation entstand.[279] Zudem hatten über Holstein das dänische, über Hannover das

84

---

267 *Beccaria*, Von den Verbrechen (1764), 2004, S. 48 ff.; vgl. hierzu allerdings auch die kritischen Ausführungen von *Naucke*, in: Beccaria, Von den Verbrechen (1764), 2004, S. IX (XXV–XXVII).
268 Vgl. *Winkler*, Geschichte I, 2016, S. 389.
269 Vgl. *Epkenhans*, Geschichte Deutschlands, 2011, S. 23.
270 *Buschmann*, in: ders., Kaiser und Reich I, 1994, S. 9 (47 f.); die Erklärung ist abgedruckt in: Buschmann, Kaiser und Reich II, 1994, S. 380 f.; *Kroeschell*, Dt. Rechtsgeschichte III, 2008, S. 116.
271 Vgl. *Winkler*, Geschichte I, 2016, S. 388 f.
272 Vgl. *Nipperdey*, Dt. Geschichte 1800–1866, 1998, S. 13; *Geo. Schmidt*, Geschichte, 1999, S. 344 f.; *Winkler*, Geschichte I, 2016, S. 388.
273 *Geo. Schmidt*, Geschichte, 1999, S. 345 f.
274 Vgl. zu diesen Etappen *Winkler*, Geschichte I, 2016, S. 420 ff., 425 ff.
275 *Winkler*, Geschichte I, 2016, S. 443; vgl. auch *Duchhardt*, Wiener Kongress, 2013, S. 16–33.
276 *Nipperdey*, Dt. Geschichte 1800–1866, 1998, S. 355; *Epkenhans*, Geschichte Deutschlands, 2011, S. 37.
277 *Nonn*, 19. und 20. Jahrhundert, 2022, S. 118; *Nonn*, 19. und 20. Jahrhundert, 2014, S. 118; *Winkler*, Geschichte I, 2016, S. 456–459.
278 *Koselleck*, in: Bergeron u.a., Revolutionen, 2000, S. 212, 269.
279 Vgl. *Gruner*, Bund, 2012, S. 12.

englische und über Luxemburg das holländische Herrscherhaus Anteil am Deutschen Bund.[280]

85 Im Zuge der einsetzenden **Industrialisierung** – dem von England ausgehenden Übergang von manueller zu mechanischer Produktion – profitierte die bürgerliche Mittelklasse in den Städten einerseits vom ökonomischen Fortschritt, andererseits gerieten die Arbeiter aufgrund schlechter Arbeitsbedingungen ohne eigene rechtliche Vertretung in eine prekäre Lage.[281] Die zusätzlich 1847 herrschende Lebensmittelknappheit, entsprechend hohe Preise sowie eine Handels- und Gewerbekrise verschärften die wirtschaftlichen und sozialen Gegensätze. In vielen deutschen Staaten kam es zu Massenversammlungen und Demonstrationen mit politischen Forderungen nach nationaler Einheit und Freiheit, getragen durch eine liberal-bürgerliche Bewegung.

86 Die bereits in den 1830er-Jahren immer häufiger erhobenen Forderungen nach Pressefreiheit, Volksbewaffnung, Aufhebung des Parteienverbots und Errichtung eines deutschen Nationalparlaments stießen auf einen **reformverweigernden** „monarchisch-bürokratischen Obrigkeitsstaat [...]" (*Hein*).[282] Preußische Zensur und politisches Versammlungs- sowie Parteiverbot schürten weitere Proteste, die sich etwa 1832 im **Hambacher Fest** gegen die restaurativen Tendenzen mit nationalen und freiheitlichen Forderungen artikulierten.

87 Während es durch viele regionale Revolutionen im März **1848** und der Einsetzung von sog. Märzparlamenten in der Mehrzahl der deutschen Staaten zur Umsetzung der Forderungen kam, ohne das System der Monarchie grundlegend zu gefährden, wehte die schwarz-rot-goldene Nationalfahne vom Bundestag in Frankfurt am Main bis dato nur symbolisch. Nachdem es jedoch auch in Berlin zu blutigen Straßenkämpfen gekommen war, bekannte sich schließlich der preußische König Friedrich Wilhelm IV. (1795 – 1861) „zu einer Politik der konstitutionellen Freiheit und nationalen Einheit" (*Hein*).[283] Mit einer gewählten, verfassungsgebenden Nationalversammlung in der **Paulskirche** in Frankfurt sollte dies für Gesamtdeutschland – allerdings ohne das Habsburgerreich – erarbeitet werden. Es folgten lange Diskussionen des Paulskirchenparlaments – in den Worten von *Fahrmeir* einer „Quasi-Regierung ohne Macht"[284] – um Grundrechte und Exekutivgewalt. Im März 1849 wurde die „Verfassung des Deutschen Reiches"[285] (die sog. **Paulskirchenverfassung**) (→ Rn. 292) angenommen.[286] Schließlich wurde Friedrich Wilhelm IV. der erbliche Kaisertitel des als Bundesstaat konstitutionell monarchisch und parlamentarisch verfassten Deutschlands angetragen, doch lehnte dieser schließlich ab. Damit war das nationalliberale Parlament gescheitert, seine Abgeordneten wurden abberufen.

88 Einige Jahre später (1866) kam es – angetrieben durch eine umstrittene Thronfolge der dänischen Herzogtümer, die sich 1863 von Dänemark trennten – zum **Preußisch-Österreichischen Krieg**,[287] in dem auf der einen Seite der Deutsche Bund unter ös-

---

280 *Winkler*, Geschichte I, 2016, S. 447.
281 *Nipperdey*, Dt. Geschichte 1800 – 1866, 1998, S. 178 – 210.
282 *Hein*, Revolution, 2019, S. 19 und S. 28 f. (Zitat auf S. 28); vgl. *Nipperdey*, Dt. Geschichte 1800 – 1866, 1998, S. 595.
283 *Hein*, Revolution, 2019, S. 17.
284 *Fahrmeir*, Revolutionen und Reformen, 2010, S. 273.
285 Abgedruckt in: *Dürig/Rudolf*, Texte, 1996, S. 95 ff.
286 Vgl. *Willoweit/Schlinker*, Dt. Verfassungsgeschichte, 2019, § 31 Rn. 18; *Nipperdey*, Dt. Geschichte 1800 – 1866, 1998, S. 659.
287 *Verley*, in: Palmade, Zeitalter, 2000, S. 280 – 284.

terreichischer Führung involviert war, während auf der anderen Seite Preußen und die Kleinstaaten Norddeutschlands standen.[288] Der militärische Sieg der preußischen Seite bei Königgrätz bedeutete das Ende des Deutschen Bundes und die Ausdehnung Preußens in norddeutsche Gebiete – von Schleswig und Holstein über Hannover, Kurhessen, Hessen-Nassau bis zur Freien Stadt Frankfurt am Main, die zusammen mit dem Königreich Preußen ab 1866/67 den **Norddeutschen Bund** bildeten.[289]

Ohne den Zusammenschluss des Deutschen Bundes war Österreich aus Deutschland verdrängt und die Idee eines Großdeutschlands nicht mehr umsetzbar.[290] Die Königreiche Bayern und Württemberg und andere süddeutsche Territorien waren ebenfalls keine Mitglieder, jedoch diplomatische und militärische Verbündete des Norddeutschen Bundes.[291] Ein nationaler deutscher Einheitsgedanke wurde zusätzlich befördert durch den Krieg gegen Frankreich, der 1870 ausgelöst wurde.[292] 1871 wurde schließlich aus dem Norddeutschen Bund und den süddeutschen Staaten das Deutsche Reich (**Reichsgründung**) mit dem preußischen König Wilhelm I. (1797 – 1888) als Deutschem Kaiser.[293]

89

2. Strafgesetzgebung in den Partikularstaaten

In den Einzelstaaten, die den Staatenbund „Deutscher Bund" bildeten,[294] kam es insbesondere ab 1838 zu einer **regen Strafgesetzgebung**. Dies betraf, um nur einige Beispiele zu nennen, die Königreiche Sachsen und Württemberg und Hannover, die Herzogtümer Braunschweig und Nassau sowie die Freie und Hansestädte Lübeck und Hamburg.[295] *Koch* zählt für das Gebiet des Deutschen Bundes für den Zeitraum bis zur Gründung des Deutschen Kaiserreichs (1871) nicht weniger als 34 in Kraft getretene Strafgesetze.[296]

90

Zuvorderst zu nennen ist das **Bayerische Strafgesetzbuch**,[297] das bereits 1813 in Kraft trat und mit dem sein Schöpfer – der Rechtswissenschaftler und Praktiker Paul Johann Anselm von Feuerbach – eine weitgehende Trennung von Strafrecht und Moral umsetzte **Rechtsverletzungslehre** (→ Rn. 192 ff.).

91

▶ **Paul Johann Anselm von Feuerbach** (1775 – 1833) studierte Philosophie und Jura. Sodann wirkte er als Professor in Kiel und Landshut, später im Ministerial-, Justiz- und Polizeidepartement in München und schließlich in der Justiz.[298] ◀

Als Konsequenz von Feuerbachs Sichtweise waren zum Beispiel einvernehmliche **homosexuelle Handlungen** im Bayerischen Strafgesetzbuch nicht unter Strafe gestellt[299]

92

---

288 *Epkenhans*, Geschichte Deutschlands, 2011, S. 50 f.
289 Ebd., S. 51, 286; vgl. *Nipperdey*, Dt. Geschichte 1800 – 1866, 1998, S. 794.
290 *Nipperdey*, Dt. Geschichte 1800 – 1866, 1998, S. 790 f.; *Winkler*, Geschichte I, 2016, S. 774 – 777.
291 *Verley*, in: Palmade, Zeitalter, 2000, S. 287.
292 Ebd., S. 289 – 291.
293 Ebd., S. 293 f.
294 Vgl. zu diesem Verhältnis: *Nipperdey*, Dt. Geschichte 1800 – 1866, 1998, S. 355.
295 Ein detaillierter Überblick findet sich bei *Koch*, in: Hilgendorf u. a., Hdb StR I, 2019, § 7 Rn. 9 ff.; vgl. auch ebd., Rn. 41.
296 *Koch*, in: Hilgendorf u. a., Hdb StR I, 2019, § 7 Rn. 9.
297 Offizieller Titel: Strafgesetzbuch für das Königreich Bayern; abgedruckt in und jeweils zit. nach: *Buschmann*, Textbuch, 1998, S. 447 ff.
298 Zu Feuerbachs Biografie: *Greco*, Lebendiges und Totes, 2009, S. 31 f.; *Schröder*, in: Kleinheyer u. a., Juristen, 2017, S. 134 f.
299 *Walter*, in: Koch, u. a., BayStGB, 2014, S. 19 (31); vgl. dort aber auch zur späteren Entwicklung in Feuerbachs Sichtweise.

B. B. Überblick

– eine Entkriminalisierung, die in späteren deutschen Partikularstrafgesetzen aus der Zeit des Vormärzes[300] nicht übernommen wurde.[301] Feuerbachs weitere Bedeutung im Strafrecht liegt darin, dass er das strafrechtliche **Gesetzlichkeitsprinzip**[302] auf eine neue Grundlage stellte (→ Rn. 258 ff.). Andererseits bemängelten manche Zeitgenossen, dass das Bayerische Strafgesetzbuch in Teilen zu hohe Strafen vorsah.[303]

93 Bereits in den ersten Jahren nach Inkrafttreten des Bayerischen Strafgesetzbuchs wurden Teile dessen – zumindest der Sache nach[304] – revidiert.[305] Gleichwohl kam ihm für die Partikulargesetzgebung der Folgezeit „eine zentrale Funktion als Referenzgröße" zu (*Kesper-Biermann*),[306] wobei die Rezeption ab den 1830er-Jahren tendenziell eher im Sinne einer Kritik und Abgrenzung verlief.[307] So schreibt der Jurist **Carl Joseph Anton Mittermaier** (1787 – 1867) in der Mitte des 19. Jahrhunderts: „Wer die Gesetzesarbeiten von 1851 bis 1856 mit dem baierisch[en] Gesetzbuche von 1813 vergleicht, kann die ungeheuren Fortschritte nicht verkennen".[308] Schon kurze Zeit nach Einführung des Bayerischen Strafgesetzbuchs wurden erste Revidierungen vorgenommen, sodann sogar eine Gesamtrevision angeordnet.[309] Im Endeffekt sollte es aber bis 1861 dauern, bis ein neues Bayerisches Strafgesetzbuch verabschiedet wurde.[310]

94 Noch vor dem Bayerischen Strafgesetzbuch von 1813 war ein Gesetz entstanden, das die Strafrechtsgeschichte der Partikularstaaten ebenfalls maßgeblich prägen sollte.[311] Die Rede ist von dem französischen **Code pénal**[312] von 1810,[313] der zum Teil auch in den von Napoléon gebildeten rechtsrheinischen sog. Satellitenstaaten[314] Anwendung fand.[315] Nach dem Wiener Kongress von 1814/15 (→ Rn. 84) galt der Code pénal in den vormals französischen Gebieten links des Rheins und im Territorium des rechts-

---

300 Hierunter versteht man die Zeit vor der Märzrevolution von 1848, also etwa die Epoche von 1830 bis 1848.
301 *Koch*, in: Hilgendorf u.a., Hdb StrR I, 2019, § 7 Rn. 48.
302 Also das Prinzip, dass eine Bestrafung immer gesetzlich vorgesehen sein muss (Nulla poena sine lege / Keine Strafe ohne Gesetz) (→ Rn. 242 f.).
303 *Koch*, in: Hilgendorf u.a., Hdb StrR I, 2019, § 7 Rn. 39 m.w.N.
304 In Form einer offiziellen Auslegung von Regelungen des Gesetzes.
305 *Maihold*, in: Koch u.a., BayStGB, 2014, S. 495 (496).
306 *Kesper-Biermann*, in: Koch u.a., BayStGB, 2014, S. 461 (471); vgl. auch *Maihold*, in: Koch u.a., BayStGB, 2014, S. 495; vgl. in diesem Kontext auch die Bewertung von *Schröder*, dem zufolge das Bayerisches Strafgesetzbuch von 1813 sogar „nicht nur zum Vorbild für eine Reihe von Strafgesetzbüchern deutscher Länder und schweizerischer Kantone geworden [ist], sondern durch seine formalen Qualitäten (Tatbestandsdefinitionen, Strafrahmenbegrenzung) zum Vorbild der modernen Strafgesetzgebung überhaupt" (*Schröder*, in: Kleinheyer u.a., Juristen, 2017, S. 134 [138]).
307 *Kesper-Biermann*, in: Koch u.a., BayStGB, 2014, S. 461 (473); vgl. auch *Schröder*, in: Kleinheyer u.a., Juristen, 2017, S. 134 (138).
308 *Mittermaier* ArchCrimR N.F. 1856, S. 228 (228 f.); auch zit. bei *Kesper-Biermann*, in: Koch u.a., BayStGB, 2014, S. 461 (473).
309 Vertiefend: *Koch* ZStW 122 (2010), S. 741 (754).
310 *Maihold*, in: Koch u.a., BayStGB, 2014, S. 495 (497).
311 *C. Brandt*, Code pénal, 2002, S. 485; *T. Vormbaum*, Strafrechtsgeschichte, 2019, S. 70.
312 Das französische Original sowie eine deutsche Übersetzung sind abgedruckt in: *Schubert*, Code pénal, 2001, S. 127 ff.; der französische Text ist außerdem abrufbar unter https://www.koeblergerhard.de/Fontes/CodePenal1810.htm – abgerufen am 5. Februar 2024.
313 *Fahrmeir*, Revolutionen und Reformen, 2010, S. 100.
314 Dieser Begriff umfasst etwa das 1806 geschaffene Großherzogtum Berg mit der Hauptstadt Düsseldorf (*Kleinbreuer*, Das Rheinische StGB, 1999, S. 10; *Koch*, in: Hilgendorf u.a., Hdb StrR I, 2019, § 7 Rn. 17).
315 Im Detail: *Kesper-Biermann*, in: Koch u.a., BayStGB, 2014, S. 461 (463); *Koch*, in: Hilgendorf u.a., Hdb StrR I, 2019, § 7 Rn. 17.

rheinischen ehemaligen Großherzogtums Berg weiter.[316] Es ging dort nun im sog. **Rheinischen Recht** auf.[317]

In der Konsequenz gab es fortan preußische Territorien, in denen Strafrecht französischen Ursprungs galt, und solche, in denen weiterhin das Preußische Allgemeine Landrecht von 1794 (→ Rn. 79) zur Anwendung kam.[318] Rechtseinheit im Strafrecht brachte innerhalb des großen preußischen Territoriums erst das „Strafgesetzbuch für die Preußischen Staaten" (**Preußisches Strafgesetzbuch** bzw. Preuß. StGB)[319] von 1851.[320] Dem Code pénal wird in der heutigen Forschung ein nicht unerheblicher Einfluss auf die Ausgestaltung des Preußischen Strafgesetzbuchs beigemessen.[321] Ähnlich dem Code pénal[322] formulierte auch das Preußische StGB von 1851 das **Gesetzlichkeitsprinzip**:

> „Kein Verbrechen, kein Vergehen und keine Uebertretung kann mit einer Strafe belegt werden, die nicht gesetzlich bestimmt war, bevor die Handlung begangen wurde."[323]

In dieser Regelung kommt auch eine weitere Gemeinsamkeit[324] mit dem Code pénal[325] zum Ausdruck, nämlich die Klassifikation sanktionswürdiger Verhaltensweisen in **Verbrechen, Vergehen und Übertretungen**. An diese Unterscheidung wurden mitunter verschiedene Rechtsfolgen geknüpft.[326]

▶ **Auch heute** kennt das Recht eine Unterscheidung zwischen verschiedenen sanktionswürdigen Verhaltensweisen.
– Für **Verbrechen** ist eine Mindestfreiheitsstrafe von einem Jahr vorgesehen.[327]
– **Vergehen** sind im Mindestmaß mit einer geringeren Freiheitsstrafe oder mit einer Geldstrafe bedroht.[328]
– Für **Ordnungswidrigkeiten** ist eine Geldbuße vorgesehen.[329]

Heute sind Ordnungswidrigkeiten grundsätzlich im **OWiG** geregelt, während für Vergehen und Verbrechen prinzipiell das **StGB** gilt. Relevanz entfaltet die Unterscheidung zwischen Verbrechen und Vergehen etwa bei der **Strafbarkeit des versuchten Delikts**: Dieses ist bei Verbrechen stets strafbar, bei Vergehen hingegen nur dann, wenn es im Gesetz für das jeweilige Vergehen ausdrücklich angeordnet ist.[330] ◀

---

316 Vgl. *Koch*, in: Hilgendorf u.a., Hdb StRI, 2019, § 7 Rn. 18; *Kesper-Biermann*, in: Koch u.a., BayStGB, 2014, S. 461 (463).
317 *Kesper-Biermann*, in: Koch u.a., BayStGB, 2014, S. 461 (463).
318 *Koch*, in: Hilgendorf u.a., Hdb StR I, 2019, § 7 Rn. 10, 18.
319 Abgedruckt in und jeweils zit. nach: *Buschmann*, Textbuch, 1998, S. 538 ff.
320 *Koch*, in: Hilgendorf u.a., Hdb StR I, 2019, § 7 Rn. 10.
321 *C. Brandt*, Code pénal, 2002, S. 485, der aber zugleich auch hervorhebt, dass „der preußische Gesetzgeber von 1851 aus mehreren Gesetzesquellen [schöpfte], so daß es jedenfalls übertrieben erscheint, hier von einem bestimmenden Einfluß des französischen Rechts sprechen zu wollen" (ebd., S. 487).
322 Art. 4 Code pénal (1810): „Keine Uebertretung, kein Vergehen, kein Verbrechen kann mit Strafen belegt werden, die das Gesetz nicht verhängt hatte, ehe sie begangen wurden".
323 § 2 Preuß. StGB (1851).
324 Vgl. hierzu *Koch*, in: Hilgendorf u.a., Hdb StR I, 2019, § 7 Rn. 57.
325 → Kap. B Fn. 322.
326 Beispielsweise sahen die §§ 32, 33 Preuß. StGB (1851) unterschiedliche Versuchsregelungen für Vergehen und Verbrechen vor.
327 § 12 Abs. 1 StGB.
328 § 12 Abs. 2 StGB.
329 § 1 Abs. 1 OWiG.
330 § 23 Abs. 1 OWiG; beispielsweise ist für das Vergehen des Hausfriedensbruchs (§ 123 Abs. 1 StGB) keine Strafbarkeit des Versuchs vorgesehen, wohingegen das Vergehen des einfachen Diebstahls (§ 242 Abs. 1 StGB) im Versuch strafbar ist (§ 242 Abs. 2 StGB).

97 Das Preußische StGB wurde zur **Referenz** für die folgende Strafgesetzgebung im Norddeutschen Bund und im Kaiserreich[331] (→ Rn. 104).

3. Freiheitsstrafe und Kriminologie

98 Im 19. Jahrhundert zeigt sich, dass die Bedeutung **freiheitsentziehender Sanktionen** im Kanon der verschiedenen Strafen nach und nach **zunimmt**,[332] während zuvor praktizierte Körperstrafen allmählich zurückgehen[333] (→ Rn. 297). Man mag diese Entwicklung als Humanisierung des Bestrafungssystems charakterisieren. Doch erschließt sich eine umfassendere Erklärung möglicherweise dann, wenn man eine Rekonstruktion hinzuzieht, die der französische Philosoph **Michel Foucault** (1926 – 1984) vorgenommen hat. So schreibt er: „Im Laufe des 18. Jahrhunderts bildet sich innerhalb und außerhalb des Justizapparates […] eine neue Strategie zur Ausübung der Strafgewalt aus." Eines der Ziele dieser Strategie besteht nach Foucault darin, „daß nicht weniger, sondern besser gestraft wird".[334]

99 Sieht man die Entwicklung der Freiheitsstrafe des 19. Jahrhunderts in diesem Gesamtkontext, so lässt sich – ohne Wertung – sagen, dass diese Sanktionsform in der Regel eine größere Bandbreite an **Differenzierungen** bot als eine bloße Körperstrafe. Eine Freiheitsstrafe konnte länger oder kürzer dauern, mit oder ohne Arbeitszwang verbunden sein, in Isolation oder in einer kleinen Gruppe vollzogen werden. Auch konnte sie – zumindest der Theorie nach – dazu genutzt werden, auf den Inhaftierten einzuwirken.

100 Insbesondere dann, wenn ein Gefängnis architektonisch als **Panoptikum**[335] ausgestaltet ist (also als kreisförmiger Bau, bei dem eine im Zentrum stehende Aufsichtsperson zahlreiche im Kreis angeordnete Zellen samt ihrer Insassen gleichzeitig beobachten kann), hat dies Auswirkungen auf die Gefangenen. Hierzu wiederum Foucault, der die Hauptwirkung des Panoptikums wie folgt umschreibt:

> Es ist „die Schaffung eines bewußten und permanenten Sichtbarkeitszustandes beim Gefangenen, der das automatische Funktionieren der Macht sicherstellt."[336]

101 Tatsächlich kann man sich vorstellen, dass ein jeder der Gefangenen sich **latent beobachtet** fühlen muss, wenn er nicht genau sehen kann, ob der Aufseher gerade in seine Zelle oder in diejenige des Nachbarn schaut. Für die Geschichte der Strafrechtswissenschaft ist aber noch ein anderer Aspekt der hier skizzierten Entwicklung entscheidend: Die Verurteilten und Inhaftierten gerieten im Gefängnis wortwörtlich in den Fokus, und zwar nicht nur in denjenigen von Aufsehern, sondern auch von Ärzten und Psychiatern.[337] Einige von ihnen sahen sich fortan in der Lage, anhand ihrer Erkenntnisse über Gefangene Gründe für die Begehung von Verbrechen zu erhellen.[338] Im späten 19. Jahrhundert etablierte sich die **moderne Kriminologie**.[339]

---

331 *Kesper-Biermann*, in: Koch u.a., BayStGB, 2014, S. 461 (475).
332 Vgl. *Krause*, Geschichte, 1999, S. 72.
333 *T. Vormbaum*, Strafrechtsgeschichte, 2019, S. 103 f.
334 *Foucault*, Überwachen und Strafen, 1977, S. 104; hierzu auch *T. Vormbaum*, Strafrechtsgeschichte, 2019, S. 103.
335 Vgl. *Foucault*, Überwachen und Strafen, 1977, S. 221 ff., 256 ff.
336 *Foucault*, Überwachen und Strafen, 1977, S. 258.
337 *T. Vormbaum*, Strafrechtsgeschichte, 2019, S. 128; *Pieth*, Strafrechtsgeschichte, 2020, S. 66.
338 Vgl. *Pieth*, Strafrechtsgeschichte, 2020, S. 66.
339 *Kunz/Singelnstein*, Kriminologie, 2021, § 4 Rn. 15.

V. Deutsches Kaiserreich B.

▶ Mit *Kunz* und *Singelnstein* lässt sich sagen, dass die **Disziplin der Kriminologie** „anders als die normative Strafrechtswissenschaft", die sich mit der rechtlichen Seite befasst, ihr Hauptaugenmerk auf „Kriminalität als Realphänomen" legt.³⁴⁰ Hierzu gehören zum Beispiel Untersuchungen über mögliche Ursachen von Verbrechen. ◀

Einer der damals modernen Forscher war der italienische Psychiater **Cesare Lombroso** (1835 – 1909).³⁴¹ Dieser veröffentlichte im späten 19. Jahrhundert ein Buch³⁴² mit der aufsehenerregenden These, dass es den geborenen Verbrecher gibt und dass dieser anhand spezifischer Körpermerkmale erkennbar sei.³⁴³ So heißt es bei Lombroso etwa: 102

> „Die Diebe haben im allgemeinen sehr bewegliche Gesichtszüge und Hände; ihr Auge ist klein, unruhig, oft schielend […]".³⁴⁴

Daneben unterstellte Lombroso bei bestimmten Verbrechern auch psychische Auffälligkeiten.³⁴⁵ Er zog seine Schlussfolgerungen dabei im Wesentlichen aus „Untersuchungen und Vermessungen von Gefangenen und [sog.] ‚Irren'" (*Menne*), mit denen er unter anderem aufgrund seiner ärztlichen Tätigkeit Kontakt hatte.³⁴⁶ Schon frühzeitig wurde an Lombrosos Thesen aber zu Recht kritisiert, dass das Verbrechen nicht biologisch erklärbar sein könne, da die Frage, welche Verhaltensweisen strafbar sind, letztlich von gesellschaftlichen Festlegungen abhängig sei.³⁴⁷ Es ist allerdings wichtig zu sehen, dass sich dieser Kritikpunkt gegen die hier skizzierte Sichtweise von Lombroso richtete, nicht also gegen die Disziplin der **Kriminologie** als solche. Sie bildet bis heute ein wichtiges Forschungsfeld, das sich dem Phänomen der Kriminalität widmet. 103

V. Deutsches Kaiserreich

1. Reichsgründung, RStGB und RStPO

Für den Norddeutschen Bund, der 1866/67 nach dem Ende des Deutschen Bundes gegründet worden war (→ Rn. 88), wurde im Jahr 1870 ein eigenes Strafgesetz bekanntgemacht. Das hiermit angesprochene **Strafgesetzbuch für den Norddeutschen Bund**³⁴⁸ basierte in Teilen auf dem 1851 in Kraft getretenen **Preußischen Strafgesetzbuch**³⁴⁹ (→ Rn. 95) – eine Bezugnahme, die zwar gegenüber Zeitgenossen mit der Verbreitung und inhaltlichen Qualität des zuletzt genannten Gesetzes begründet wurde, tatsächlich aber auch preußisch-machtpolitisch gedeutet werden kann.³⁵⁰ 104

1870 brach der deutsch-französische Krieg aus, der schließlich zum Katalysator für die Gründung eines deutschen Kaiserreichs unter preußischer Führung werden sollte.³⁵¹ Die hiermit angesprochene Bildung des Nationalstaates im Jahr 1871 hatte letztlich 105

---

340 Ebd., § 1 Rn. 2.
341 *Jescheck/Weigend*, Strafrecht AT, 1996, S. 74.
342 Dt. Übersetzung: Lombroso, Verbrecher, 1887.
343 Vgl. hierzu *Menne*, Lombroso, 2017, S. 18; *Hattenhauer*, Europ. Rechtsgeschichte, 2004, Rn. 1969; *Jescheck/Weigend*, Strafrecht AT, 1996, S. 74; *Kunz/Singelnstein*, Kriminologie, 2021, § 4 Rn. 20 f.
344 *Lombroso*, Verbrecher, 1887, S. 229 (im Original mit Hervorhebung); zit. auch bei *Pieth*, Strafrechtsgeschichte, 2020, S. 67.
345 Vgl. *Menne*, Lombroso, 2017, S. 19.
346 Ebd., S. 19.
347 Vgl. *T. Vormbaum*, Strafrechtsgeschichte, 2019, S. 128 m.w.N.
348 BGBl. des Norddeutschen Bundes 1870, S. 197.
349 Vgl. zu diesem Zusammenhang: *Eb. Schmidt*, Einführung, 1965, S. 343.
350 Vgl. *T. Vormbaum*, Strafrechtsgeschichte, 2019, S. 81.
351 Vgl. *Epkenhans*, Geschichte Deutschlands, 2011, S. 54.

B. Überblick

auch Auswirkungen auf die Strafgesetzgebung: So wurde der territoriale Geltungsbereich des ehemals für den Norddeutschen Bund erlassenen Strafgesetzbuchs durch das Inkrafttreten des **Reichsstrafgesetzbuchs**[352] (RStGB) im Jahr 1872 auf Süddeutschland ausgedehnt.[353] Im Jahr 1879 folgte auch eine **Reichsstrafprozessordnung**[354] (RStPO), die das Verfahrensrecht zum Gegenstand hatte. Sieht man von der Carolina von 1532 (→ Rn. 48) ab, so ist festzustellen, dass es sich bei den eben genannten Werken – dem RStGB und der RStPO – um die ersten reichsweit geltenden Gesetze im Bereich des Strafrechts und des Strafprozesses handelt. Zugleich bilden sie die – später freilich vielfach geänderte – Urfassung der heute geltenden strafrechtlichen und strafprozessualen Gesetze.

106 Im Einklang mit älteren Regelungen sah auch das Reichsstrafgesetzbuch die **Todesstrafe** vor (→ Rn. 293). Normierung fanden aber auch strafrechtliche Schutzprinzipien, wie etwa das **Gesetzlichkeitsprinzip** (→ Rn. 261). Allerdings fielen keineswegs sämtliche Personen unter diesen gesetzlichen Schutz. Ausgeschlossen blieben etwa die in den deutschen Kolonien lebenden Indigenen, die stattdessen einer bloßen „Reichsstrafmacht" (*Naucke*) in Form behördlichen Ermessens unterworfen wurden.[355]

2. Kolonialstrafrecht

107 Die zwischen den 1880er-Jahren und dem Ersten Weltkrieg (1914 – 1918) liegende Periode wird mitunter als **Zeitalter des Imperialismus** charakterisiert.[356] Gemeint ist hiermit das „Bestreben der europäischen Mächte, sich Besitzungen bzw. wirtschaftliche oder politische Einflußsphären in der außereuropäischen Welt zu sichern" (*Schöllgen* und *Kießling*).[357] Maßgeblich für das Aufkommen des modernen Imperialismus waren unter anderem machtpolitische Zielsetzungen,[358] vor allem aber auch Erwägungen des Prestiges im Verhältnis zu den anderen Kolonialmächten.[359] *Mommsen* spricht gar vom „Fieberwahn des Imperialismus", der die europäischen Kabinette nach und nach ergriffen habe.[360]

108 Im Vergleich zu klassischen Kolonialmächten wie Spanien und den Niederlanden wurde Deutschland erst vergleichsweise spät als Kolonialmacht aktiv. Bei Ausbruch des Ersten Weltkriegs besaß das **Deutsche Kaiserreich** unter anderem Kolonialgebiete in Afrika (Togo, Kamerun sowie die sogenannten „Deutsch-Südwestafrika"[361] und „Deutsch-Ostafrika"[362]).[363] Zeitgenössisch, auch in rechtlichen Vorschriften, wurde häufig von **Schutzgebieten** gesprochen,[364] womit sprachlich auf die Protektion des deutschen Handels in Übersee abgestellt wurde. Die deutschen Schutzgebiete galten

---

352 Offizieller Titel: Strafgesetzbuch für das Deutsche Reich; Fundstelle: RGBl. 1871, S. 127.
353 *Jescheck/Weigend*, Strafrecht AT, 1996, S. 96 f.; vgl. auch *Rüping/Jerouschek*, Grundriss, 2011, Rn. 233.
354 RGBl. 1877, S. 253.
355 *Naucke*, in: ders., Zerbrechlichkeit, 2000, S. 265 (270 f.).
356 Vgl. *Schöllgen/Kießling*, Zeitalter, 2009, S. 1 f.; vgl. auch *Kießling*, Europa, 2024 (mit Blick auf 1890 – 1918).
357 *Schöllgen/Kießling*, Zeitalter, 2009, S. 1.
358 *Fieldhouse*, Kolonialreiche, 2000, S. 179.
359 *Schöllgen/Kießling*, Zeitalter, 2009, S. 2.
360 W. *Mommsen*, Zeitalter, 2000, S. 152.
361 Das Gebiet des heutigen Namibia.
362 U.a das heutige Ruanda; vertiefend zum Strafrecht in „Deutsch-Ostafrika": *Weckner*, Strafrecht, 2010, S. 25.
363 *Rudolf/Oswalt*, Atlas Weltgeschichte, 2009, S. 268 f.
364 Vgl. etwa Gesetz, betreffend die Rechtsverhältnisse der deutschen Schutzgebiete v. 17. April 1886 (RGBl. S. 75).

V. Deutsches Kaiserreich B.

aus der Perspektive anderer Staaten (also in völkerrechtlicher Hinsicht) als Teil des deutschen Reiches.[365] Demgegenüber war in staatsrechtlicher Hinsicht (also gleichsam aus der Perspektive des Kerngebietes des Deutschen Reiches) durchaus umstritten, ob die Schutzgebiete Inland darstellten oder einen eigenen Status aufwiesen.[366]

1886 wurde das **Gesetz, betreffend die Rechtsverhältnisse der deutschen Schutzgebiete** erlassen, das unter anderem die Frage der Geltung des Reichsstrafgesetzbuchs in den deutschen Schutzgebieten zum Gegenstand hatte.[367] Nach einer Änderung im Jahr 1900 erhielt das Gesetz eine neue Bezeichnung. Es lautete nunmehr **Schutzgebietsgesetz**[368] (SchGG). Durch dieses Gesetz wurde in den Schutzgebieten letztlich ein geteiltes Recht normiert, das die Kolonialvölker (die sog. „Eingeborenen"[369]) und die Europäer[370] einer **unterschiedlichen Ordnung** unterwarf: 109

- Im Grundsatz wurde in § 3 SchGG geregelt, dass „die dem Strafrecht angehörenden Vorschriften der Reichsgesetze sowie die Vorschriften dieser Gesetze über das Verfahren und die Kosten in Strafsachen"[371] in den Schutzgebieten Anwendung finden. Aus dem Umkehrschluss zu einer Sonderregelung für Indigene[372] ergab sich, dass der eben zitierte Grundsatz beispielsweise für **Europäer** gelten sollte. Verwiesen wurde also grundsätzlich auf die Regelungen des Reichsstrafgesetzbuchs und der Reichsstrafprozessordnung. Allerdings bestanden in den Schutzgebieten durchaus auch Abweichungen zu derjenigen Rechtsordnung, die unmittelbar im Territorium des Deutschen Reiches galt.[373] Während im Kaiserreich der Parlamentarismus praktiziert wurde,[374] durften bestimmte strafrechtliche und strafprozessuale Regeln für die Kolonien durch Verordnungen des Kaisers erlassen werden.[375]
- Für **Indigene** normierte das Schutzgebietsgesetz[376] eine **Sonderregelung**. Dort heißt es nämlich: „Die Eingeborenen unterliegen" den im § 3 SchGG „bezeichneten Vorschriften [also unter anderem dem RStGB und dem RStPO, M.K.] nur insoweit, als dies durch Kaiserliche Verordnung bestimmt wird". Da eine solche Verordnung letztlich nie erlassen wurde,[377] galten auch die strafrechtlichen Schutzprinzipien des RStGB – wie zum Beispiel das Gesetzlichkeitsprinzip (→ Rn. 261) – nicht für Indigene.[378]

Das deutsche Kolonialstrafrecht verlor seine unmittelbare Bedeutung in dem Moment, als Deutschland seine Kolonien einbüßte. Dies geschah im Jahr 1919, als Deutschland 110

---

365 *Schlottau*, Dt. Kolonialrechtspflege, 2007, S. 67.
366 Vgl. hierzu und zur überwiegenden Ansicht die Darstellung bei *Schlottau*, Dt. Kolonialrechtspflege, 2007, S. 68 f.
367 Genauer: § 2 Gesetz, betreffend die Rechtsverhältnisse der deutschen Schutzgebiete v. 17. April 1886 (RGBl., S. 75) i.V.m. § 4 Abs. 1 Gesetz über die Konsulargerichtsbarkeit v. 10. Juli 1879 (RGBl., S. 197).
368 Bekanntmachung v. 10. September 1900 (RGBl., S. 812); vorangegangene Änderungen u.a. durch Gesetz v. 25. Juli 1900 (RGBl., S. 809).
369 § 4 SchGG (1900).
370 Vgl. allgemein zur kolonialrechtlichen Unterscheidung zwischen Kolonialvölkern und Europäern: *Hattenhauer*, Europ. Rechtsgeschichte, 2004, Rn. 1995, 1998 f.
371 Genauer: § 3 SchGG (1900) i.V.m. § 19 Nr. 2 Gesetz über die Konsulargerichtsbarkeit v. 7. April 1900 (RGBl., S. 213 [217]).
372 § 4 SchGG (1900).
373 Vgl. in diesem Kontext: *Walz*, Entwicklung, 1981, S. 305.
374 Vgl. *Hattenhauer*, Europ. Rechtsgeschichte, 2004, Rn. 1998.
375 § 6 SchGG (1900); vgl. hierzu *Naucke*, in: ders., Zerbrechlichkeit, 2000, S. 265 (270).
376 § 4 S. 1 SchGG (1900).
377 *Naucke*, in: ders., Zerbrechlichkeit, 2000, S. 265 (270).
378 Vgl. auch ebd., S. 272 f.

nach dem Ende des Ersten Weltkriegs im **Versailler Vertrag** „auf alle seine Rechte und Ansprüche in bezug auf seine überseeischen Besitzungen" verzichtete.[379] Allerdings zeigte sich in der eben skizzierten differenzierten gesetzlichen Behandlung verschiedener ethnischer Gruppen ein Vorgang, der Ähnlichkeit zu einigen Regelungen aufweist, die in der Zeit zwischen 1933 und 1945 in Deutschland erlassen wurden. Formal aufgehoben wurde das Schutzgebietsgesetz erst im Jahr 1975, außer Kraft trat es dann Ende 1976.[380]

3. Strafrechtsdenken

111 Gehen wir an dieser Stelle noch einmal einige Jahrzehnte zurück, an den Beginn des 19. Jahrhunderts. Das Alte Reich ist 1806 zusammengebrochen (→ Rn. 82). In den einzelnen Territorien sind zuvor schon eigene Strafgesetze in Kraft getreten (z.B. im strafrechtlichen Teil des Preußischen Allgemeinen Landrechts von 1794) (→ Rn. 79), zum Teil wurden Strafgesetze entworfen und diskutiert (z.B. das Bayerische StGB von 1813 → Rn. 91, 93).

112 Diese Entwicklung entfaltete letztlich auch Auswirkungen auf das Strafrechtsdenken. In dem Maße nämlich, in dem die **Kodifikationen** des ausgehenden 18. Jahrhunderts (→ Rn. 78 f.) naturrechtliche Systematisierungen in Gesetzesform gegossen hatten, wurde dem reformatorischen Anspruch des **Naturrechtsdenkens** (→ Rn. 60) die Basis entzogen. *Braun* charakterisiert diesen Prozess wie folgt:

> „Das 18. Jahrhundert hatte vordergründig gesehen mit einem Sieg des neuzeitlichen Naturrechts geendet, das auf Rationalisierung des positiven Rechts angelegt war. Nach langen Bemühungen war das naturrechtliche Denken endlich an seinem Ziel, nämlich bei seiner Verwirklichung angekommen: Es verbündete sich mit der politischen Macht und wurde zum positiven Gesetz. Damit aber entzog es sich selbst die Grundlage. Sein größter Erfolg war zugleich sein Ende."[381]

113 Begünstigt wurde dieser Umstand dadurch, dass der dem idealistischen Naturrecht immanente Terminus der **Natur** auf das innere Wesen abstellte und deshalb mit dem Naturbegriff der Naturwissenschaften des 19. Jahrhunderts nicht mehr kompatibel war. Der zuletzt genannte Naturbegriff bezog sich ausschließlich auf das Sein – normative Aussagen ließen sich hieraus nicht ableiten.[382]

114 Zuspruch fand im ausgehenden 19. Jahrhundert eine **positivistische Denkweise**,[383] die alles Metaphysische und Transzendentale im Bereich der Wissenschaft ablehnte.[384] Zum Ziel wissenschaftlicher Erkenntnis wurde das Auffinden von Gesetzmäßigkeiten und unbezweifelbaren Tatsachen.[385] In der deutschen Strafrechtswissenschaft zeigte sich die positivistische Perspektive unter anderem in einer Reduktion des Untersu-

---

379 Art. 119 Friedensvertrag von Versailles v. 28. Juni 1919; der Text ist abrufbar unter https://services.ub.uni-koeln.de/cdm/ref/collection/dirksen/id/370606 – abgerufen am 3. April 2024; vgl. hierzu *Kleinöder*, in: Ziegler u.a., Versailler Vertrag, 2022, S. 311 (312).
380 § 4 S. 1 Gesetz über die Auflösung, Abwicklung und Löschung von Kolonialgesellschaften v. 20. August 1975 (BGBl. I, S. 2253).
381 *Braun*, Rechtsphilosophie, 2022, S. 15.
382 Ebd., S. 17.
383 Die folgende Darstellung des Positivismus basiert auf *Kuhli*, Normative Tatbestandsmerkmale, 2018, S. 13 ff.
384 Vgl. hierzu *Hippel*, Rechtsdenken, 1959, S. 197; *Coing*, Rechtsphilosophie, 1993, S. 59 f.; *Larenz*, Methodenlehre, 1991, S. 36; *Schünemann*, in: ders., Grundfragen, 1984, S. 1 (18 f.).
385 Vgl. *Welzel* (1935), in: ders., Abhandlungen, 1975, S. 29 (30 f.); *Larenz*, Methodenlehre, 1991, S. 37 f.

V. Deutsches Kaiserreich

chungsgegenstandes auf das positive Recht[386] des Staates,[387] mit anderen Worten also auf das Gesetz. Diese Sichtweise zeigt sich etwa in dem 1885 erschienenen „Handbuch des Strafrechts" von **Karl Binding**, wo es heißt:

> „Fast keine Wissenschaft ist so abhängig von der Form ihres Stoffes wie die des Rechts. Deshalb bedeutet der Entstehungstag eines neuen Gesetzbuchs nicht nur den Beginn einer neuen Periode des Rechts, sondern auch seiner Theorie".[388]

▶ Der Rechtswissenschaftler **Karl Binding** (1841 – 1920) wirkte unter anderem als Professor in Basel, Freiburg, Straßburg und Leipzig.[389] Bekannt ist er unter anderem für die Begründung seiner strafrechtlichen **Normentheorie**,[390] die sehr komplex ist und hier nur skizziert werden kann:[391] Den Ausgangspunkt seiner Erwägungen bildet die terminologische Erwägung, dass ein Verbrecher nicht gegen ein Strafgesetz (des gängigen Typs: „Wer x tut, wird mit y bestraft") *verstößt*,[392] sondern ein solches Strafgesetz *erfüllt*. Der gängige Sprachgebrauch, der sich etwa in der Charakterisierung eines Delinquenten als *Rechtsbrecher* zeigt,[393] findet nach Binding aber insoweit seine Berechtigung, als ein Verbrechen tatsächlich einen Rechtsbruch impliziert, nämlich den Verstoß gegen eine Norm,[394] die die Form „Du sollst x tun!" bzw. „Du sollst x nicht tun!" hat.[395] An diese Feststellung anknüpfend beleuchtete Binding die strafrechtlich relevanten Normen und leitete hieraus verschiedene Folgerungen für die Dogmatik des Strafrechts ab.[396]

Weiter unten werden uns einige Überlegungen von Binding noch einmal bei den Strafzwecken und dem sog. **strafrechtlichen Schulenstreit** begegnen (→ Rn. 228 ff.). Erwähnenswert ist an dieser Stelle aber auch noch die Schrift **„Die Freigabe der Vernichtung lebensunwerten Lebens"**, die Binding in der Schlussphase seines Wirkens gemeinsam mit dem Psychiater **Alfred Hoche** (1865 – 1943) verfasste und die 1920 erschien.[397] ◀

Als das **Reichsstrafgesetzbuch** im Jahr 1872 in Kraft trat (→ Rn. 105) und die strafrechtliche Rechtseinheit zum Abschluss brachte, konnte die Strafrechtswissenschaft ihr Augenmerk fortan auf ein einzelnes Gesetz legen. *Jakobs* charakterisiert die Phase, die mit der Einführung des Reichsstrafgesetzbuchs eintrat, plakativ wie folgt:

> „Lehre und Wissenschaft stürzen sich sogleich vehement auf das neue Gesetze, kommentieren es […], systematisieren es […], aber werfen *eine* Frage nicht mehr oder allenfalls am Rande auf, der zuvor größte Aufmerksamkeit gegolten hat: die Frage nach dem überpositiven Geltungsgrund, nach der Legitimität des Strafrechts".[398]

115

---

386 *Jescheck/Weigend*, Strafrecht AT, 1996, S. 203; *Haft* JA 1981, S. 281 (284); *Ziemann*, Strafrechtsdenken, 2009, S. 91 f.
387 *T. Vormbaum*, Strafrechtsgeschichte, 2019, S. 115.
388 *Binding*, Handbuch, 1885, S. 15; vgl. hierzu auch *Eb. Schmidt*, Einführung, 1965, S. 307.
389 Zu Bindings Biografie: *Schröder*, in: Kleinheyer u.a., Juristen, 2017, S. 63.
390 *Funke*, in: Kubiciel u.a., Erscheinung, 2020, S. 11.
391 Vertiefend: *Kubiciel*, in: ders. u.a., Erscheinung, 2020, S. 331 ff.; *Funke*, in: Kubiciel u.a., Erscheinung, 2020, S. 11 ff.
392 *Binding*, Normen 1, 1890, S. 4; *Binding*, Handbuch, 1885, S. 155; vgl. zum Folgenden auch die Darstellung bei: *Kuhli*, in: Kubiciel u.a., Erscheinung, 2020, S. 169 (173); *A. Kaufmann*, Normentheorie, 1954, S. 3 ff.; *Lagodny*, Strafrecht, 1996, S. 80 f.; *Zaczyk* GA 2014, S. 73 (80).
393 Vgl. hierzu *Binding*, Normen 1, 1890, S. 3.
394 Ebd., S. 7; *Binding*, Handbuch, 1885, S. 155.
395 Vgl. *Binding*, Handbuch, 1885, S. 160.
396 S. etwa zum Unrecht und zur Schuld bei Binding: *Kuhli*, in: Kubiciel u.a., Erscheinung, 2020, S. 169 (176 ff.).
397 *Binding/Hoche*, Freigabe (1920), 2006, S. 3 ff.; hierzu und zur Einordnung dieser Schrift: *Hilliger*, Rechtsdenken, 2018, S. 281 ff.; *Naucke*, in: Binding/Hoche, Freigabe (1920), 2006, S. V (VI, VIII, IX ff.).
398 *Jakobs*, in: Kubiciel u.a., Erscheinung, 2020, S. 93 (94).

B. Überblick

116 Doch änderte dieser Umstand nichts daran, dass schon bald nach Inkrafttreten des Reichsstrafgesetzbuchs der Ruf nach Reformen laut wurde (→ Rn. 121 f.).

117 Erwähnenswert sind auch solche Strömungen des strafrechtlichen Positivismus, die sich auf empirisch nachweisbare Umstände fokussierten[399] – eine Sichtweise, als deren Hauptvertreter **Franz von Liszt** genannt werden kann. Er steht für eine Übersetzung des Begriffs der strafrechtlichen **Gerechtigkeit** in das Konzept der **Notwendigkeit**.[400] Liszt knüpfte demnach die Frage der richtigen Art und Höhe einer rechtlichen Strafe maßgeblich an die (prinzipiell empirisch messbaren) Zwecke der Besserung, Abschreckung oder gar „Unschädlichmachung" des jeweiligen Täters[401] (→ Rn. 229 f.). Die Frage, welche Zwecke im Einzelfall adäquat sind, sollte nach Liszt vom jeweiligen Tätertyp abhängen (→ Rn. 121).

▶ **Franz von Liszt** (1851 – 1919) wirkte ab dem Jahr 1882 als Professor in Marburg, später in Halle und Berlin.[402] Er steht maßgeblich für den Strafzweck der Spezialprävention (→ Rn. 228). Liszt wird uns – ebenso wie Binding – weiter unten bei den Strafzwecken und dem sog. **strafrechtlichen Schulenstreit** noch einmal begegnen (→ Rn. 228 ff.). ◀

4. Weitere Strafrechtsentwicklung

118 Der Zeitraum bis zum Ende des Kaiserreichs (1918) brachte vergleichsweise **wenige Änderungen im Reichsstrafgesetzbuch**.[403] Allerdings wurden außerhalb dieses Gesetzes – im sog. **Nebenstrafrecht**[404] – zahlreiche neue Straftatbestände eingeführt, so etwa in den Rechtsbereichen der Wirtschaft, der Presse und der Infrastruktur.[405] *Vormbaum* sieht den Grund dieser Gesetzgebungsvorhaben in einer „Entwicklung zum staatlichen Interventionismus",[406] der zahlreiche Bereiche erfasste. Für den Zeitraum des **Ersten Weltkriegs** kommt hinzu, dass die hieraus resultierende Notsituation einen Katalysator für weitere Regulierungen im Bereich der Wirtschaft bildete.[407]

119 Eine der Konsequenzen der eben skizzierten Gesetzesentwicklung bestand darin, dass nunmehr vermehrt auch solche Verhaltensweisen für strafbar erklärt wurden, die für sich genommen **ethisch neutral** sind.

▶ Ein **Beispiel** bildet etwa das „Gesetz über den Absatz von Kalisalzen" von 1910,[408] das unter anderem der Monopolsicherung diente[409] und das etwa den Auslandsabsatz von Kalisalzen durch Personen, die keine Kaliwerksbesitzer sind, unter Strafe stellte.[410] ◀

---

399 *Schünemann*, in: ders., Grundfragen, 1984, S. 1 (19 f.).
400 So schreibt Liszt: „Die richtige, d. h. die gerechte Strafe ist die notwendige Strafe. Gerechtigkeit im Strafrecht ist die Einhaltung des durch den Zweckgedanken erforderten Strafmaßes" (*Liszt* ZStW 3 [1883], S. 1 [31] [im Original mir Hervorhebung]; vgl. hierzu *T. Vormbaum*, Strafrechtsgeschichte, 2019, S. 115).
401 *Liszt* ZStW 3 (1883), S. 1 (31, 34).
402 Zu Liszts Biografie: *Schröder*, in: Kleinheyer u.a., Juristen, 2017, S. 271.
403 Vgl. hierzu *T. Vormbaum*, Strafrechtsgeschichte, 2019, S. 138 ff., 149; *Koch*, in: Hilgendorf u.a., Hdb StR I, 2019, § 8 Rn. 29.
404 *Kuhli* GA 2023, S. 457 (460).
405 Zur Entwicklung im Detail: *R. Weber*, Entwicklung, 1999; vgl. hierzu auch *T. Vormbaum*, Strafrechtsgeschichte, 2019, S. 140; *Kuhli* GA 2023, S. 457 (460 f.).
406 *T. Vormbaum*, Strafrechtsgeschichte, 2019, S. 140.
407 *Wittig*, Wirtschaftsstrafrecht, 2023, § 3 Rn. 3 f.
408 RGBl. 1910, S. 775.
409 Vgl. *Wittig*, Wirtschaftsstrafrecht, 2023, § 3 Rn. 3.
410 §§ 4 und 36 Gesetz über den Absatz von Kalisalzen (1910).

VI. Weimarer Republik

Derartige Regelungen weisen die Besonderheit auf, dass die Strafbarkeit der betreffenden Verhaltensweisen für einen Täter ohne Kenntnis vom jeweiligen Gesetz nicht ohne weiteres ersichtlich ist. Hierdurch unterscheiden sie sich von solchen Verhaltensweisen, die zum sog. Kernstrafrecht gehören (Totschlag, Diebstahl etc.), deren Strafbarkeit jedem Menschen auch ohne Gesetzeslektüre einleuchten dürfte.

Der Umstand, dass sich das Reichsstrafgesetzbuch im ausgehenden Kaiserreich kaum änderte, steht in bemerkenswertem Kontrast dazu, dass ab der Jahrhundertwende intensiv über eine grundlegende **Reform** des Strafrechts **diskutiert** wurde. Insbesondere bei einer Unterscheidung zwischen verschiedenen Tätertypen, wie sie von Franz von Liszt vorgenommen wurde[411] (→ Rn. 121), musste das dem Reichsstrafgesetzbuch zugrundeliegende Bild eines sittlich freien und durch Strafdrohung motivierbaren Menschen[412] kritikwürdig erscheinen.[413] Liszts Denkrichtung war jedoch keineswegs unangefochten (s. zum sog. **strafrechtlichen Schulenstreit**) (→ Rn. 228 ff.).

Die ab der Jahrhundertwende geführte **Reformdebatte** zog sich letztlich bis 1930 hin, also bis in die Weimarer Republik (→ Rn. 123). Die Debatte bestand unter anderem in der Veröffentlichung und Diskussion diverser Gesetzentwürfe aus Politik, Praxis und Wissenschaft.[414] Mit Unterschieden im Einzelnen kreiste die Auseinandersetzung um den Sinn und Zweck der Strafe, um die Anwendbarkeit sog. sichernder und bessernder Maßnahmen (→ Rn. 234 ff.) jenseits von Strafen, um die Altersgrenze der Strafmündigkeit, um die Strafzumessung und um die Anwendbarkeit der Todesstrafe.[415]

▶ → **Kontrollfragen** 23 bis 27, 29, 31 und 33. ◀

VI. Weimarer Republik

1914 brach der Erste Weltkrieg aus, der nicht nur eine massenhafte Anzahl an Opfern forderte, sondern auch zum Umsturz des politischen Systems in Deutschland führte. Als sich im Herbst 1918 abzeichnete, dass sich die militärische Situation des Deutschen Reiches zusehends verschlechterte,[416] kam es vielerorts zu Befehlsverweigerungen und Aufständen.[417] Die sich hieraus entwickelnde Novemberrevolution führte schließlich zum Zusammenbruch des Kaiserreichs.[418] Anfang 1919 trat in Weimar eine verfassungsgebende Nationalversammlung zusammen, die innerhalb weniger Monate eine Verfassung – die sog. **Weimarer Reichsverfassung**[419] – ausarbeitete.[420] Durch sie erhielten das Gesetzlichkeitsprinzip bzw. einige seiner Bestandteile (→ Rn. 243) den Rang eines Verfassungsprinzips.[421] Die politische Labilität der Weimarer Republik spiegelte sich in strafrechtlicher Hinsicht unter anderem im Erlass zweier **Republik-**

---

411 *Liszt* unterscheidet zwischen **Unverbesserlichen**, **Besserungsbedürftigen** und **Gelegenheitsverbrechern** (*Liszt* ZStW 3 [1883], S. 1 [36 ff.]).
412 Vgl. hierzu und zu den Ursprüngen dieser Anschauung: *Rüping/Jerouschek*, Grundriss, 2011, Rn. 254.
413 Vgl. in diesem Kontext auch *Roxin/Greco*, Strafrecht AT I, 2020, § 4 Rn. 2 f.
414 Vgl. hierzu *Eb. Schmidt*, Einführung, 1965, S. 394 ff., 405 ff.; *Jescheck/Weigend*, Strafrecht AT, 1996, S. 99 f.; *Goltsche*, Entwurf, 2010, S. 19 ff.
415 Vgl. hierzu *T. Vormbaum*, Strafrechtsgeschichte, 2019, S. 143 ff., 164 ff.
416 Die folgende Darstellung in diesem Abschnitt basiert auf *Kuhli* Jura 2009, S. 321.
417 *Hammer* Jura 2000, S. 57 (58).
418 *Epkenhans*, Geschichte Deutschlands, 2011, S. 68 f.
419 RGBl. 1919, S. 1383; in offizieller Diktion: Verfassung des Deutschen Reichs v. 11. August 1919.
420 Zum Strafrecht zwischen Novemberrevolution und Weimarer Republik s. den Sammelband: *Koch* u.a., Novemberrevolution, 2020.
421 Art. 116 WRV; unklar war, ob dieses Verfassungsprinzip auch eine rückwirkende Strafschärfung untersagte (→ Rn. 264).

schutzgesetze⁴²² wider, wodurch etwa die Teilnahme an sog. Geheimverbindungen unter Strafe gestellt wurde.⁴²³

124 Das **Reichsstrafgesetzbuch** galt während der Weimarer Republik weiter. Doch wurde weiterhin über das Vorhaben einer grundlegenden Strafrechtsreform diskutiert (→ Rn. 122). Erst in der Schlussphase der Weimarer Republik kam dieses Vorhaben – bis auf weiteres – zum Erliegen.⁴²⁴ Doch wurden zumindest einzelne Reformvorhaben umgesetzt.⁴²⁵ 1923 wurde das **Jugendgerichtsgesetz** in Kraft gesetzt,⁴²⁶ das eine gesonderte Regelung des Jugendstrafrechts vorsah und durch das etwa die Grenze der Strafmündigkeit von bis dato 12 Jahren⁴²⁷ auf 14 Jahre⁴²⁸ angehoben wurde.

VII. Zeit des Nationalsozialismus

1. Beginn und Etablierung

125 Am 30. Januar 1933 begann der Prozess der sog. „Machtergreifung" durch die Nationalsozialisten.⁴²⁹ Adolf Hitler (1889 – 1945) wurde an diesem Tag durch den Reichspräsidenten Paul von Hindenburg (1847 – 1934) zum Reichskanzler ernannt.⁴³⁰ Auf diesen Vorgang folgten Wochen, in denen die parlamentarische Demokratie der Weimarer Republik durch Gesetzgebungsmaßnahmen, Repressalien, Propaganda und Terror in eine nach einem Führerprinzip agierende zentralistische Diktatur umgewandelt wurde.⁴³¹ Neben Regelungen, die die Gleichschaltung der Länder mit dem Reich vorsahen,⁴³² und solchen, die die Entlassung bzw. Entpflichtung unerwünschter Beamten ermöglichten,⁴³³ ergingen zwei fundamentale Gesetzgebungsakte, die im Folgenden besonders hervorzuheben sind:

- **Verordnung des Reichspräsidenten zum Schutz von Volk und Staat** (→ Rn. 269) von 1933,⁴³⁴ durch „bis auf weiteres" einzelne zentrale Grundrechtsartikel der Weimarer Reichsverfassung außer Kraft gesetzt wurden.⁴³⁵

- **Gesetz zur Behebung der Not von Volk und Reich**⁴³⁶ (sog. **Ermächtigungsgesetz**) von 1933, dem zufolge die meisten Reichsgesetze von nun an auch durch die Reichsregierung beschlossen werden konnten.⁴³⁷ Hierdurch erhielt die Regierung erhebliche Gesetzgebungskompetenzen, wodurch die Gewaltenteilung (→ Rn. 254) in vielen Bereichen aufgehoben wurde. Dabei war besonders brisant, dass die von der Regierung beschlossenen Reichsgesetze in bestimmten Fällen sogar von der

---

422 Offizieller Titel jeweils: Gesetz zum Schutze der Republik; Fundstellen: RGBl. 1922 I, S. 585; RGBl. 1930 I, S. 91.
423 § 2 Gesetz zum Schutze der Republik von 1922 (RGBl. I, S. 585).
424 Vgl. *Eb. Schmidt*, Einführung, 1965, S. 408; *T. Vormbaum*, Strafrechtsgeschichte, 2019, S. 172.
425 Vgl. *Jescheck/Weigend*, Strafrecht AT, 1996, S. 99 f.
426 RGBl. 1923 I, S. 135.
427 § 55 S. 1 StGB i.d.F.v. 1896 (RGBl. I, S. 610).
428 § 2 JGG i.d.F.v. 1923 (RGBl. I, S. 135).
429 Vgl. auch *Winkler*, Geschichte II, 2016, S. 667, der von der „Machtergreifung als Prozeß" spricht.
430 *Pieth*, Strafrechtsgeschichte, 2020, S. 80.
431 Vgl. *Gmür/Roth*, Grundriss, 2018, Rn. 457 ff.
432 Vorläufiges Gesetz zur Gleichschaltung der Länder mit dem Reich von 1933 (RGBl. I, S. 153); Zweites Gesetz zur Gleichschaltung der Länder mit dem Reich von 1933 (RGBl. I, S. 173).
433 Gesetz zur Wiederherstellung des Berufsbeamtentums v. 1933 (RGBl. I, S. 175).
434 RGBl. I, S. 83.
435 § 1 S. 1 VO des Reichspräsidenten zum Schutz von Volk und Staat.
436 RGBl. I, S. 141.
437 Art. 1 Ermächtigungsgesetz (1933).

VII. Zeit des Nationalsozialismus

Reichsverfassung abweichen durften.[438] Die Regierung erhielt hierdurch also faktisch die Befugnis zur Vornahme von Verfassungsänderungen.

2. Strafgesetzgebung und Staatsterror

Das Reichsstrafgesetzbuch blieb dem Grunde nach in Kraft. Allerdings führte die NS-Herrschaft zu diversen Umwälzungen im Strafrecht: Zentrale Schutzprinzipien (z.B. das strafrechtliche Gesetzlichkeitsprinzip) wurden zwischen 1933 und 1945 im Wege der Gesetzgebung oder faktisch ausgehöhlt bzw. vollständig beseitigt (→ Rn. 265 ff.). Hinzu kam die Einführung von Straftatbeständen, die in ihren Voraussetzungen weniger an Handlungen anknüpften als vielmehr an bestimmte Tätertypen.

126

Diesbezüglich ist vor allem die 1941 vorgenommene Änderung des **Mordtatbestandes** (§ 211 StGB) zu nennen, der seitdem nicht mehr auf das Vorliegen einer planmäßigen Handlung („Tödtung mit Ueberlegung") abstellt,[439] sondern auf speziell einen *Mörder* kennzeichnende Merkmale (Mordlust, Heimtücke, niedrige Beweggründe etc.).[440] Hinzu kam die Einführung von Straftatbeständen, die in ihren Voraussetzungen denkbar **vage** waren (→ Rn. 266).

127

Im **Jugendstrafrecht**,[441] in dem bis in die Zeit des Nationalsozialismus das ältere Jugendgerichtsgesetz von 1923 (→ Rn. 124) zunächst noch in Kraft geblieben war, wurde im Jahr 1943 ein Reichsjugendgerichtsgesetz verabschiedet.[442] Darin wurde festgelegt, dass zwölf- und 13-jährige Delinquenten grundsätzlich[443] wie Jugendliche zur Verantwortung gezogen werden, „wenn der Schutz des Volkes wegen der Schwere der Verfehlung eine strafrechtliche Ahndung fordert".[444] *Wolff* und andere sehen in dieser Vorschrift zutreffend den Zwang zur „Abkehr von einem täterbezogenen Jugendstrafrecht hin zum Vorrang der Volksgemeinschaft, dem sich auch Kinder schon unterordnen mußten".[445]

128

Anwendung machten die Nationalsozialisten auch von einer **diskriminierenden Strafgesetzgebung** – so beispielsweise mit dem 1935 erlassenen „Gesetz zum Schutze des deutschen Blutes und der deutschen Ehre"[446] (sog. **Blutschutzgesetz**), durch das etwa „Eheschließungen zwischen Juden und Staatsangehörigen deutschen oder artverwandten Blutes" verboten waren[447] und Zuwiderhandlungen mit Zuchthaus sanktionierbar waren.[448] NS-Strafgesetze waren in ihren Voraussetzungen außerdem häufig vergleichsweise unbestimmt und konnten hierdurch den Machthabern als flexibel einsetzbares politisches Instrument dienen (→ Rn. 266).

129

---

438 Art. 2 S. 1 Ermächtigungsgesetz (1933).
439 So noch die alte Fassung (RGBl. 1871, S. 127 [166]).
440 RGBl. 1941 I, S. 549.
441 Vgl. hierzu auch *Kuhli/Papenfuß* ZJJ 2024, S. 12.
442 RGBl. I 1943, S. 637.
443 Nach § 3 Abs. 2 S. 2 Halbs. 2 RJGG (1943) werden demgegenüber „die Vorschriften über jugendliche Schwerverbrecher [...] nicht angewendet"; hiermit war die Regelung gem. § 20 RJGG (1943) gemeint, die unter anderem bestimmte Rechtsfolgen vorsah, soweit „der Jugendliche zur Zeit der Tat sittlich und geistig so entwickelt [war], daß er einem über achtzehn Jahre alten Täter gleichgestellt werden kann" und „das gesunde Volksempfinden es wegen der besonders verwerflichen Gesinnung des Täters und wegen der Schwere der Tat fordert"; vertiefend: *Stolp*, Entwicklung, 2015, S. 72.
444 § 3 Abs. 2 S. 2 Halbs. 1 i.V.m. § 1 Abs. 1 S. 2 RJGG (1943).
445 *J. Wolff u.a.*, Jugendstrafrecht, 1997, S. 127.
446 RGBl. I, S. 1146.
447 § 1 Abs. 1 S. 1 Blutschutzgesetz (1935).
448 § 5 Abs. 1 Blutschutzgesetz (1935).

130 Flankiert wurden die eben genannten strafgesetzlichen Änderungen und Maßnahmen zwischen 1933 und 1945 von einem massiven **Staatsterror**, dessen Ausmaß hier nur angedeutet werden kann: Verfolgung, Unterdrückung und Vernichtung von Millionen von Menschen.

3. Exkurs: Radbruchs Positivismuslegende

131 Im Jahr 1946 – also nach dem Ende des NS-Regimes – veröffentlichte Gustav Radbruch (1878 – 1949) eine These,[449] die letztlich einer Entlastung[450] weiter Teile des Juristenstandes des NS-Staates gleichkam und die mittlerweile unter dem Titel „Positivismuslegende"[451] firmiert.

▶ **Gustav Radbruch** (1878 – 1949) war Wissenschaftler und Politiker. Er wirkte in der Weimarer Zeit als Reichsjustizminister und seit 1910 als Hochschullehrer (zunächst in Heidelberg als Professor für Strafrecht und Rechtsphilosophie). Von 1933 bis 1945 durfte er seine Hochschultätigkeit nicht ausüben.[452] ◀

132 Eingeleitet wird die eben angesprochene **These von Radbruch** wie folgt:

„Mittels zweier Grundsätze wußte der Nationalsozialismus seine Gefolgschaft, einerseits die Soldaten, andererseits die Juristen, an sich zu fesseln: ‚Befehl ist Befehl' und ‚Gesetz ist Gesetz'. Der Grundsatz ‚Befehl ist Befehl' hat nie uneingeschränkt gegolten. Die Gehorsamspflicht hörte bei Befehlen zu verbrecherischen Zwecken des Befehlenden auf […]. Der Grundsatz ‚Gesetz ist Gesetz' kannte dagegen keine Einschränkung. Er war der Ausdruck des positivistischen Rechtsdenkens, das durch viele Jahrzehnte fast unwidersprochen die deutschen Juristen beherrschte."[453]

133 Und an späterer Stelle heißt es in dem Text:

„Der Positivismus hat […] mit seiner Überzeugung ‚Gesetz ist Gesetz' den deutschen Juristenstand wehrlos gemacht gegen Gesetze willkürlichen und verbrecherischen Inhalts."[454]

134 Maßgeblich war für Radbruch, dass Normen, die im NS-Staat in der Gestalt von Gesetzen auftraten, von Juristen nicht hinterfragt worden seien.[455] Radbruchs These wurde in der Folgezeit vielfach **aufgegriffen** und wiederholt[456] – ein Umstand, der sicherlich auch durch seinen herausragenden Ruf erleichtert wurde.[457] Berücksichtigt man aber auch die personellen Kontinuitäten zwischen den Eliten des NS-Staates und Nachkriegsdeutschlands,[458] so darf man mutmaßen, dass die von Radbruch formulier-

---

449 Die Ausführungen in diesem Abschnitt basieren auf *Kuhli*, in: FS Trute, 2023, S. 265 (268 ff.).
450 Vgl. hierzu *Walther* KJ 1988, S. 263 (277); *Jestaedt*, Rechtspositivismus, in: Staatslexikon, abgerufen 2022.
451 Vgl. zu diesem Begriff: *Jestaedt*, Rechtspositivismus, in: Staatslexikon, abgerufen 2022.
452 Zu Radbruchs Biografie: *Laage*, Gesetzliches Unrecht, 2014, S. 17.
453 *Radbruch* SJZ 1946, S. 105.
454 Ebd., S. 107.
455 Vgl. in diesem Kontext folgende Umschreibung des Gesetzespositivismus bei *Walther*: „Gesetzespositivismus bedeutet bedingungslose Anwendung der vom staatlichen Gesetzgeber erlassenen Gesetze durch die Rechtsanwender"; zugleich ist hervorzuheben, dass sich Radbruchs These *Walther* zufolge „eindeutig auf die Problematik der Rechts*geltung* bezieht" (*Walther* KJ 1988, S. 263 [264]).
456 *Dreier*, in: Borowski/Paulson, Natur des Rechts, 2015, S. 1 (2 m.w.N.).
457 Vgl. zu diesem Aspekt *Walther* KJ 1988, S. 263 (275).
458 Vgl. etwa zum Bundesministerium der Justiz: *Görtemaker/Safferling*, Akte Rosenburg. 2016, u.a. S. 451 ff.

te Exkulpationsmöglichkeit von einigen Juristen nur allzu bereitwillig angenommen wurde.[459]

Mittlerweile wird Radbruchs These jedoch überwiegend **abgelehnt**. Seine Behauptung würde nämlich voraussetzen, dass die nationalsozialistischen Gesetze eindeutige Handlungs- und Entscheidungsvorgaben beinhalteten.[460] Jedoch waren etwa die im Nationalsozialismus erlassenen Straftatbestände häufig äußerst schwammig und **unbestimmt** (→ Rn. 266), konnten also gerade nicht ohne Weiteres angewandt werden.

Radbruchs These wird aber nicht nur aufgrund der unscharfen NS-Regelungen abgelehnt, sondern auch aus einem **weiteren Grund**: Seine Behauptung geht nämlich von der unzutreffenden Annahme aus, dass ein positivistisches Denken im NS-Staat die maßgebliche Sichtweise der Gesetzesanwender gewesen sei.[461] Zwar deutet einiges darauf hin, dass der staatsrechtliche Positivismus im deutschen Juristenstand an der Wende zum 20. Jahrhundert durchaus dominierend gewesen ist.[462] Doch ist der damit einhergehende „Glaube an die selbstherrliche Allmacht des Gesetzgebers als höchster souveräner Instanz"[463] (*Dreier*) im Kontext des Deutschen Kaiserreichs zu sehen. Dieser politische Hintergrund entfiel letztlich mit dem Ende des Ersten Weltkriegs, als das Kaiserreich zusammenbrach und die Weimarer Republik gegründet wurde. So galt seit 1919 eine Verfassung, die „erstmals die uneingeschränkte Gesetzgebungskompetenz des Parlaments und die volle politische Partizipation aller Bürgerinnen und Bürger […] gewährleistete" (*Deiseroth*).[464] Im Zuge der Demokratisierung der Legislative verlor die Annahme einer unbedingten und nicht zu hinterfragenden Verbindlichkeit des Gesetzes für weite Teile der Rechtsanwender ihre Grundlage.[465] In der Folge suchten neue Strömungen der Rechtslehre „nach nicht-juristischen Fundamentierungen der positiven Rechtsordnung" (nochmals *Deiseroth*), um die Macht des Parlaments zu begrenzen.[466] Praktische Relevanz entfaltete die neue Doktrin etwa in der Gesetzesauslegung, die nun maßgeblich unter Bezugnahme auf vorgelagerte Werte und Prinzipien erfolgen sollte.[467] An diese Methodik konnte der NS-Staat anknüpfen.[468]

4. Singularität des NS-Strafrechts?

Die NS-Zeit begründete in vielerlei Hinsicht einen Sonderfall der deutschen Strafrechtsgeschichte. Eine strafrechtshistorische Betrachtung des Nationalsozialismus darf allerdings auch nicht vernachlässigen, dass diverse NS-Reformen durchaus ältere Vorläufer aufweisen. Zu nennen ist etwa die 1934 eingeführte Sicherungsverwahrung,[469]

---

459 Vgl. in diesem Kontext *Walther* KJ 1988, S. 263 (277).
460 *Dreier*, in: Borowski/Paulson, Natur des Rechts, 2015, S. 1 (10); *Deiseroth* Betrifft Justiz 113 (März 2013), S. 5 (7).
461 *Deiseroth* Betrifft Justiz 113 (März 2013), S. 5 (6).
462 *Deiseroth* Betrifft Justiz 113 (März 2013), S. 5 (6); vgl. auch *Dreier*, in: Borowski/Paulson, Natur des Rechts, 2015, S. 1 (7); *Walther* KJ 1988, S. 263 (267).
463 *Dreier*, in: Borowski/Paulson, Natur des Rechts, 2015, S. 1 (7).
464 *Deiseroth* Betrifft Justiz 113 (März 2013), S. 5 (7).
465 *Dreier*, in: Borowski/Paulson, Natur des Rechts, 2015, S. 1 (4 f., 7).
466 *Deiseroth* Betrifft Justiz 113 (März 2013), S. 5 (6).
467 Ebd., S. 7 m.w.N.; vgl. auch *Dreier*, in: Borowski/Paulson, Natur des Rechts, 2015, S. 1 (10).
468 *Niesen/Eberl*, in: Buckel u.a., Theorien, 2020, S. 13 (20).
469 Gesetz gegen gefährliche Gewohnheitsverbrecher und über Maßregeln der Sicherung und Besserung v. 24. November 1933 m.W.v. 1. Januar 1934 (RGBl. I, S. 995 [996, 999]); vgl. hierzu *Drenkhahn/Morgenstern*, in: MüKo-StGB, 2020, § 66 Rn. 18.

deren gesetzliche Etablierung bereits vor der Zeit der Nationalsozialisten erwogen wurde.[470]

▶ Das Institut der **Sicherungsverwahrung** ist – mit Änderungen – auch heute noch im StGB zu finden.[471] In den Worten von *Drenkhahn* und *Morgenstern* diente die Sicherungsverwahrung über lange Zeit „in erster Linie dem Schutz der Allgemeinheit vor gefährlichen Tätern im Bereich der schweren Kriminalität, die schuldfähig sind und mit sonstigen Mitteln des Strafrechts nicht (mehr) erreicht werden können und die man auch als ‚gefährliche Normale' bezeichnen kann".[472] Vor dem Hintergrund einer Entscheidung des Bundesverfassungsgerichts von 2011[473] wird mittlerweile aber betont, dass der Vollzug der Sicherungsverwahrung maßgeblich der Resozialisierung dienen soll,[474] also dem Ziel der Wiedereingliederung des Untergebrachten in die Gesellschaft.[475] ◀

138 Für eine – zumindest partielle – Kontinuität des NS-Strafrechts innerhalb der deutschen Rechtsgeschichte spricht außerdem, dass diverse rechtliche Institute und Regelungen, die in der NS-Zeit eingeführt wurden, auch nach 1945 in Kraft blieben, teilweise sogar bis heute gelten[476] (→ Rn. 142, 235).

▶ → **Kontrollfragen** 40, 42 und 47. ◀

VIII. Von der Nachkriegszeit bis zur Wiedervereinigung

1. Hintergrund

139 1945 brach das NS-Regime zusammen. Nachdem Deutschland im Zweiten Weltkrieg kapitulieren musste, kam es unter alliierte **Besatzungsherrschaft**.[477] Zum obersten Regierungsorgan der vier Besatzungsmächte wurde der Alliierte Kontrollrat.[478] Vor dem Hintergrund des entstehenden sog. **Kalten Kriegs**[479] zerbrach jedoch schon bald die Einigkeit der Siegermächte hinsichtlich des weiteren Umgangs mit Deutschland.[480] Ausdruck dieser Entwicklung waren die Gründungen der Bundesrepublik Deutschland und der Deutschen Demokratischen Republik im Jahr 1949.[481]

2. Umgang mit der NS-Vergangenheit

140 Nach dem Ende des NS-Regimes stellte sich in vielen Rechtsbereichen die Frage, wie mit der deutschen Vergangenheit umzugehen sei. In strafrechtlicher Hinsicht betraf dies etwa die Frage, welche strafrechtlich relevanten NS-Rechtsakte auch nach 1945 weiterbestehen bleiben sollten. Politisch und rechtlich problematisch war vor allem aber auch die Frage, welche NS-Taten strafrechtlich verfolgt werden sollten bzw. konnten.

---

470 *T. Vormbaum*, in: Hilgendorf u.a., Hdb StrR I, 2019, § 9 Rn. 47.
471 U.a. in den §§ 61 Nr. 3, 66, 66a, 66b, 66c StGB.
472 *Drenkhahn/Morgenstern*, in: MüKo-StGB, 2020, § 66 Rn. 4.
473 BVerfG NJW 2011, S. 1931 (Rn. 108).
474 *Drenkhahn/Morgenstern*, in: MüKo-StGB, 2020, § 66 Rn. 6.
475 *Werner*, Resozialisierung, in: Weber, Rechtswörterbuch, 2023.
476 Dies gilt etwa im Wesentlichen für die oben genannte Fassung des Mordtatbestandes; vgl. auch → Rn. 142.
477 *Epkenhans*, Geschichte Deutschlands, 2011, S. 111.
478 *Mai*, Kontrollrat, 1995, u.a. S. 3.
479 Also die von 1947 bis 1989 dauernde Epoche, in der die politische Welt in die sog. Westmächte (um die USA) und den sog. Ostblock (um die Sowjetunion) aufgeteilt war.
480 *Winkler*, Geschichte III, S. 81; *Gmür/Roth*, Grundriss, 2018, Rn. 491 f.
481 *Epkenhans*, Geschichte Deutschlands, 2011, S. 115, 135.

VIII. Von der Nachkriegszeit bis zur Wiedervereinigung

a) Aufhebung von NS-Gesetzen und NS-Urteilen

Eine erste Herausforderung resultierte 1945 daraus, dass die Nationalsozialisten in der Zeit ihrer Herrschaft zahlreiche Regelungen erlassen hatten, die nach Kriegsende formal immer noch in Kraft waren. Sicherlich wäre es **theoretisch denkbar** gewesen, sämtliche während der NS-Herrschaft in Kraft getretenen deutschen Rechtsnormen (z.B. **Gesetze und Verordnungen**) für nichtig zu erklären.[482] Eine solche pauschale Entscheidung hätte zumindest den Vorteil der Eindeutigkeit gehabt, da sie lediglich daran angeknüpft hätte, dass die betreffenden Vorschriften in einem bestimmten Zeitraum (zwischen 30. Januar 1933 und 8. Mai 1945) in Kraft gesetzt worden sind.[483] Andererseits wäre durch eine Festlegung der eben genannten Art völlig ignoriert worden, dass einzelne Menschen möglicherweise auf die Weitergeltung bestimmter Regelungen des NS-Staates vertrauten. Ein solches **Vertrauen** war im Einzelfall auch schutzwürdig, soweit es sich auf solche zwischen 1933 und 1945 erlassene Regelungen bezog, die nach rechtsstaatlichen Maßstäben als weniger bedenklich einzustufen sind.[484]

141

Vor diesem Hintergrund beseitigte der Alliierte Kontrollrat nur **bestimmte NS-Regelungen**, so etwa das Ermächtigungsgesetz (→ Rn. 125), diskriminierende Vorschriften sowie das Gesetz zur Wiederherstellung des Berufsbeamtentums (→ Rn. 125).[485] Aufgehoben wurde durch die Besatzungsmächte auch die 1934 eingeführte Maßregel der Zwangskastration[486] (→ Rn. 237). Demgegenüber wurden 1945 im Strafrecht einige Rechtsnormen in der Fassung beibehalten, die sie im NS-Staat erhalten hatten. Dies betrifft etwa den 1941 geänderten **Mordtatbestand** gemäß § 211 StGB (→ Rn. 127), dessen Mordmerkmale (Mordlust, Heimtücke, niedrige Beweggründe etc.) heute noch gelten.[487] Entsprechendes gilt hinsichtlich der Rechtsfolge von **Versuchsdelikten**, für die in der Zeit des Nationalsozialismus eine nur noch fakultative Strafmilderung vorgesehen wurde (→ Rn. 204), die der Sache nach bis heute gilt.[488]

142

Eine weitere Frage betraf den Umgang mit **gerichtlichen Urteilen**, die im NS-Staat erlassen worden waren. Bereits einige Monate nach Ende des Zweiten Weltkriegs verkündete der Alliierte Kontrollrat unter anderem folgenden Grundsatz für die Umgestaltung der Rechtspflege in ganz Deutschland:

143

> „Verurteilungen, die unter dem Hitler-Regime ungerechterweise aus politischen, rassischen oder religiösen Gründen erfolgten, müssen aufgehoben werden."[489]

---

482 Vgl. zu dieser letztlich „niemals ernsthaft erwogen[en]" Lösung: *T. Vormbaum*, Strafrechtsgeschichte, 2019, S. 216.
483 Die Frage wäre dann noch gewesen, ob die betreffenden Aufhebungen *ex nunc* (also von nun an) oder *ex tunc* (also rückwirkend) gelten sollen.
484 Dies betrifft etwa bestimmte im NS-Staat erlassene Vorschriften zur Regulierung der Wirtschaft (vgl. hierzu *T. Vormbaum*, Strafrechtsgeschichte, 2019, S. 216 f.).
485 Gesetz Nr. 1 des Alliierten Kontrollrats v. 20. September 1945 (Amtsblatt des Kontrollrats in Deutschland, Nr. 1 [29. Oktober 1945], S. 6); vgl. hierzu auch *Beckmann* JZ 1997, S. 922 (924); *T. Vormbaum*, Strafrechtsgeschichte, 2019, S. 217.
486 Gesetz gegen gefährliche Gewohnheitsverbrecher und über Maßregeln der Sicherung und Besserung v. 24. November 1933 m.W.v. 1. Januar 1934 (RGBl. I, S. 995 [996, 999]); hierzu *Jescheck/Weigend*, Strafrecht AT, 1996, S. 100 f.
487 Eine Gesetzesänderung erfuhren 1953 allerdings die Rechtsfolgen von § 211 StGB (BGBl. I, S. 735).
488 Mittlerweile geregelt in § 23 Abs. 2 StGB; vgl. hierzu *Werle/M. Vormbaum* JZ 2021, S. 1163 (1165); *Marxen*, in: FS 200 Jahre Jur. Fak. HU Berlin, 2010, S. 1201 (1214).
489 Art. 2 Nr. 5 der Proklamation Nr. 3 des Alliierten Kontrollrats v. 20. Oktober 1945 (Amtsblatt des Kontrollrats in Deutschland, Nr. 1 [29. Oktober 1945], S. 22).

B. Überblick

144 In der Folge wurden auf Landesebene Regelungen erlassen.[490] Eine bundeseinheitliche gesetzliche Regelung erging erst[491] im Jahr 1998 mit dem „Gesetz zur Aufhebung nationalsozialistischer Unrechtsurteile in der Strafrechtspflege"[492] (**NS-AufhG**). Durch dieses Gesetz wurden „verurteilende strafgerichtliche Entscheidungen, die unter Verstoß gegen elementare Gedanken der Gerechtigkeit nach dem 30. Januar 1933 zur Durchsetzung oder Aufrechterhaltung des nationalsozialistischen Unrechtsregimes aus politischen, militärischen, rassischen, religiösen oder weltanschaulichen Gründen ergangen sind, aufgehoben".[493] Hierunter fielen insbesondere Entscheidungen des Volksgerichtshofs (→ Rn. 333), von Standgerichten in den letzten Kriegswochen sowie solche Entscheidungen, die auf bestimmten gesetzlichen Vorschriften[494] beruhten.[495] Die Entscheidung, ob ein Urteil nach diesen Grundsätzen aufgehoben ist, fällt in die Zuständigkeit der Staatsanwaltschaft.[496]

145 Ein **prominentes Beispiel** für die Anwendung des genannten Gesetzes bildet die 2007 ergangene Feststellung der Bundesanwaltschaft, dass das 1933 ergangene Todesurteil gegen **Marinus van der Lubbe** (1909 – 1934), einem der Angeklagten im Reichstagsbrandprozess (→ Rn. 269 ff.), aufgehoben ist.[497]

b) Strafverfolgung von NS-Taten

146 Erhebliche politische und rechtliche Herausforderungen ergaben sich aus der Frage, ob Gewalt-, Unterdrückungs- und Verfolgungsmaßnahmen, die durch das NS-Regime veranlasst, gedeckt oder gefördert worden waren, ab 1945 strafrechtlich sanktioniert werden durften bzw. sollten:

aa) Rechtsfragen

(1) Rückwirkung

147 Eine erste rechtliche Schwierigkeit folgte aus dem Umstand, dass entsprechende Verhaltensweisen während des Nationalsozialismus (zumindest faktisch) kaum bzw. gar nicht geahndet worden waren. Einer nachträglichen Bestrafung derartiger Verhaltensweisen in der Nachkriegszeit käme in dieser Hinsicht also Rückwirkung zu – ein Problem, das an späterer Stelle (→ Rn. 278 ff.) noch näher zu beleuchten sein wird. Hier mag die Feststellung ausreichen, dass eine Bestrafung dieser Fälle nach Kriegsende für durchaus **zulässig** gehalten wurde.

---

490 Vgl. hierzu etwa *Beckmann* JZ 1997, S. 922 (923 f.); *Spendel* ZRP 1997, S. 41 (42).
491 Immerhin hatte der Deutsche Bundestag im Jahr 1985 einstimmig festgestellt, dass der Volksgerichtshof kein Gericht im rechtsstaatlichen Sinne, sondern ein Terrorinstrument zur Durchsetzung der nationalsozialistischen Willkürherrschaft gewesen sei. Den Entscheidungen des Volksgerichtshofs komme deshalb nach Überzeugung des Deutschen Bundestags keine Rechtswirkung zu (Zustimmung des Deutschen Bundestags zur Beschlussempfehlung des Rechtsausschusses gem. BT-Drucks. 10/2368 [BT-Plenarprot. v. 25. Januar 1985, S. 8767]).
492 BGBl. I, S. 2501.
493 § 1 S. 1 NS-AufhG.
494 Z.B. § 5 Reichstagsbrandverordnung → Rn. 270.
495 § 2 NS-AufhG nebst Anlage.
496 § 6 NS-AufhG.
497 Feststellung der Bundesanwaltschaft v. 6. Dezember 2007 (Pressemitteilung Nr. 2 v. 10. Januar 2008 der Pressestelle des Generalbundesanwalts beim BGH [auf Anfrage zugesandt]).

VIII. Von der Nachkriegszeit bis zur Wiedervereinigung   B.

(2) Verjährung

Daneben stellte sich in rechtlicher Hinsicht das Problem drohender Verjährung: Der   148
Umgang der frühen Bundesrepublik mit der Verjährungsfrage war durchaus **ambivalent**:

- **Einerseits** kam es zu – heftig umstrittenen – Verlängerungen von Verjährungsfristen und im Jahr 1979 sogar zu einer Aufhebung der bis dahin für Mord geltenden Verjährbarkeit.[498]
- **Andererseits** wurde 1968 eine gesetzliche Regelung eingeführt, die letztlich in zahlreichen Fällen der Teilnahme an nationalsozialistischen Verbrechen zu einem rückwirkenden Eintritt der Verjährung führte – bis heute ist nicht geklärt, ob der Eintritt dieser Rechtsfolge das Ergebnis eines gesetzgeberischen Versehens oder einer bewussten Manipulation war.[499]

(3) Richterprivileg

Ein spezielles Problem betraf die strafrechtliche Aufarbeitung des **Justizunrechts**, also   149
etwa die Frage, ob ein Strafrichter für die Verhängung eines Todesurteils sanktioniert werden darf. Eine solche Bestrafung wurde in der Nachkriegszeit nur unter bestimmten Bedingungen als zulässig angesehen. Das hiermit angesprochene sog. **Richterprivileg** wurde 1946 von **Gustav Radbruch** (→ Rn. 131) wie folgt formuliert:

> „Die Strafbarkeit der Richter wegen Tötung setzt die gleichzeitige Feststellung einer von ihnen begangenen Rechtsbeugung[500] […] voraus. Denn das Urteil des unabhängigen Richters darf Gegenstand einer Bestrafung nur dann sein, wenn er gerade den Grundsatz, dem jene Unabhängigkeit zu dienen bestimmt war, die Unterworfenheit unter das Gesetz, d. h. unter das Recht, verletzt hätte."[501]

Zugegebenermaßen ist die Begründung, die Radbruch für dieses Privileg nennt, aus   150
heutiger Sicht keineswegs abwegig. Tatsächlich spricht einiges dafür, dass ein Gericht in einem Rechtsstaat tatsächlich nur dann unbeeinflusst Recht sprechen kann, wenn es sich im Fall der Verhängung einer Freiheitsstrafe nicht der permanenten Gefahr ausgesetzt sieht, wegen Beteiligung an einer Freiheitsberaubung[502] belangt zu werden.[503] Allerdings lässt sich gegen die Übertragung dieses Grundsatzes auf die NS-Justiz einwenden, dass es sich hierbei eben gerade nicht um ein unabhängiges Rechtsprechungssystem gehandelt hat.[504] Bemerkenswert ist in diesem Zusammenhang noch etwas anderes: Nach einer Analyse von *Vormbaum* spricht einiges dafür, dass das Richter-

---

498 Vertiefend: *Asholt*, Verjährung, 2016, S. 51 ff., 56.
499 Vertiefend: ebd., S. 56, 483 f., 485 (Fn. 80).
500 Anmerkung durch M.K.: Die hiermit angesprochene Rechtsbeugung bezog sich auf die Strafbarkeit nach dem entsprechenden StGB-Tatbestand. Im Jahr 1946 war dies § 336 StGB (i.d.F.v. 1871). Heute ist die Rechtsbeugung in § 339 StGB geregelt.
501 *Radbruch* SJZ 1946, S. 105 (108).
502 Konkret ging es um eine Freiheitsberaubung (§ 239 Abs. 1 StGB) in mittelbarer Täterschaft (§ 25 Abs. 1 Alt. 2 StGB), die dann einschlägig ist, wenn der Richter die Freiheitsberaubung durch einen anderen (hier z.B. durch das Gefängnispersonal) begeht.
503 Ist ein Strafurteil rechtsfehlerhaft, besteht heute die Möglichkeit, die Entscheidung mit dem Rechtsmittel der Revision (§§ 333 ff. StPO) anzugreifen und aufheben zu lassen.
504 Dahin gehend auch *Ostendorf/ter Veen*, Juristenurteil, 1985, S. 59; *Ostendorf*, in: ders./Danker, NS-Strafjustiz, 2003, S. 125 (134), die allerdings jeweils eher auf das Verfahren und den Entscheidungsmaßstab der einzelnen Gerichtsinstanz abstellen, weniger also auf das Rechtsprechungssystem.

privileg in Deutschland nach dem Ende des Nationalsozialismus ad hoc – also ohne historisches Vorbild – etabliert worden ist.[505]

151 Im Ergebnis begründete die Annahme eines Richterprivilegs eine **deutliche Hürde** für die strafrechtliche Verfolgung richterlicher Tätigkeiten der NS-Zeit.[506] Die Verurteilung eines NS-Richters setzte nämlich hiernach stets den Nachweis voraus, dass der betreffende Richter das Recht beugen wollte. Ein solcher Nachweis war jedoch nicht nur im Fall von überzeugten bzw. fanatischen Nazirichtern kaum zu erbringen.[507] Im Ergebnis kam es in **Westdeutschland**[508] kaum zu Verurteilungen von NS-Richtern wegen Justizverbrechen.[509] So fasste der 5. Strafsenat des Bundesgerichtshofs in einem Urteil aus dem Jahr 1995 die seiner Ansicht nach „(insgesamt fehlgeschlagene) Auseinandersetzung mit der NS-Justiz" mit folgenden selbstkritischen Worten zusammen:

> „Die vom Volksgerichtshof (→ Rn. 333) gefällten Todesurteile sind ungesühnt geblieben, keiner der am Volksgerichtshof tätigen Berufsrichter und Staatsanwälte wurde wegen Rechtsbeugung verurteilt; ebensowenig Richter der Sondergerichte und der Kriegsgerichte. [...] Insgesamt neigt der Senat zu dem Befund, daß das Scheitern der Verfolgung von NS-Richtern vornehmlich durch eine zu weitgehende Einschränkung bei der Auslegung der subjektiven Voraussetzungen des Rechtsbeugungstatbestandes bedingt war".[510]

bb) Verfolgungspraxis

152 Das zuletzt Gesagte leitet bereits über zu der Frage der Verfolgungspraxis von NS-Taten. Die Strafverfolgung wurde nach dem Zweiten Weltkrieg durch verschiedene Staaten bzw. Institutionen betrieben – mit unterschiedlicher Intensität:

(1) Nürnberger Prozesse etc.

153 Nach dem Zusammenbruch des NS-Staates fand ein Novum im Strafrecht statt. Die überlebenden Hauptverantwortlichen des NS-Regimes wurden in **Nürnberg** durch ein „interalliiertes Besatzungsgericht"[511] (*Jescheck/Weigend*), den sog. Internationalen Militärgerichtshof, strafrechtlich zur Verantwortung gezogen.[512] Einen der Gegenstände des Verfahrens bildete die Frage der Strafbarkeit wegen eines Angriffskriegs nach internationalem Recht (Völkerrecht).[513]

▶ **Strafrecht in internationalen Konstellationen:** Bis hierhin haben wir in diesem Buch internationale Konstellationen weitgehend ausgeblendet. Zumeist sind wir stillschweigend von der Situation ausgegangen, dass sich eine Strafe auf eine Tat bezieht, die begangen wurde in dem jeweiligen Herrschafts- bzw. Staatsgebiet, durch den nun auch die entsprechende

---

505 *T. Vormbaum*, Strafrechtsgeschichte, 2019, S. 229 m.w.N.
506 Vgl. hierzu *Laage*, Gesetzliches Unrecht, 2014, S. 126 f.; *T. Vormbaum*, Strafrechtsgeschichte, 2019, S. 228 f.
507 Vgl. in diesem Kontext *I. Müller*, Furchtbare Juristen, 2020, S. 360 – 362 m.w.N.; *Hoeppel*, NS-Justiz, 2019, S. 490 f.
508 In der **DDR** wurden bis zum Jahr 1984 laut *Ostendorf* 149 NS-Richter und NS-Staatsanwälte verurteilt, allerdings „ohne rechtsstaatlichen Anforderungen zu genügen" (*Ostendorf*, in: ders./Danker, NS-Strafjustiz, 2003, S. 125 f.); vgl. aber auch die Ausführungen von Rottleuthner zu derartigen Zahlen: *Rottleuthner* NJ 1997, S. 617 (622 f.).
509 Zahlen bei: *Rottleuthner* NJ 1997, S. 617 (622); *Bästlein*, in: Peschel-Gutzeit, Juristen-Urteil, 1996, S. 9 (33); *Ostendorf*, in: ders./Danker, NS-Strafjustiz, 2003, S. 125; *Koch* ZIS 2011, S. 470.
510 BGH NJW 1996, S. 857 (863).
511 *Jescheck/Weigend*, Strafrecht AT, 1996, S. 120.
512 *Werle/Jeßberger*, Völkerstrafrecht, 2020, Rn. 22.
513 Ebd., Rn. 23.

VIII. Von der Nachkriegszeit bis zur Wiedervereinigung

Strafe verhängt wird. Auch sind wir bislang in der Regel von der Situation ausgegangen, dass der Täter und das Opfer keine fremde Staatsangehörigkeit besitzen. **Beispiel:** Ein solcher eindeutig **nicht-internationaler Fall** liegt etwa in der Konstellation vor, dass der Staat X eine Strafe für einen Diebstahl verhängt, den die Person A (= Staatsangehörige von X) gegenüber der Person B (= Staatsangehörige von X) auf dem Territorium des Staates X begangen hat. In diesem Fall ist auf jeden Fall die Strafrechtsordnung des Staates X einschlägig.

Hiervon zu unterscheiden sind **internationale Konstellationen** des Strafrechts:

– Sobald der Täter oder das Opfer eine **fremde Staatsangehörigkeit** aufweisen oder sobald die jeweilige Straftat auf dem **Territorium eines anderen Staates** geschehen ist, sind potenziell auch andere Staaten betroffen. Gleichwohl (zum Beispiel wenn zumindest der Täter oder das Opfer die deutsche Staatsangehörigkeit aufweisen oder wenn die jeweilige Tat in Deutschland begangen wurde) kann der deutsche Staat ein legitimes Interesse an einer Strafverfolgung der jeweiligen Tat mit Auslandsbezug haben.[514] Einem derartigen Interesse tragen die **Strafanwendungsregeln** des heute geltenden StGB grundsätzlich Rechnung.[515] Zur Vermeidung einer doppelten Bestrafung durch mehrere Staaten muss es zudem internationale Regelungen geben, die die Frage der Strafrechtsanwendung im Verhältnis zwischen den betreffenden Staaten zum Gegenstand haben.

– Eine andere internationale Dimension des Strafrechts zeigt sich im sog. **Völkerstrafrecht**. Hierbei geht es um Konstellationen, in denen ein Mensch nach internationalem Recht bzw. nach Völkerrecht strafbar ist.[516] Der internationale Charakter ergibt sich hier also aus der Rechtsquelle, aus der sich die Strafbarkeit ableitet. **Zuständig** für die Anwendung von Völkerstrafrecht können heute unter anderem internationale und staatliche Gerichte sein. Ein Beispiel für Letzteres bilden in Deutschland die **Oberlandesgerichte**, die unter anderem für Straftaten nach dem 2002 eingeführten **Völkerstrafgesetzbuch** (→ Rn. 173) zuständig sind. Ein Beispiel für ein internationales Gericht bildet der seit 2003 existierende **Internationale Strafgerichtshof** (IStGH bzw. ICC[517]), der seinen Sitz im niederländischen Den Haag hat (→ Rn. 173).

Das Völkerstrafrecht bildet ein **vergleichsweise junges Rechtsgebiet**,[518] und zwar sowohl im Vergleich zum Völkerrecht als auch im Verhältnis zum Strafrecht.[519] Systematische Ansätze, bestimmte Verhaltensweisen zu internationalen Verbrechen zu erklären, lassen sich vor allem ab dem **20. Jahrhundert** feststellen,[520] wenngleich die ideengeschichtlichen Spuren im Einzelnen durchaus weiter zurückreichen.[521] Nach dem Ersten Weltkrieg unternahmen die alliierten Siegermächte im **Versailler Vertrag** (→ Rn. 110) den Versuch, den ehemaligen

---

514 Dem Umstand, dass auch ein anderer Staat in diesem Fall ein legitimes Interesse an einer Strafverfolgung haben kann, kann zum Beispiel dadurch Rechnung getragen werden, dass sich dieser andere Staat mit dem deutschen Staat darüber einigt, wer die Strafverfolgung vornimmt.
515 § 3 StGB (Geltung für Inlandstaten), § 4 StGB (Geltung für Taten auf deutschen Schiffen und Luftfahrzeugen), § 5 StGB (Auslandstaten gegen inländische Rechtsgüter), § 6 StGB (Auslandstaten gegen international geschützte Rechtsgüter), § 7 StGB (Geltung für Auslandstaten in anderen Fällen).
516 *Werle/Jeßberger*, Völkerstrafrecht, 2020, Rn. 2, 97.
517 Abkürzung des englischen Namens „International Criminal Court".
518 Vgl. *Kuhli*, VStGB, 2010, S. 19.
519 *Heilmann*, Effektivität, 2006, S. 27.
520 *Armstrong/Farrell/Lambert*, Int. Law, 2012, S. 193.
521 *Ferencz* HuV-I 1998, S. 80.

B. Überblick

deutschen Kaiser Wilhelm II.[522] (1859 – 1941) sowie einzelne Kriegsverbrecher[523] des Ersten Weltkriegs strafrechtlich zur Verantwortung zu ziehen. Doch scheiterten diese Bemühungen weitgehend. Wilhelm erhielt in den Niederlanden Asyl und deutsche Kriegsverbrecher wurden im Endeffekt kaum zu Verantwortung gezogen – Letzteres unter anderem aufgrund der Blockadehaltung der deutschen Seite und vor dem Hintergrund des nachlassenden Engagements der alliierten Seite.[524] Die Strafbestimmungen des Versailler Vertrags und ihre mangelhafte Umsetzung hatten aber gleichwohl Bedeutung für die weitere Entwicklung des Völkerstrafrechts, nämlich als negatives Vorbild nach dem Ende des Zweiten Weltkriegs.[525] ◀

154 Der Internationale Militärgerichtshof von **Nürnberg** wurde errichtet auf der Grundlage des Londoner Viermächteabkommens vom 8. August 1945.[526] Dem Abkommen als Anhang beigefügt war das Statut („Charter of the International Military Tribunal"),[527] das die maßgeblichen Verbrechen normierte, darunter unter anderem die Durchführung eines Angriffskriegs, Kriegsverbrechen und sog. Verbrechen gegen die Menschlichkeit (z.B. Deportationen der Zivilbevölkerung). Angeklagt waren unter anderem der ehemalige Reichswirtschaftsminister **Hermann Göring** (1893 – 1946) und die Führung der Wehrmacht.[528] Göring wurde zum Tode verurteilt,[529] beging aber vor der geplanten Hinrichtung Suizid.[530]

155 Während der Phase des **Kalten Kriegs**[531] (1947 – 1989) kamen zwischenstaatliche Bemühungen um eine Weiterentwicklung bzw. dauerhafte Etablierung des Völkerstrafrechts und seiner Einrichtungen im Wesentlichen zum Erliegen.[532] Erst in den **1990er**-Jahren sollte sich dies ändern (→ Rn. 173).

156 Allerdings fanden noch weitere Prozesse gegen NS-Verbrecher statt: Gegen die zweite Reihe hinter den Hauptverantwortlichen des NS-Staates richteten sich zwölf sog. **Nürnberger Nachfolgeprozesse**, die in den Jahren bis 1949 vor amerikanischen Militärgerichten stattfanden.[533] (Man beachte, dass die Alliierten hier nicht mehr gemeinsam agierten!) Durchgeführt wurde etwa der sog. **Juristenprozess** (gegen ehemalige Angehörige des Reichsjustizministeriums und der NS-Justiz),[534] der **Ärzteprozess**[535]

---

522 Art. 227 Abs. 1 Versailler Vertrag (1919): „Die alliierten und assoziierten Mächte stellen Wilhelm II. von Hohenzollern, vormaligen Kaiser von Deutschland wegen schwerster Verletzung des internationalen Sittengesetzes und der Heiligkeit der Verträge unter öffentliche Anklage." Abgedruckt in: RGBl. 1919, S. 981.
523 Art. 228 Abs. 1 S. 1 Versailler Vertrag (1919): „Die deutsche Regierung räumt den alliierten und assoziierten Mächten die Befugnis ein, die wegen eines Verstoßes gegen die Gesetze und Gebräuche des Krieges angeklagten Personen vor ihre Militärgerichte zu ziehen." Vgl. *Werle/Jeßberger*, Völkerstrafrecht, 2020, Rn. 7.
524 *Werle/Jeßberger*, Völkerstrafrecht, 2020, Rn. 9 – 11.
525 Ebd., Rn. 18.
526 Abgedruckt in: *IMT*, Trial 1947, S. 8 ff.
527 Abgedruckt in: *IMT*, Trial 1947, S. 10 ff.; teilweise abgedruckt in: *Werle/Jeßberger*, Völkerstrafrecht, 2020, Anhang 1.E. (S. 854 f.).
528 *Safferling/Dauner-Lieb* NJW 2023, S. 1038 (1042).
529 *Werle/Jeßberger*, Völkerstrafrecht, 2020, Rn. 24.
530 *Paul*, Göring, 1983, S. 352; *Benz*, Bestrafung, abgerufen 2024.
531 → Kap. B Fn. 479.
532 Sieht man einmal ab von einzelnen Themenbereichen, die während des Kalten Kriegs zum Gegenstand völkerrechtlicher Verträge wurden (vgl. hierzu *Ahlbrecht*, Geschichte, 1999, S. 124); vgl. zudem *Werle/Jeßberger* JZ 2002, S. 725 (726).
533 *Jeßberger* JZ 2009, S. 924 (929); vertiefende Beiträge zu den einzelnen Prozessen finden sich in dem Sammelband: *Ueberschär*, Gericht, 2008, S. 73 ff.
534 Vertiefend: *Ostendorf*, in: ders./Danker, NS-Strafjustiz, 2003, S. 125 ff.; *Peschel-Gutzeit*, Juristen-Urteil, 1996; *Ostendorf/ter Veen*, Juristenurteil, 1985; *Steiniger/Leszczyński*, Fall 3, 1969.
535 Vertiefend: *Eckart*, in: Ueberschär, Gericht, 2008, S. 73.

sowie der sog. **I.G.-Farben-Prozess**, welcher gegen führende Industrielle des NS-Staates geführt wurde.[536]

Auch im **Ausland** fanden in der Nachkriegszeit Strafverfahren wegen NS-Verbrechen statt.[537] Besondere internationale Aufmerksamkeit erregte der Strafprozess, der im Jahr 1961[538] in Jerusalem (Israel) gegen **Adolf Eichmann** (1906 – 1962) geführt wurde.[539] Zur Last gelegt wurde ihm, der im NS-Reichssicherheitshauptamt tätig gewesen war,[540] die Beteiligung an der Ermordung von Millionen von Juden.[541] Eichmann wurde schließlich zum Tode verurteilt und hingerichtet.[542] Diplomatische Verwicklungen resultierten aus dem Umstand, dass Eichmann vor der Einleitung des Strafverfahrens von einem israelischen Geheimkommando aus seinem damaligen Aufenthaltsland (Argentinien) auf das Territorium von Israel verschleppt worden war.[543] Erwähnenswert ist auch, dass die Publizistin **Hannah Arendt** (1906 – 1975) als Prozessbeobachterin in Jerusalem war, um für eine amerikanische Zeitschrift über den Prozess zu berichten – hieraus entstand später ihr Buch „Eichmann in Jerusalem. Ein Bericht von der Banalität des Bösen".[544]

(2) NS-Strafprozesse in der Bundesrepublik

In Westdeutschland waren die 1950er-Jahre massiv von der Sichtweise geprägt, die Vergangenheit justiziell ruhen zu lassen[545] – eine Mentalität, die auch im Zusammenhang damit stand, dass zahlreiche NS-Eliten ihre Karrieren in der jungen Bundesrepublik fortsetzen konnten.[546] *Will* konstatiert hierzu: „Mitte der 1950er galt die strafrechtliche Aufarbeitung der NS-Zeit, ganz zu schweigen von der gesellschaftlichen, vielen als abgeschlossen."[547] Dieser Zustand änderte sich, als 1958 ein Strafverfahren – der sog. **Ulmer Einsatzgruppenprozess** – in Deutschland mediale Aufmerksamkeit erregte. Hierzu wiederum *Will*:

> „Dieses öffentlichkeitswirksame Verfahren hatte erhebliche grundsätzliche Bedeutung; dies zum einen mit der nicht ausweichbaren Erkenntnis zahlreicher noch aufzuklärender weiterer Massenverbrechen und zum anderen mit seinem eindringlichen Offenbarwerden einer staatsanwaltschaftlichen Zuständigkeitslücke für im Ausland begangene NS-Verbrechen."[548]

---

536 Vertiefend: *Jeßberger* JZ 2009, S. 924.
537 *Jescheck/Weigend*, Strafrecht AT, 1996, S. 121.
538 Eingeleitet wurde das Strafverfahren bereits 1960, der eigentliche Prozess vor einer Sonderkammer des Bezirksgerichts Jerusalem fand 1961 statt, die Bestätigung des Urteils durch eine Berufungskammer erfolgte 1962 (H. Mommsen, in: Arendt, Eichmann, 2010, S. 9).
539 Vgl. *Große*, Eichmann, 1995, S. 14, 19 ff., 33 f.; *Weinke*, Gewalt, 2016, S. 212.
540 *Weinke*, Gewalt, 2016, S. 214.
541 *Große*, Eichmann, 1995, S. 31.
542 *Arendt*, Eichmann in Jerusalem, 2010, S. 365, 367.
543 *H. Mommsen*, in: Arendt, Eichmann, 2010, S. 9; s. hierzu auch Security Council Resolution 138 (1960) [on questions relating to the case of Adolf Eichmann], abrufbar unter https://digitallibrary.un.org/record/112107 – abgerufen am 5. Februar 2024.
544 *H. Mommsen*, in: Arendt, Eichmann, 2010, S. 9 (10); *Meyer*, in: Arendt, Eichmann, 2022, S. 11 (12); dt. Fassung: *Arendt*, Eichmann in Jerusalem, 2010, S. 49 ff.
545 Vgl. hierzu und zu der gleichzeitig anzutreffenden „scharfe[n] Abkehr von der Diktatur": *Wehler*, Dt. Gesellschaftsgeschichte V, 2008, S. 20; vgl. auch zur Strafverfolgung: *T. Vormbaum*, Strafrechtsgeschichte, 2019, S. 220 f.
546 Vgl. etwa zum Bundesministerium der Justiz: *Görtemaker/Safferling*, Akte Rosenburg, 2016, S. 451 ff.
547 *Will*, in: M. Vormbaum, Spätverfolgung, 2023, S. 121 (122).
548 Ebd., S. 122.

B. Überblick

159 In der Folge[549] kam es zu nachhaltigen Bemühungen um eine systematische Aufarbeitung. So wurde 1958 die sog. „Zentrale Stelle der Landesjustizverwaltungen zur Aufklärung nationalsozialistischer Verbrechen" in **Ludwigsburg** gegründet.[550] Diese Stelle existiert auch heute noch. Auf ihrer Website findet man ihre Tätigkeitsbeschreibung:

> „Seit mehr als 60 Jahren hat die Zentrale Stelle der Landesjustizverwaltungen in Ludwigsburg den Auftrag, Vorermittlungen zu nationalsozialistischen Verbrechen zu führen. Wir sichten weltweit Material, sammeln es und werten die Unterlagen aus. Unser Ziel ist es, auch heute noch lebende Täter und Gehilfen der massenhaften Morde ausfindig zu machen."[551]

160 Das bisher Gesagte darf aber nicht zu dem Eindruck verleiten, dass die NS-Verbrechen ab 1958 in der Bundesrepublik umfassend aufgearbeitet wurden. Verfahren wie der Ulmer Einsatzgruppenprozess von 1958 und der **Frankfurter Auschwitzprozess** von 1963 bis 1965 stellten Ausnahmen dar.[552] Soweit es im Übrigen zu Strafverfahren kam, konnten viele Angeklagte auf milde Sanktionen hoffen.[553] Darüber hinaus sei an dieser Stelle noch einmal auf rechtliche Hürden wie die Verjährung (→ Rn. 148) verwiesen.

161 In den letzten Jahren sind allerdings späte Bemühungen der Staatsanwaltschaften festzustellen, Personen wegen des Vorwurfs von NS-Verbrechen strafrechtlich zur Verantwortung zu ziehen. Zu dieser Gruppe überwiegend hochbetagter Angeklagter gehörte etwa der ehemalige Hilfswachmann eines SS-Vernichtungslagers **John (Iwan) Demjanjuk**,[554] der 2012 vor Abschluss des Strafverfahrens verstarb.[555]

(3) NS-Strafprozesse in der DDR

162 Das in der DDR propagierte Staatsnarrativ des **Antifaschismus**[556] legte eigentlich nahe, dass NS-Verbrechen nach 1949 eine systematische oder zumindest weitgehende Ahndung in Ostdeutschland erfahren sollten. Doch fanden Prozesse wegen des Vorwurfs begangener NS-Taten in der DDR in vielen Fällen unter Missachtung rechtsstaatlicher Anforderungen statt. In dieser Hinsicht sind vor allem die **Waldheimer Prozesse** zu nennen, die im Jahr 1950 innerhalb weniger Wochen in der kleinen Stadt Waldheim (Sachsen) gegen mehrere tausend Angeklagte geführt wurden.[557] Die Prozesse richteten sich dabei größtenteils gegen Personen, die nach dem Zweiten Weltkrieg von der sowjetischen Geheimpolizei unter anderem wegen des Vorwurfs der NSDAP-Mitgliedschaft verhaftet worden waren.[558] *Haase* und *Pampel* weisen jedoch zugleich darauf hin, dass viele der Betroffenen „auch wegen Opposition zur sowjetischen Be-

---

549 Vgl. hierzu ebd., S. 122.
550 Siehe hierzu https://zentrale-stelle-ludwigsburg.justiz-bw.de/pb/,Lde/Startseite/Einrichtung/Gruendung+und+Zustaendigkeit – abgerufen am 3. November 2020.
551 Abrufbar unter https://zentrale-stelle-ludwigsburg.justiz-bw.de/pb/,Lde/Startseite – abgerufen am 10. Februar 2024.
552 *M. Vormbaum*, in: ders., Spätverfolgung, 2023, S. 1.
553 Ebd., S. 1.
554 Hierzu: *Douglas*, in: M. Vormbaum, Spätverfolgung, 2023, S. 109; *Goetze*, in: M. Vormbaum, Spätverfolgung, 2023, S. 83 (95).
555 *Goetze*, in: M. Vormbaum, Spätverfolgung, 2023, S. 83 (95).
556 Beispielsweise hieß die 1961 zwischen West- und Ostberlin errichtete Mauer im offiziellen DDR-Duktus „Antifaschistischer Schutzwall" (vgl. *Demke*, in: Henke, Mauer, 2011, S. 96); s. auch den Beitrag „Antifaschismus als Gründungsmythos der DDR" von *Münkler*, in: Agethen u.a., Antifaschismus, 2002, S. 79.
557 *Otto*, in: Meier u.a., DDR-Geschichte, 1993, S. 5 (9, 13); *Haase/Pampel*, in: dies., Waldheim, 2001, S. VII.
558 *Haase/Pampel*, in: dies., Waldheim, 2001, S. VII.

VIII. Von der Nachkriegszeit bis zur Wiedervereinigung

satzungspolitik oder aufgrund haltloser Denunziationen gefangengenommen worden" waren.[559] Innerhalb kurzer Zeit ergingen mehr als 3.000 Urteile, darunter 31 Todesurteile.[560] Ein Großteil der Prozesse verstieß gegen elementare Rechtsprinzipien, erfolgte nämlich unter anderem unter Ausschluss der Öffentlichkeit und durch Richter, die nach Direktiven der DDR-Führung agierten.[561] In der jüngeren Forschung zu den Waldheimer Prozessen gibt es unterschiedliche Sichtweisen zu der Frage, ob sie einen Exzess innerhalb der DDR-Justiz bildeten oder in gewisser Weise modellhaft für andere Gerichtsverfahren in Ostdeutschland waren.[562]

3. Strafgesetzgebung in der Bundesrepublik

Mit der Gründung der Bundesrepublik Deutschland im Jahr 1949 trat das **Grundgesetz** in Kraft,[563] die westdeutsche Verfassung, die im Rang über einfachen Gesetzen wie dem Reichsstrafgesetzbuch stand. Dieses galt auch nach der Entstehung der Bundesrepublik weiter, hieß aber spätestens seit seiner Neubekanntmachung im Jahr 1953 offiziell **Strafgesetzbuch**.[564] In diesem Gesetz wurden auch solche Schutzprinzipien normiert, deren StGB-Vorläufer im NS-Staat ausgehöhlt worden waren. Dies betraf vor allem das strafrechtliche Gesetzlichkeitsprinzip,[565] das seit 1949 auch im Grundgesetz festgelegt war[566] (→ Rn. 275). Strafrechtliche Bedeutung hatte die westdeutsche Verfassung auch insofern, als die Todesstrafe hierin für abgeschafft erklärt wurde[567] (→ Rn. 295).

163

Im Jahr 1953 trat die **Europäische Menschenrechtskonvention (EMRK)**[568] – ein völkerrechtlicher Vertrag[569] – für die Bundesrepublik Deutschland in Kraft.[570] Bis heute sieht die EMRK Schutzprinzipien vor, die unter anderem auch für den Strafprozess bedeutsam sind (z.B. das Recht auf ein faires Verfahren[571]). Die Vorgaben der EMRK

164

---

559 Ebd., S. VII.
560 *Otto*, in: Meier u.a., DDR-Geschichte, 1993, S. 5 (12, 17).
561 *Haase/Pampel*, in: dies., Waldheim, 2001, S. VII.
562 So schreibt *Otto*, in: Meier u.a., DDR-Geschichte, 1993, S. 5 (23): „Die ‚Waldheimer Prozesse' waren nicht typisch für die gesamte Rechtsprechung der DDR, sie widerspiegeln ihr dunkelstes und bitterstes Kapitel. Historisch waren sie ein politischer und juristischer Exzeß […]"; demgegenüber *Werkentin*, in: Haase u.a., Waldheim, 2001, S. 6 (23): „Was bleibt von der These übrig, daß die Waldheimer Inszenierungen des Jahres 1950 ein vereinzelter Exzeß, ein Ausnahmefall in den wilden Jahren der SED-Justiz gewesen wären? Gewiß: Ein Massenverfahren dieser Quantität und ‚Qualität' hat sich in der Geschichte der DDR nicht wiederholt. Doch finden sich in dieser Inszenierung – gleichsam wie unter Laborbedingungen – alle Elemente und Instrumente der Steuerung und des Eingriffes in Strafverfahren wieder, die auch in der Folgezeit in je unterschiedlichen ‚Kompositionen' den Verlauf von Strafprozessen bestimmten, soweit die SED-Führung am konkreten Verfahren direktes Interesse hatte" (im Original mit Absatzwechsel hinter der Frage); vgl. zum Ganzen auch die Darstellungen bei *Weinke*, in: Haase u.a., Waldheim, 2001, S. 27 (32 f.); *M. Vormbaum*, DDR, 2015, S. 661.
563 BGBl. I, S. 1.
564 BGBl. I, S. 1083; offizielle Erwähnung findet der Name „Strafgesetzbuch[…]" für das Deutsche Reich" letztmalig im Kontrollratsgesetz Nr. 11 v. 30. Januar 1946 (Amtsblatt des Kontrollrats in Deutschland, S. 55).
565 § 2 Abs. 1 StGB in der seit 1953 geltenden Fassung (BGBl. I, S. 735 [737]).
566 Art. 103 Abs. 2 GG,.
567 Art. 102 GG.
568 Offiziell (in deutscher Sprache): Konvention zum Schutze der Menschenrechte und Grundfreiheiten (BGBl. 1952 II, S. 685).
569 *Valerius*, in: BeckOK-StPO, 2024, Art. 1 EMRK Rn. 1.
570 Bekanntmachung v. 15. Dezember 1953 über das Inkrafttreten der EMRK m.W.v. 3. September 1953 (BGBl. 1954 II, S. 14).
571 Art 6 EMRK.

sind von deutschen Gerichten und Strafverfolgungsbehörden als geltendes Recht zu berücksichtigen.[572]

165 Ebenfalls im Jahr 1953 erfuhr das **Jugendstrafrecht** (→ Rn. 124) eine signifikante Änderung: Von nun an konnten die spezifisch jugendstrafrechtlichen Regelungen unter bestimmten Voraussetzungen[573] auch auf Heranwachsende Anwendung finden.[574] Dies meint solche Personen, die im Tatzeitpunkt mindestens 18, aber noch nicht 21 Jahre alt sind.[575]

166 In den 1950er-Jahren wurde in der Bundesrepublik Deutschland auch die in der Weimarer Republik (→ Rn. 124) zum Erliegen gekommene Idee einer umfassenden **Strafrechtsreform** wieder aufgenommen.[576] Die Reformarbeiten erstreckten sich über viele Jahre (vgl. zum sog. Entwurf 1962 und zum sog. Alternativ-Entwurf → Rn. 238 ff.) und mündeten schließlich in verschiedene Gesetze, die in der Zeit ab 1969 verabschiedet wurden.[577] Dies betraf etwa das **Demonstrationsstrafrecht**, das 1970 in Teilen entkriminalisiert wurde.[578] Das **Sexualstrafrecht** wurde 1973 mit einer grundlegend neuen Schutzrichtung versehen: Maßgeblich sollte künftig nicht mehr sein, ob das betreffende Verhalten unmoralisch ist,[579] sondern nur noch, ob es sich um „Straftaten gegen die sexuelle Selbstbestimmung"[580] handelt.

167 Wie *Vormbaum* zutreffend hervorhebt, schlug das „liberale kriminalpolitische Klima der 60er- und der frühen 70er-Jahre […] in der Mitte der 70er-Jahre um".[581] Als einer der wesentlichen Gründe für diese Veränderung sind die Terrorakte der **RAF (Rote Armee Fraktion)** zu nennen, auf die der westdeutsche Staat unter anderem mit deutlichen Verschärfungen des Strafrechts,[582] aber auch mit der Einführung verschiedener strafprozessualer Maßnahmen antwortete. In zuletzt genannter Hinsicht ist etwa die sog. **Kontaktsperre**[583] zu nennen, also die Befugnis, unter bestimmten Bedingungen „jedwede Verbindung von Gefangenen untereinander und mit der Außenwelt einschließlich des schriftlichen und mündlichen Verkehrs mit dem Verteidiger zu unterbrechen".[584] Zudem wurde in das Strafgesetzbuch ein Tatbestand der Bildung und Unterstützung einer terroristischen Vereinigung[585] eingeführt[586] (→ Rn. 175), der Mitte der 1980er-

---

572 Vgl. hierzu und zum Rang der EMRK innerhalb der Bundesrepublik Deutschland: *Kuhli*, in: Hilgendorf u.a., Hdb StrR VII, 2020, § 7 Rn. 16 f.
573 Vgl. etwa § 105 JGG i.d.F.v. 4. August 1953 (BGBl. I, S. 751 [766]); die heute geltende Vorschrift gem. § 105 JGG enthält mit Abweichungen eine entsprechende Regelung hierzu.
574 Vgl. hierzu auch *Beulke/Swoboda*, Jugendstrafrecht, 2020, Rn. 106; *Jescheck/Weigend*, Strafrecht AT, 1996, S. 101; *Roxin/Greco*, Strafrecht AT I, 2020, § 4 Rn. 15.
575 § 1 Abs. 1, 2 JGG in der (heute gleichlautenden) Fassung v. 4. August 1953 (BGBl. I, S. 751).
576 *Roxin/Greco*, Strafrecht AT I, 2020, § 4 Rn. 16.
577 Überblick bei *T. Vormbaum*, Strafrechtsgeschichte, 2019, S. 235 ff.
578 3. StrRG v. 20. Mai 1970 (BGBl. I, S. 505).
579 Vgl. *Eisele*, in: Schönke/Schröder, StGB, 2019, Vorbem. §§ 174 ff. Rn. 1 m.w.N.
580 So die in Art. 1 Nr. 16 des 4. StrRG v. 23. November 1973 (BGBl. I, S. 1725 [1726]) enthaltene und auch heute geltende Überschrift des entsprechenden Abschnitts im StGB (§§ 174 ff. StGB).
581 *T. Vormbaum*, Strafrechtsgeschichte, 2019, S. 247.
582 Vgl. ebd., S. 247.
583 Vgl. hierzu BVerfG NJW 1978, S. 2235.
584 § 31 EGGVG i.d.F. des Gesetzes zur Änderung des Einführungsgesetzes zum Gerichtsverfassungsgesetz v. 30. September 1977 (BGBl. I, S. 1877); vgl. hierzu *Mayer*, in: KK-StPO, 2023, § 31 EGGVG, Rn. 2 ff.
585 § 129a StGB.
586 Gesetz zur Änderung des Strafgesetzbuches, der Strafprozessordnung, des Gerichtsverfassungsgesetzes, der Bundesrechtsanwaltsordnung und des Strafvollzugsgesetzes v. 18. August 1976 (BGBl. I, S. 2181); vgl. hierzu *Kubiciel* ZRP 2017, S. 57; *Blasius*, Geschichte der politischen Kriminalität, 1983, S. 23.

Jahre nochmals verschärft wurde.[587] Demgegenüber gerieten Einzeltäter, die unabhängig von Organisationen agieren, im Wesentlichen erst nach dem 11. September 2001 in den Fokus des Strafgesetzgebers.[588]

4. Strafrecht in der DDR

Auch in der DDR galt das **Reichsstrafgesetzbuch** zunächst weiter.[589] Hinzu trat im Jahr 1952 das **Volkseigentumsschutzgesetz**,[590] das die wirtschaftliche Grundlage des Aufbaus des Sozialismus sichern sollte[591] und das nicht unerhebliche Strafen für „Diebstahl, Unterschlagung oder ein sonstiges Beiseiteschaffen von staatlichem oder genossenschaftlichem Eigentum" vorsah.[592]

168

Im Bereich des **Jugendstrafrechts** wurde in der DDR 1952 ein neues Jugendgerichtsgesetz[593] eingeführt.[594] Während das westdeutsche Jugendgerichtsgesetz von 1953 die partielle Einbeziehung von Heranwachsenden ins Jugendstrafrecht vorsah[595] (→ Rn. 165), fanden Aspekte wie Unerfahrenheit von über 18 Jahre alten Tätern in Ostdeutschland im Rahmen der allgemeinen Strafzumessung Berücksichtigung.[596]

169

An die Stelle des Reichsstrafgesetzbuchs und des Jugendgerichtsgesetzes[597] trat im Jahr 1968 ein **Strafgesetzbuch der Deutschen Demokratischen Republik**,[598] in dessen Präambel unter anderem auf den Schutz gegen Feinde abgestellt wurde.[599] Die **Todesstrafe** wurde in der DDR erst 1987 abgeschafft.[600]

170

Was den Bereich der **Strafverfolgung** anbelangt, wurde diese in der DDR nicht nur durch – teilweise zentral angeleitete[601] – Polizeibedienstete, Staatsanwälte und Richter betrieben, sondern auch durch Mitarbeiter des Ministeriums für Staatssicherheit.[602] Und schließlich ist hier auch noch auf Verhaltensweisen und Aktivitäten hinzuweisen, die im Auftrag bzw. mit Billigung des **Regimes** stattfanden und die ihrerseits möglicherweise strafbar sind: Die Rede ist etwa von Wahlfälschungen, Sportdoping, Denunziationen und Schusswaffeneinsätzen an der innerdeutschen Grenze[603] (→ Rn. 277 ff.).

171

---

587 Gesetz zur Bekämpfung des Terrorismus v. 19. Dezember 1986 (BGBl. I, S. 2566); vgl. hierzu *Schäfer/Anstötz*, in: MüKo-StGB, 2021, § 129a, Rn. 8; *Bützler*, Staatsschutz, 2017, S. 69 f.
588 Zu nennen ist etwa der Straftatbestand der Vorbereitung einer schweren staatsgefährdenden Gewalttat (§ 89a StGB), der eingeführt wurde durch das Gesetz zur Verfolgung der Vorbereitung von schweren staatsgefährdenden Gewalttaten v. 30. Juli 2009 (BGBl. I, S. 2437).
589 Hierzu *Wirth/Kroll*, Morduntersuchung in der DDR, 2014, S. 17; *M. Vormbaum*, DDR, 2015, S. 49.
590 Offiziell: Gesetz zum Schutze des Volkseigentums und anderen gesellschaftlichen Eigentums (GBl. DDR 1952, S. 982).
591 Präambel des Volkseigentumsgesetzes (GBl. DDR 1952, S. 982; vgl. hierzu *M. Vormbaum*, DDR, 2015, S. 138.
592 § 1 Volkseigentumsgesetz (GBl. DDR 1952, S. 982); vgl. hierzu *M. Vormbaum*, DDR, 2015, S. 139.
593 GBl. DDR 1952, S. 411; abgedruckt in: *Plath*, JGG von 1952, 2005, S. 211 ff. (Anlage).
594 Vgl. *Plath*, JGG von 1952, 2005, S. 1.
595 Vgl. *Beulke/Swoboda*, Jugendstrafrecht, 2020, Rn. 106.
596 *Plath*, JGG von 1952, 2005, S. 15.
597 Vgl. hierzu ebd., S. 170 f.
598 GBl. der DDR 1968 I Nr. 1; vgl. hierzu *M. Vormbaum*, in: Hilgendorf u.a., Hdb StrR I, 2019, § 10 Rn. 3.
599 GBl. der DDR 1968 I Nr. 1, S. 1 (8); vgl. in diesem Kontext auch *Marxen*, in: FS 200 Jahre Jur. Fak. HU Berlin, 2010, S. 1201 (1203).
600 Vgl. *Koch*, in: Steinberg, Sozialistische Straftheorie, 2018, S. 185, der allerdings zutreffend auch darauf hinweist, dass „die DDR als erstes und einziges Land des Warschauer Paktes die Todesstrafe ab[schaffte]".
601 Vgl. zum Ausmaß und zu den Details der Justizsteuerung: *M. Vormbaum*, in: Hilgendorf u.a., Hdb StrR I, 2019, § 10 Rn. 67 ff.
602 *M. Vormbaum*, in: Hilgendorf u.a., Hdb StrR I, 2019, § 10 Rn. 73 ff.
603 Überblick bei *Marxen/Werle* u.a., DDR-Unrecht, 2020, S. 8 ff.

B. Überblick

▶ → **Kontrollfragen** 32, 43, 44 und 49. ◀

IX. Deutschland seit der Wiedervereinigung

172 Die **Wiedervereinigung**[604] der beiden deutschen Staaten im Jahr 1990 bedingte zahlreiche rechtliche Herausforderungen und Fragestellungen. So stand etwa die bundesdeutsche Strafjustiz vor der Aufgabe, über die oben (→ Rn. 171) angesprochenen **Taten** zu urteilen, die vor der Wiedervereinigung im Auftrag bzw. mit Billigung des **DDR-Regimes** begangen wurden.[605] Soweit derartige Handlungen innerhalb der DDR nicht geahndet worden waren, hätte eine nach der Wiedervereinigung erfolgte Bestrafung faktisch rückwirkenden Charakter gehabt – ein rechtliches Problem, das sich in der deutschen Geschichte in ähnlicher Weise bereits beim Umgang mit der NS-Vergangenheit stellte (→ Rn. 147) und auf das wir an späterer Stelle (→ Rn. 277 ff.) noch zurückkommen werden.

173 **Auf globaler Ebene** hatte der Fall des sog. Eisernen Vorhangs[606] im Jahr 1989 Auswirkungen auf die Entwicklung des **Völkerstrafrechts** – also solcher Sanktionsregelungen, deren Grundlage im internationalen Recht liegt[607] (→ Rn. 153). In diesem Bereich waren die zwischenstaatlichen Bemühungen während der Zeit des Kalten Kriegs im Wesentlichen zum Erliegen gekommen.[608] Nach dessen Ende[609] wurde eine gemeinsame völkerstrafrechtliche Politik der ehemaligen Westmächte und Ostmächte möglich. Bereits in den Jahren 1993 und 1994 führte dies dazu, dass der UN-Sicherheitsrat die Einrichtung von zwei internationalen Ad-hoc-Strafgerichtshöfen (also Tribunalen mit zeitlich und räumlich begrenztem Auftrag[610]) beschloss, nämlich die Internationalen Strafgerichtshöfe für des ehemalige **Jugoslawien** und für **Ruanda**.[611] Einige Jahre später wurde sogar mit dem **Internationalen Strafgerichtshof** ein dauerhafter Spruchkörper zur Verfolgung völkerrechtlicher Verbrechen geschaffen.[612] Er ist seit dem Jahr 2003 tätig und hat seinen Sitz im niederländischen Den Haag. Der Gerichtshof wird grundsätzlich nur dann aktiv, wenn die entsprechenden Delikte nicht von einzelnen Staaten verfolgt werden.[613] Vor diesem Hintergrund wurde im Jahr 2002 mit dem **Völkerstrafgesetzbuch**[614] in Deutschland ein Gesetz eingeführt, durch das völkerstrafrechtliche Delikte (wie z.B. Kriegsverbrechen) innerstaatlich vor deutschen Gerichten

---

604 In Form des Beitritts der DDR (*K. Weber*, Wiedervereinigung, in: ders., Creifelds, 2020).
605 S. zur Frage des jeweils anwendbaren Strafrechts: *Marxen/Werle* u.a., DDR-Unrecht, 2020, S. 3 ff.
606 Dies ist ein bildlicher Begriff für die ehemals in Europa verlaufende Grenze zwischen den damaligen Westmächten und dem damaligen Ostblock in der Zeit das Kalten Kriegs (→ Kap. B Fn. 479). Beispielsweise war die Berliner Mauer Teil des Eisernen Vorhangs.
607 *Ambos*, Int. Strafrecht, 2018, § 5 Rn. 1.
608 → Kap. B Fn. 532.
609 Vgl. *Werle/Jeßberger* JZ 2002, S. 725 (726).
610 Vgl. hierzu *Roggemann*, Strafgerichtshöfe, 1998, S. 212.
611 Resolution Nr. 827 des UN-Sicherheitsrats v. 25. Mai 1993 über die Einrichtung des Internationalen Strafgerichtshofs für das ehemalige Jugoslawien (abrufbar unter https://www.un.org/Depts/german/sr/sr_93/sr827.html – abgerufen am 1. Dezember 2020) und Resolution Nr. 955 des UN-Sicherheitsrats v. 8. November 1994 über die Einrichtung des Internationalen Strafgerichtshofs für Ruanda (abrufbar unter https://www.un.org/Depts/german/sr/sr_94/sr955.pdf – abgerufen am 1. Dezember 2020); vgl. *Safferling* JA 2000, S. 164; *Schabas*, ICC, 2024, S. 11 ff.
612 Vgl. *A. Zimmermann* GYIL 45 (2002), S. 35 f.
613 Vgl. zu diesem sog. Grundsatz der Komplementarität *Werle/Jeßberger*, Völkerstrafrecht, 2020, Rn. 312 ff.
614 BGBl. I, S. 2254.

IX. Deutschland seit der Wiedervereinigung

geahndet werden können.⁶¹⁵ Weltweit bleiben bis heute aber einige prominente Staaten dem Statut des Internationalen Strafgerichtshofs fern.⁶¹⁶

Die in den USA verübten Terroranschläge vom 11. September 2001 bildeten in vielerlei Hinsicht eine Zäsur, so auch im Strafrecht. In Deutschland wurden in der Folgezeit zur **Terrorismusabwehr** Straftatbestände eingeführt bzw. erweitert⁶¹⁷ – eine Entwicklung, die mitunter auch in Umsetzung europäischer und internationaler Rechtsvorgaben erfolgte.⁶¹⁸ Darüber hinaus entflammte in der deutschen Strafrechtswissenschaft eine Debatte um ein sog. **Feindstrafrecht**, welches Sonderregeln für bestimmte „Feinde" impliziere bzw. implizieren solle. Jedoch wird die Zulässigkeit eines solchen Sonderrechts in einem Rechtsstaat heute überwiegend bestritten.

174

▶ **Jakobs' These vom Feindstrafrecht:**⁶¹⁹ Im Jahr 1985 präsentierte der Rechtswissenschaftler Günther Jakobs auf einer Konferenz die These, dass sich in der Strafrechtswirklichkeit Erscheinungsformen zeigen, die man als Elemente eines **Feindstrafrechts** einem **Bürgerstrafrecht** gegenüberstellen müsse⁶²⁰ und in denen ein spezifisches Täterbild zum Ausdruck komme.⁶²¹ Beispiele jener feindstrafrechtlichen Entwicklung, bei welcher ein Täter ausschließlich als eine frühzeitig zu bekämpfende Gefahrenquelle angesehen werde, seien etwa „alle Kriminalisierungen materieller Vorbereitungen, soweit das Vorbereitungsverhalten im Privatbereich vollzogen wird".⁶²² Während beim Bürger mit strafrechtlichen Mitteln erst dann reagiert werde, wenn dieser seine Tat externalisiert habe, werde der Feind schon zu einem früheren Zeitpunkt bekämpft.⁶²³ Unter dem Begriff des Feindes bezeichnet Jakobs

> „ein Individuum, das sich in einem nicht nur beiläufigen Maß [...] vermutlich dauerhaft vom Recht abgewandt hat und insoweit die kognitive Mindestsicherheit personellen Verhaltens nicht garantiert und dieses Defizit durch sein Verhalten demonstriert".⁶²⁴

Hierunter fasst er etwa gewohnheitsmäßige Sexualverbrecher, Terroristen, Beteiligte der organisierten Kriminalität, aber auch Wirtschaftskriminelle.⁶²⁵

Was die **Legitimität** des eben skizzierten Feindstrafrechts anbelangt, waren Jakobs' frühe Ausführungen im Vergleich zu seinen späteren Darlegungen noch verhältnismäßig zurückhaltend: Feindstrafrecht sei „nur als ein ausnahmsweise geltendes Notstandsstrafrecht legitimierbar".⁶²⁶ Vom normativen Ausnahmecharakter des Feindstrafrechts sprach Jakobs zwar auch in späterer Zeit,⁶²⁷ allerdings machte er hierbei immer wieder deutlich, dass er diesen Ausnahmecharakter nicht zwingend temporär verstanden wissen will: Zum Instrument des Feindstrafrechts bestehe – so heißt es etwa in einem Beitrag von 1999/2000 – „keine heute

---

615 Vgl. hierzu auch *Kuhli*, VStGB, 2010, S. 37 ff.
616 Vgl. im Detail hierzu *Werle/Jeßberger*, Völkerstrafrecht, 2020, Rn. 74 ff.
617 Zu nennen ist an dieser Stelle etwa der 2009 (BGBl. I, S. 2437) eingeführte Straftatbestand der Vorbereitung einer schweren staatsgefährdenden Gewalttat (§ 89a StGB).
618 Vgl. etwa zu den internationalen Vorgaben im Kontext von § 89a StGB: *Schäfer/Anstötz*, in: MüKo-StGB, 2021, § 89a Rn. 12.
619 Die Ausführungen in diesem Exkurs basieren auf *Kuhli* ZRph 2013, S. 97 (98 ff.).
620 *Jakobs* ZStW 97 (1985), S. 751 ff.
621 Vgl. *Greco* GA 2006, S. 96.
622 *Jakobs* ZStW 97 (1985), S. 751 (756 f.).
623 Vgl. auch *Jakobs* HRRS 2004, S. 88 (92).
624 *Jakobs*, in: Eser u.a., Dt. Strafrechtswissenschaft, 2000, S. 47 (52).
625 Ebd., S. 52.
626 *Jakobs* ZStW 97 (1985), S. 751 (784).
627 *Jakobs* ZStW 117 (2005), S. 839 (850).

ersichtliche Alternative".[628] Es handele sich – so eine Formulierung einige Jahre später – um zum „Überleben in einer schmutzigen Welt nun einmal notwendige [...] Ausnahmen".[629]

Das kritische Potenzial von Jakobs' Analyse richtete sich letztlich nicht gegen das Konzept des Feindstrafrechts an sich, sondern gegen dessen verdeckte Einwebung in das StGB. Jakobs' primäre **Forderung** zielte demnach auf eine spezifische Ausgestaltung des feindstrafrechtlichen Außenverhältnisses zum Bürgerstrafrecht: So bestehe die Notwendigkeit, den Bereich des Feindstrafrechts eindeutig vom Bereich des Bürgerstrafrechts zu unterscheiden.[630] Historisches Vorbild einer solchen klar erkennbaren Sonderstrafgesetzgebung ist für Jakobs etwa die 1977 eingeführte gesetzliche Regelung der Kontaktsperre (→ Rn. 167), die außerhalb der allgemeinen Strafprozessordnung (StPO) normiert wurde.[631]

Jakobs' Darlegungen lösten national und international **heftige Kritik** aus. Waren die Reaktionen auf seinen Vortrag aus dem Jahre 1985 noch eher verhalten,[632] so änderte sich dies, als er in seinen neueren Beiträgen deutlich machte, dass der von ihm postulierte Ausnahmecharakter des Feindstrafrechts einer weitläufigen Normierung dieses Konzepts nicht entgegenstehe.[633] So wird von Kritikern betont, dass ein Feindstrafrecht gegen die Menschenwürdegarantie verstößt.[634] Auf empirischer Ebene wird Jakobs' Behauptung, es gebe Individuen, die sich dauerhaft vom Recht abwenden,[635] in Zweifel gezogen.[636] Und was schließlich die semantische Ebene anbelangt, wird ein besonderes Augenmerk auf den Terminus „Feindstrafrecht" gelegt, der mitunter als „anstößig [...]"[637] kritisiert wird. ◄

175 Die jüngere Entwicklung der deutschen Strafgesetzgebung ist geprägt durch eine sog. **Vorfeldkriminalisierung.** Hiermit ist die gesetzliche Einführung solcher Straftatbestände gemeint, die Verhaltensweisen erfassen, welche per se noch nicht zu einer Gewalttat, Eigentumsverletzung etc. führen, aber als gefährlich eingestuft werden und deshalb aus Sicht des Gesetzgebers unterbunden und sanktioniert werden sollen. Ein älteres Beispiel bildet der Straftatbestand[638] der Bildung und Unterstützung einer **terroristischen Vereinigung,**[639] der in den 1970er-Jahren in Reaktion auf die Gewalttaten der RAF eingeführt wurde (→ Rn. 167). Nach dieser Vorschrift macht sich zum Beispiel strafbar, wer sich als Mitglied an einer Vereinigung beteiligt, deren Zwecke auf die Begehung bestimmter schwerer Gewalttaten gerichtet ist.[640] Bis heute greift der Strafgesetzgeber in den unterschiedlichsten Lebensbereichen auf dieses Mittel der Vorfeldkriminalisierung zurück. Ein jüngeres Beispiel hierfür bildet ein 2017 eingeführter

---

628 *Jakobs,* in: Eser u.a., Dt. Strafrechtswissenschaft, 2000, S. 47 (53).
629 *Jakobs* ZStW 117 (2005), S. 839 (851).
630 *Jakobs* ZStW 97 (1985), S. 751 (783 f.); *Jakobs* ZStW 117 (2005), S. 839 (850).
631 Nämlich in §§ 31 ff. EGGVG; vgl. hierzu *Jakobs* ZStW 97 (1985), S. 751 (783 f.), der allerdings offenlässt, ob das EGGVG das adäquate Gesetz zur Regelung der Kontaktsperre ist.
632 S. zu den Vortragsreaktionen: *Gropp* ZStW 97 (1985), S. 919 (920 ff.).
633 Vgl. zu dieser Entwicklung: *Greco* GA 2006, S. 96 (96 – 99 m.w.N.).
634 *Roxin/Greco,* Strafrecht AT I, 2020, § 2 Rn. 129.
635 *Jakobs,* in: Eser u.a., Dt. Strafrechtswissenschaft, 2000, S. 47 (52).
636 *Schünemann,* in: T. Vormbaum, Kritik, 2010, S. 11 (18 f.).
637 *Kindhäuser,* in: T. Vormbaum, Kritik, 2010, S. 63 (83).
638 § 129a StGB.
639 Gesetz zur Änderung des Strafgesetzbuches, der Strafprozessordnung, des Gerichtsverfassungsgesetzes, der Bundesrechtsanwaltsordnung und des Strafvollzugsgesetzes v. 18. August 1976 (BGBl. I, S. 2181); vgl. hierzu *Kubiciel* ZRP 2017, S. 57; *Blasius,* Geschichte der politischen Kriminalität, 1983, S. 23.
640 § 129a Abs. 1 StGB.

IX. Deutschland seit der Wiedervereinigung
B.

Straftatbestand,[641] durch welchen die Teilnahme an einem **illegalen Autorennen** unter Strafe gestellt wird.[642]

In jüngerer Zeit hatte sich das in Karlsruhe angesiedelte **Bundesverfassungsgericht** unter anderem mit zwei Straftatbeständen zu befassen, deren Verfassungsmäßigkeit in Frage stand. So musste das Gericht im Jahr 2008 über eine Verfassungsbeschwerde entscheiden, der die Bestrafung wegen **Geschwisterinzests**[643] zugrunde lag.[644] Die Mehrheit der mit der Entscheidung befassten Karlsruher Richter[645] bejahte die Verfassungsmäßigkeit des Straftatbestandes, für den eine legitime Schutzrichtung gesehen wurde (→ Rn. 210). Anders verhielt es sich mit dem Straftatbestand der **geschäftsmäßigen Suizidhilfe**,[646] der erst 2015 eingeführt wurde[647] und nur fünf Jahre später durch das Bundesverfassungsgericht für verfassungswidrig und nichtig erklärt wurde.[648] 176

Aktuelle Fragestellungen, die die Gesellschaft bewegen, spiegeln sich auch im Strafrecht wider. So zeigt sich die strafrechtliche Dimension der **Migration** unter anderem in der Frage einer Kriminalisierung ziviler Seenotrettung.[649] Auch die Herausforderungen des **Klimaschutzes** entfalten Auswirkungen auf den Bereich des Strafrechts: Hier wird die Einführung neuer Umweltstrafvorschriften ebenso diskutiert[650] wie die Frage der strafrechtlichen Grenzen von Klimaschutzprotesten.[651] Auch die zunehmende **Digitalisierung** hat Auswirkungen auf das Strafrecht und die Strafrechtswissenschaft: Debattiert wird hier etwa über die Zulässigkeitsgrenzen internetbasierter Ermittlungsmethoden[652] oder die strafrechtliche Verantwortlichkeit beim Einsatz von Künstlicher Intelligenz.[653] 177

▶ → **Kontrollfrage** 50. ◀

---

641 BGBl. I, S. 3532.
642 § 315d StGB.
643 § 173 Abs. 2 S. 2 StGB.
644 BVerfG NJW 2008, S. 1137.
645 In einem Sondervotum (BVerfG NJW 2008, S. 1137 [Rn. 73 ff.]) legte der damalige Verfassungsrichter *Winfried Hassemer* (1940 – 2014) dar, warum er die Entscheidung nicht mittragen konnte; vgl. hierzu *Kuhli*, in: MR, 2020, § 173 StGB, Rn. 2 – 4.
646 § 217 StGB a.F.
647 Gesetz v. 3. Dezember 2015 (BGBl. I, S. 2177).
648 BVerfG NJW 2020, S. 905 (u.a. Rn. 201).
649 Hierzu *Epik/Schatz* KriPoZ 2024, S. 44.
650 S. etwa zur Diskussion über einen Straftatbestand „Ökozid": *Cornelius* AVR 2020, S. 1.
651 Zur Nötigung (§ 240 StGB): *T. Zimmermann/Griesar* JuS, 2023, S. 401; zur Unterstützung einer kriminellen Vereinigung (§ 129 StGB): *Kuhli/Papenfuß* KriPoZ 2023, S. 71.
652 Vgl. etwa *Schlegel*, Normative Grenzen, 2019.
653 Vgl. etwa *Hilgendorf* ZStW 130 (2018), S. 674; *Kuhli*, in: FS Merkel, 2020, S. 887.

C. Zentrale Fragestellungen, Ideen und Prinzipien

178 Im vorangegangenen Kapitel konnten wir bereits sehen, dass einzelne Fragestellungen, Ideen und Prinzipien im Verlauf der Strafrechtsgeschichte vom ausgehenden Mittelalter bis heute immer wieder aufgegriffen, zum Teil aber auch abgewandelt oder verworfen wurden. Diese Fragestellungen, Ideen und Prinzipien sollen im Folgenden noch einmal gesondert in den Blick genommen werden. Die **Gliederung** lässt sich dabei in **fünf Leitfragen** abbilden:
1. Was soll strafbar sein?
2. Warum soll jemand bestraft werden?
3. Welche Funktion und Bedeutung hat das Strafgesetz?
4. Welche Strafen soll es geben?
5. Wie soll man herausfinden, wer zu bestrafen ist?

179 Die eben angesprochene erste Frage betrifft die möglichen **Kriterien der Strafwürdigkeit**,[1] die zweite Frage den **Sinn und Zweck der Strafe**.[2] Die dritte Frage bezieht sich unter anderem auf das sog. **Gesetzlichkeitsprinzip**.[3] Mit der vierten Frage werden die **Sanktionsarten** angesprochen,[4] während die fünfte Frage das **Strafverfahren** zum Gegenstand hat.[5]

180 Es soll hier keinesfalls der Eindruck erweckt werden, als könnten die eben genannten Leitfragen völlig losgelöst voneinander beantwortet werden. Vielmehr hängen sie häufig zusammen und bedingen sich gegenseitig. In den folgenden Abschnitten kann daher auch häufig auf andere Textstellen in diesem Kapitel verwiesen werden. Die Darstellung in den folgenden Abschnitten ist jeweils zweigeteilt: Zunächst wird – gleichsam zeitunabhängig – in die betreffende Fragestellung eingeführt. Daran anschließend wird in den sich anschließenden Unterabschnitten die historische Entwicklung nachgezeichnet.

I. Kriterien der Strafwürdigkeit

1. Einführung

181 Sollen nur menschliche **Handlungen** strafbar sein oder können auch bloße **Absichten** mit Strafe bedroht sein? Welche Handlungen sollen strafbar sein? Dies sind nur zwei von vielen denkbaren Fragen, die man unter der Überschrift „Strafwürdigkeit" stellen kann. Stets geht es dabei um die Bestimmung des **Kriteriums**, anhand dessen solche Sachverhalte herausgefiltert werden können, die prinzipiell mit Strafe bedroht sein sollen.

182 Auf die Frage des maßgeblichen Kriteriums der Strafwürdigkeit gibt es verschiedene mögliche Antworten. Man kann etwa **formal** antworten, indem man festlegt, dass all dasjenige strafwürdig ist, was von einer bestimmten Instanz (etwa dem Gesetzgeber) für strafwürdig erklärt wurde. Eine solche Lösung hätte den Vorteil, dass die prinzipiell strafwürdigen Sachverhalte vom Rechtsanwender ohne großen Aufwand ermittelt

---
1 Abschnitt C.I.
2 Abschnitt C.II.
3 Abschnitt C.III.
4 Abschnitt C.IV.
5 Abschnitt C.V.

werden könnten: Es würde nämlich üblicherweise ein Blick in das Gesetz ausreichen.⁶ Allerdings würde man durch eine formale Sichtweise letztlich auch solchen Verhaltensweisen die Strafwürdigkeit zusprechen, die keinen Menschen schädigen, die aber von einem gedachten diktatorischen Gesetzgeber für strafbar erklärt wurden. Diesem Problem könnte man möglicherweise dadurch entgehen, dass man die Strafwürdigkeit eines Sachverhalts nicht von der Entscheidung eines beliebigen Gesetzgebers abhängig macht, sondern nur von einem solchen, der **demokratisch legitimiert** ist. Allerdings bliebe dann immer noch das Problem, dass der Gesetzgeber möglicherweise selbst auf ein Kriterium zurückgreifen möchte, anhand dessen er entscheiden kann, welche Verhaltensweise er für strafbar erklären soll.

Man könnte die Frage der Strafwürdigkeit deshalb auch nach **materiellen Kriterien** beurteilen. So ließe sich etwa darauf abstellen, dass ein Verhalten nur dann strafwürdig ist, wenn es gegen grundlegende Werte des menschlichen Zusammenlebens verstößt. Auch ein solcher Weg führt aber zu bestimmten Problemen: Noch nicht geklärt wäre nämlich, wer die Deutungshoheit über die Frage besitzt, welche Werte *grundlegend* sind. Letztlich bestünde also die Gefahr, dass ein unbestimmter Begriff (Strafwürdigkeit) durch einen anderen unbestimmten Begriff (grundlegender Wert) ausgetauscht wird. Sicherlich könnte eine solche Gefahr dann verringert werden, wenn die maßgeblichen Kriterien enger bestimmt werden. So ließe sich etwa festlegen, dass es um Werte der Gemeinschaft, um Werte des Einzelnen oder um beide Kategorien gehen soll. Allerdings wird sich im Folgenden zeigen, dass nicht zu allen Zeiten dieselben Werte für schutzwürdig erklärt wurden. 183

2. Frühe Neuzeit

a) Benedikt Carpzov

Benedikt Carpzov, der die gemeinrechtliche Strafrechtswissenschaft im 17. Jahrhundert prägte (→ Rn. 58), steht für ein **theokratisches** (nämlich auf Gott bezogenes) **Strafrechtsverständnis**,⁷ das nach *Kleinheyer* durchaus typisch für eine Zeit war, „die der Verwilderung im Gefolge des 30jährigen Krieges (→ Rn. 39) eine abschreckende Strafrechtspflege glaubte entgegensetzen zu müssen".⁸ Carpzov wurde im Kapitel B als frommer Lutheraner vorgestellt und ihm wird mitunter nachgesagt, dass er im Laufe seines Lebens die Bibel 53-mal gelesen haben soll.⁹ 184

Vor diesem Hintergrund mag sich auch erschließen, welche Delikte Carpzov für besonders strafwürdig erachtete und worin für ihn die maßgeblichen **Rechtsquellen** bestanden. In dieser Hinsicht bezog sich Carpzov gerade nicht nur auf geschriebene Rechtsquellen wie die Carolina (→ Rn. 48) und auf die Gerichtspraxis, sondern vor allem auch auf das göttliche Recht (lex divina), das er aus der Bibel ableitete.¹⁰ So untermauerte Carpzov seine Ausführungen in seinem Hauptwerk „Practica Nova" (→ Rn. 59) mit Bezugnahmen auf die Heilige Schrift.¹¹ Erwähnenswert ist auch, 185

---

6 Wir blenden dabei die zumindest denkbaren Fälle aus, in denen ein Gesetzgeber ungeschriebene Strafregelungen erlässt. In Deutschland erlässt der Gesetzgeber heute geschriebene Strafbestimmungen.
7 *Dorn-Haag*, Hexerei, 2016, S. 46; *Kleinheyer*, in: ders. u.a., Juristen, 2017, S. 92 (94 f.); *Jessen*, in: Sächs. Staatsmin. der Justiz, Leipzig, 1994, S. 30 (38); *Hilgendorf*, in: ders. u.a., Hdb StrR I, § 6 Rn. 11.
8 *Kleinheyer*, in: ders. u.a., Juristen, 2017, S. 92 (94).
9 Ebd., S. 94.
10 *Jessen*, in: Sächs. Staatsmin. der Justiz, Leipzig, 1994, S. 30 (38); vgl. *Ger. Schmidt* (1966), in: F.-C. Schroeder, Carolina, 1986, S. 185 (202).
11 *Carpzow*, Practica Nova (1635), in: T. Vormbaum, Strafrechtsdenker, 1998, S. 26 (31 [Rn. 17]).

C. Zentrale Fragestellungen, Ideen und Prinzipien

dass Carpzov den Delikten wider Gott ein erhebliches Bedrohungspotenzial beimaß.[12] Hinzu kommt, dass die Ordnung der einzelnen Delikte den Zehn Geboten folgte.[13] Gottesbezüge finden sich schließlich auch in Carpzovs Überlegungen zu den konkreten **Strafzwecken** (→ Rn. 219 f.) sowie zur **Todesstrafe** (→ Rn. 285).

b) Hugo Grotius

186 In einer Zeit, als Carpzovs Strafrechtsverständnis also noch deutliche religiöse Implikationen aufwies, begründete andernorts ein Naturrechtsdenker das Recht **ohne Gottesbezug**.[14] Gemeint ist der im niederländischen Delft geborene Hugo Grotius (1583 – 1645), der seine rechtlichen Lehren vor dem Hintergrund des niederländischen Unabhängigkeitskriegs (→ Rn. 42) und des Dreißigjährigen Kriegs (→ Rn. 39) entwickelte.[15] Grotius musste sogar einen Teil seines Lebens im französischen Exil verbringen,[16] wo er sein 1625[17] erschienenes Hauptwerk „De jure belli ac pacis libri tres" (Drei Bücher vom Recht des Kriegs und des Friedens) verfasste.[18] *Rüping* und *Jerouschek* leiten aus dem historischen Hintergrund der Glaubenskriege eine Notwendigkeit ab, die Zeitgenossen am Beginn des 17. Jahrhunderts deutlich geworden sein könnte und die wie folgt formuliert wird:

> „Soll sich eine Rechtsordnung durchsetzen, muss sie säkularisiert sein, verstanden als Befreiung von konfessionellen Positionen [...]."[19]

187 Grotius widmete sich dieser Notwendigkeit in der Vorrede seines Werkes „De jure belli ac pacis libri tres", und zwar mithilfe einer – äußerst vorsichtig formulierten – Hypothese:

> „Diese [...] der menschlichen Vernunft entsprechende Sorge für die Gemeinschaft ist die Quelle dessen, was man recht eigentlich mit dem Namen Recht bezeichnet. [...]
>
> [...] Diese hier dargelegten Bestimmungen würden auch Platz greifen, selbst wenn man annähme, was freilich ohne die größte Sünde nicht geschehen könnte, daß es keinen Gott gäbe oder daß er sich um die menschlichen Angelegenheiten nicht bekümmere. Sowohl die Vernunft wie die ununterbrochene Überlieferung haben uns das Gegenteil eingepflanzt."[20]

---

12 Vgl. *Dorn-Haag*, Hexerei, 2016, S. 46.
13 Vgl. *Steinberg*, in: Hilgendorf u.a., Hdb StR I, 2019, § 5 Rn. 36.
14 Vgl. in diesem Kontext *T. Vormbaum*, Strafrechtsgeschichte, 2019, S. 23; vgl. zum säkularisierten Naturrecht bei Grotius auch *Rüping* ZStW 109 (1997), S. 381.
15 *Braun*, Rechtsphilosophie, 2022, S. 273; vertiefend: *Stolleis*, Geschichte I, 2012, S. 271, der jenseits der Glaubenskriege noch zwei weitere Gründe für die Wirkmacht des naturrechtlichen Denkens zwischen dem 16. und 18. Jahrhundert sieht: „die grundlegenden Wandlungen des alten geozentrischen Weltbildes und die theoretische Revolution der Naturwissenschaften, mit denen die Neuzeit wirklich beginnt", sowie „der politische Aufstieg des Absolutismus und die Entstehung geschlossener Nationalstaaten auf Kosten der feudalen und ständischen Kräfte sowie der Städte".
16 *Kroeschell*, Dt. Rechtsgeschichte III, 2008, S. 54.
17 Nach ebd., S. 54: Jahr 1623.
18 Vgl. *Moosheimer*, in: Kleinheyer u.a., Juristen, 2017, S. 187 (190).
19 *Rüping/Jerouschek*, Grundriss, 2011, Rn. 151; vgl. in diesem Kontext auch *Stolleis*, Geschichte I, 2012, S. 269 f.
20 *Grotius*, De jure belli ac pacis, 1950, Vorrede, S. 33.

I. Kriterien der Strafwürdigkeit

Auch wenn sich an anderer Stelle bei Grotius Bezugnahmen auf den Willen Gottes finden,[21] bejahte er also zumindest die prinzipielle Möglichkeit einer säkularen Begründung des Rechts.[22] *Braun* zufolge markierte Grotius damit „den Übergang von der scholastischen Idee eines von Gott inspirierten zu einem säkularen, rein auf der Vernunft basierenden Naturrecht".[23]

c) Thomas Hobbes

Die Lebensumstände des englischen Philosophen Thomas Hobbes weisen gewisse Ähnlichkeiten mit denjenigen seines Zeitgenossen Grotius auf.

▶ **Thomas Hobbes** (1588 – 1679) studierte in Oxford scholastische Logik, Physik und Metaphysik. Anschließend wirkte er unter anderem als Tutor in einer der führenden Adelsfamilien Englands. Hobbes lebte in einer Zeit, die durch den lang andauernden Kampf zwischen der englischen Krone und dem Parlament geprägt war (→ Rn. 41) – eine Auseinandersetzung, die sich zeitweilig zum Bürgerkrieg entwickelte und durch die sich Hobbes veranlasst sah, einige Jahre seines Lebens im französischen Exil zu verbringen. Zu einem seiner Hauptwerke gehört das Buch „Leviathan", das 1651 in London erschien.[24] ◀

Vor dem Hintergrund seiner Bürgerkriegserfahrungen[25] begründete Hobbes eine Staatstheorie,[26] die die Wahrung von Sicherheit und Frieden im Inneren eines Staates in den Vordergrund rückt – ein Zustand, der vor allem dann gewährleistet werden kann, solange die Herrschaftsgewalt innerhalb des betreffenden Staates unangefochten ist.[27] Demgegenüber werden Fragen nach den Möglichkeiten der Zähmung und Domestizierung des Herrschers von Staatstheoretikern wie Jean Jacques Rousseau (→ Rn. 69) oder John Locke (1632 – 1704) diskutiert.[28] Für **Hobbes** jedenfalls stellten sich diese Fragen nicht – die konsequente Umsetzung seiner Staatstheorie ist der **Absolutismus**,[29] also die Idee, dass der Herrscher losgelöst von den von ihm erlassenen Gesetzen ist.

Dementsprechend obliegt es dem Herrscher im Hobbes'schen Sinne – dem sog. **Leviathan**[30] – im Inneren des Staates lediglich, durch Erlass und Sicherung allgemeingültigen Rechts für den Schutz des Lebens der Untertanen zu sorgen.[31] Zu diesem Zweck wird

---

21 So schreibt Grotius: „Hier zeigt sich uns also noch eine andere Quelle des Rechts außer jener natürlichen; sie entspringt aus dem freien Willen Gottes, dem sich zu unterwerfen uns die Vernunft unverbrüchlich gebietet. Aber selbst das […] Naturrecht, sowohl das gesellschaftliche wie das im weiteren Sinne so genannte, muß, obgleich es aus dem inneren Wesen des Menschen kommt, doch in Wahrheit Gott zugeschrieben werden, weil er gewollt hat, daß dieses menschliche Wesen besteht" (*Grotius*, De jure belli ac pacis, 1950, Vorrede, S. 33).
22 Vgl. *T. Vormbaum*, Strafrechtsgeschichte, 2019, S. 23; vgl. in diesem Kontext auch *Stolleis*, Geschichte I, 2012, S. 278.
23 *Braun*, Rechtsphilosophie, 2022, S. 278.
24 Zu Hobbes' Biografie: *Gawlick*, in: Hobbes, Vom Menschen, 1994, S. IX ff.; *Fetscher*, in: Hobbes, Leviathan, 1966, S. IX ff.; *Höffe*, Hobbes, 2010, S. 27 ff.; *Münkler*, Hobbes, 2014, S. 23 ff.
25 *Stolleis*, Geschichte I, 2012, S. 274.
26 Die folgende Darstellung zu Hobbes basiert auf *Kuhli* ZRph 2013, S. 97 (102 ff.); vgl. zur ambivalenten Beurteilung des Verhältnisses zwischen Hobbes und der Aufklärung: *Krauss*, in: Kleinheyer u. a., Juristen, 2017, S. 202.
27 Vgl. *Münkler*, Hobbes, 2014, S. 109.
28 *R. Brandt* DZPhil 56 (2008), S. 205; *Günther*, in: FS Simon, 2005, S. 255 (259 f.); vgl. *Rousseau*, Vom Gesellschaftsvertrag, 2011, S. 93 ff.; *Locke*, Zwei Abhandlungen, 1977, S. 278 ff.
29 *Münkler*, Hobbes, 2014, S. 128.
30 Hobbes spielte mit diesem Namen für den Herrscher auf das alttestamentliche Meeresungeheuer aus dem Buch Hiob an (*Hobbes*, Leviathan, 1966, 28. Kap., S. 244; vgl. *Günther*, in: FS Simon, 2005, S. 255 [259 f.]).
31 *Günther*, in: FS Simon, 2005, S. 255 (259 f.).

er durch einen Gesellschaftsvertrag mit absoluter Macht ausgestattet.[32] Der Souverän wird dabei nicht in eigener Person Partei des Gesellschaftsvertrags,[33] sondern durch diesen lediglich – gleichsam als treuhänderischer Dritter – begünstigt. Er steht letztlich über dem Recht, das er im Gesellschaftszustand setzt.[34] Unmittelbarer normativer Maßstab werden im Hobbes'schen Staat einzig die vom Herrscher erlassenen Gesetze, womit der höchst auslegungsbedürftige Begriff der Gerechtigkeit durch das Attribut des Gesetzesgehorsams ersetzt wird.[35] Dies gilt letztlich auch für die dem Herrscher zukommende **Strafgewalt**.[36]

3. Von der Aufklärung bis zur Gegenwart
a) Rechtsverletzungslehre und Rechtsgutslehre

192 Wir haben oben (→ Rn. 80) gesehen, dass die Grenze zwischen Strafrecht und Moral noch in einem Gesetz wie dem Preußischen Allgemeinen Landrecht von 1794 (→ Rn. 79) mitunter unklar geblieben ist. Eine zumindest prinzipiell eindeutige Unterscheidung zwischen beiden Normgebieten (Strafrecht und Moral) findet sich demgegenüber an der Wende vom 18. zum 19. Jahrhundert in den Werken von **Paul Johann Anselm von Feuerbach** (→ Rn. 91).[37] Dieser knüpfte zum Teil an Arbeiten von Immanuel Kant[38] und an die Lehren vom Gesellschaftsvertrag[39] an. Als Instrument zur Verwirklichung des allgemeinen Staatszwecks („die wechselseitige Freiheit aller Bürger, oder, mit andern Worten, der Zustand, in welchem jeder seine Rechte völlig ausüben kann, und vor Beleidigungen sicher ist"[40]) stellt Strafe nach Feuerbach „ein vom Staate, wegen einer begangenen Rechtsverletzung zugefügtes, durch ein Strafgesetz vorher angedrohtes sinnliches Uebel" dar.[41] Strafandrohungen (→ Rn. 258) sollen letztlich dazu dienen, die **Verletzung eines Rechts** zu verhindern.[42] Zum Fluchtpunkt dieser Sichtweise wird damit das einem anderen zustehende Recht, dessen Verletzung die Anwendung strafrechtlicher Instrumente rechtfertigen soll. Eingriffe eines Menschen in sein eigenes Recht sowie einvernehmlich begangene Handlungen, die keine Rechte Dritter schädigen, dürfen damit grundsätzlich nicht zum legitimen Gegenstand eines Strafgesetzes werden.[43] Als Rechte im eben genannten Sinn sind etwa das Lebensrecht, das Recht auf körperliche Unversehrtheit und das Eigentumsrecht denkbar.

---

32 *Münkler*, Hobbes, 2001, S. 56 f.; vgl. auch *Münkler*, Hobbes, 2014, S. 128.
33 *Dusch*, Staat und Strafe, 2011, S. 178.
34 *R. Brandt* DZPhil 56 (2008), S. 205 (216).
35 *Münkler*, Hobbes, 2001, S. 56 f.; vgl. hierzu auch *Aponte*, Krieg, 2004, S. 99 f.
36 *Hobbes* lehnt die Annahme ab, dass dem Souverän durch den Gesellschaftsvertrag ein Bestrafungsrecht übertragen worden sei, und geht stattdessen von der Idee eines originären Rechts des Herrschers aus (vgl. *Hüning*, in: ders., Schatten, 2005, S. 235 [265 f.]).
37 Die folgenden Ausführungen zur Rechtsverletzungslehre folgen *Kuhli*, RphZ 2015, S. 343.
38 Vgl. zur Reichweite dieses Bezugs und zu Divergenzen zwischen Kant und Feuerbach (jeweils mit Unterschieden): *Naucke*, Kant, 1962, S. 62 ff.; *Greco*, Lebendiges und Totes, S. 37, 74 ff.; vgl. zu Feuerbachs (weiteren) gedanklichen Vorgängern Voltaire, Montesquieu und Wilhelm von Humboldt: *Roth*, in: Koch u.a., BayStGB, 2014, S. 525 (537 f.); vgl. zudem *Hilgendorf*, in: Koch u.a., BayStGB, 2014, S. 149 (150 f.), der darlegt, „dass der Einfluss der politischen Aufklärungsphilosophie Frankreichs auf Feuerbach letztlich stärker war als der Einfluss Kants"; hierzu wiederum die Replik bei *T. Vormbaum*, Strafrechtsgeschichte, 2019, S. 39 (Fn. 60).
39 *Amelung*, Rechtsgüterschutz, 1972, S. 35.
40 *Feuerbach*, Revision I, 1799 (1966), S. 39.
41 Ebd., S. 56.
42 Vgl. *Feuerbach*, Lehrbuch, 1801, §§ 9, 11, 12, 13, 16, 18, 19, 21 (S. 12 ff.).
43 Vgl. zum Erfordernis des Rechts eines anderen die Darstellung bei *Jakobs*, in: Koch u.a., BayStGB, 2014, S. 209 (211).

I. Kriterien der Strafwürdigkeit

Die Rechtsverletzungslehre zeigte sich dem Grunde nach auch in dem von Feuerbach verfassten (→ Rn. 91) **Bayerischen Strafgesetzbuch (1813)**. So wurden die dortigen Deliktskategorien der **Verbrechen** und **Vergehen**[44] (→ Rn. 96) als „Rechtsverletzungen"[45] umschrieben. Diverse Handlungen, die keine unmittelbaren Rechtsverletzungen begründen, waren unter der Geltung dieses Gesetzes jedenfalls von der Klassifikation als Verbrechen oder Vergehen ausgenommen: 193

- So stellten etwa **homosexuelle Handlungen**, die zwischen Erwachsenen im gegenseitigen Einvernehmen vorgenommen werden, weder ein Vergehen noch ein Verbrechen nach dem Bayerischen StGB dar.[46]
- Entsprechendes gilt für den **einverständlichen unehelichen Beischlaf**, der für sich genommen nicht strafbar war.[47]

Jedoch zeigte sich bereits bei dem zuletzt genannten Beispiel das Problem, dass das Konzept der Rechtsverletzung bei Feuerbach **nicht immer eindeutig** zu bestimmen ist. Es ist nämlich stets eine Festlegung zu treffen, welche Personen sich für die Frage des Vorliegens einer Rechtsverletzung legitimerweise auf *ihr* Recht berufen dürfen. Während der uneheliche Beischlaf für sich genommen im Bayerischen StGB nicht strafbar war, galt dies nicht für den sog. **Ehebruch**, der in diesem Gesetz das Vergehen der „Verletzung der ehelichen Treue" bildete.[48] Feuerbach begründete den Rechtsverletzungscharakter eines solchen Verhaltens mit dem Umstand, dass diese Verhaltensweise das Recht des betrogenen Ehepartners „auf den ausschliesslichen naturgemässen Gebrauch der Geschlechtstheile" verletze, welches wiederum aus dem Ehevertrag herrühre.[49] Allerdings ist bei einem solchen Verständnis eine klare Unterscheidung zwischen Verletzung eines Rechts und bloßer Moralwidrigkeit letztlich kaum noch zu treffen. 194

Weitere **praktische Widersprüche** zu Feuerbachs Rechtsverletzungslehre offenbaren sich in dem Umstand, dass das Bayerische StGB den **Inzest** mit Strafe bedrohte[50] – dies gilt jedenfalls dann, wenn man der Auffassung zuneigt, dass derartige Verhaltensweisen kein legitimes Recht verletzen.[51] In der neueren Forschung wird jedoch darauf hingewiesen, dass die Regelung zum Geschwisterinzest gegen den Willen von Feuerbach in das Bayerische StGB aufgenommen worden sei.[52] 195

Eine zusätzliche praktische Einschränkung von Feuerbachs Rechtsverletzungslehre ergab sich daraus, dass das Bayerische StGB auch sog. **Polizeiübertretungen** vorsah, die sich mit einer gewissen Simplifizierung mit heutigen Ordnungswidrigkeiten (→ Rn. 96) 196

---

44 Art. 2 BayStGB (1813) unterschied drei verschiedene Arten strafbarer Handlungen, nämlich **Verbrechen**, **Vergehen** und **Polizeiübertretungen** (→ Rn. 196). Die Unterscheidung zwischen Verbrechen und Vergehen richtete sich zum einen nach der angedrohten Sanktion und zum anderen danach, ob Vorsatz gegeben war. So fielen unter die Kategorie der **Verbrechen** diejenigen „vorsätzlichen Rechtsverletzungen, welche […] mit Todesstrafe, Kettenstrafe, Zuchthaus[strafe]" etc. bedroht waren (Art. 2 Abs. 2 BayStGB von 1813). Demgegenüber fielen unter die Kategorie der **Vergehen** „alle unvorsätzlichen, wie auch alle diejenigen vorsätzlichen Rechtsverletzungen, welche wegen ihrer geringeren Strafbarkeit mit Gefängniß" etc. bedroht waren (Art. 2 Abs. 3 BayStGB von 1813).
45 Art. 2 Abs. 2 und 3 BayStGB (1813).
46 Vgl. hierzu: *Walter*, in: Koch u.a., BayStGB, 2014, S. 19 (31).
47 Vgl. hierzu: *Kubiciel*, in: Koch u.a., BayStGB, 2014, S. 393 (403).
48 Art. 401 BayStGB (1813); vgl. hierzu m.w.N.: *Kubiciel*, in: Koch u.a., BayStGB, 2014, S. 393 (405).
49 *Feuerbach*, Lehrbuch, 1801, § 413 (S. 329) (im Original mit Hervorhebung); vgl. hierzu: *Kubiciel*, in: Koch u.a., BayStGB, 2014, S. 393 (405); *Hörnle*, Grob anstößiges Verhalten, 2005, S. 70 f.
50 Art. 206 und 207 BayStGB (1813).
51 Vgl. zu § 173 StGB: *Kuhli*, in: MR, 2020, § 173 StGB Rn. 1–4.
52 *Kubiciel*, in: Koch u.a., BayStGB, 2014, S. 393 (405 f. m.w.N.).

vergleichen lassen. Unter Polizeiübertretungen fasste das Bayerische StGB unter anderem

> „Handlungen und Unterlassungen, welche zwar an und für sich selbst Rechte des Staats oder eines Unterthans nicht verletzen, jedoch wegen der Gefahr für rechtliche Ordnung und Sicherheit unter Strafe verboten oder geboten sind".[53]

197 Nach alledem zeigt sich, dass Feuerbachs Rechtsverletzungslehre **keine unüberwindliche Grenze** für die Legislative darstellt. Feuerbach selbst hatte sich dagegen ausgesprochen, aus seiner Lehre unmittelbare Konsequenzen für die Strafgesetzgebung abzuleiten. So schreibt er 1799 in seiner „Revision der Grundsätze und Grundbegriffe des positiven peinlichen Rechts":

> „Als Philosophen können wir wohl gegen ein solches categorisches Strafgesetz philosophiren [...]; aber als positive Rechtslehrer und als Pfleger der positiven Rechtswissenschaft dürfen wir uns nicht um eine Linie von den Verordnungen unsers Codex entfernen, müssen durch das Mittel der Interpretation zur Erkenntniß des gesetzgeberischen Willen vordringen, müssen, was wir hier finden, treulich in der Wissenschaft darstellen, und dürfen nie die Regel aus den Augen setzen: daß da, wo der Gesetzgeber spricht, alle Einwendungen der Philosophie ein Ende haben."[54]

198 Gleichwohl ist zuzugestehen, dass Feuerbach in der Theorie und in der Praxis zumindest den zentralen Grundsatz aufgestellt hat, dass eine Verhaltensweise nicht strafwürdig ist, wenn sie ausschließlich gegen Gebräuche, Sitten oder Moralvorstellungen verstößt, nicht aber gegen Rechte. Auch heute noch wird in der Strafrechtswissenschaft auf Feuerbachs Ideen zurückgegriffen.[55]

199 Entsprechendes gilt auch für die sog. **Rechtsgutslehren**, die seit dem 19. Jahrhundert bis heute in vielfältigen Ausprägungen in der Wissenschaft vertreten wurden und werden.[56] Mit einer deutlichen Vereinfachung lässt sich sagen, dass einzelne der verschiedenen Rechtsgutskonzeptionen im Grundsatz eine ähnliche Zielrichtung aufweisen wie Feuerbachs Rechtsverletzungslehre:[57] Nach den Rechtsgutslehren ist das Strafrecht nur dann legitim, wenn es ein taugliches Rechtsgut (z.B. das Leben) vor Verletzung oder Gefährdung schützt.[58] Hinsichtlich der Frage, welche Rechtsgüter tauglich (schutzwürdig) sind, besteht bis heute allerdings kein uneingeschränkter Konsens.[59]

b) Pflichtverletzungslehre und Gesinnungsstrafrecht

200 Im **Nationalsozialismus** erlangten Strafrechtslehren Bedeutung, die den Schutz der Gemeinschaft in den Mittelpunkt der Betrachtung stellten.[60] Der Schutz des Einzelnen vor der Strafmacht des Staates spielte in derartigen Überlegungen keine nennenswerte Rolle. Exemplarisch für eine solche Sichtweise steht etwa die im Nationalsozialismus vertretene **Pflichtverletzungslehre** von Friedrich Schaffstein.

---

53 Art. 2 Abs. 4 BayStGB (1813).
54 *Feuerbach*, Revision I, 1799 (1966), S. 249.
55 So etwa *Renzikowski*, in: MR, 2020, Einleitung Rn. 11.
56 Vgl. etwa *Roxin/Greco*, Strafrecht AT I, 2020, § 2 Rn. 1.
57 Vgl. aber auch zum grundsätzlichen Unterschied zwischen Rechtsverletzungslehre und Rechtsgutslehre: T. *Vormbaum*, Strafrechtsgeschichte, 2019, S. 180.
58 Vgl. *Neumann/Saliger*, in: NK-StGB, 2023, Vorbem. § 1 Rn. 109.
59 Vgl. *Roxin/Greco*, Strafrecht AT I, 2020, § 2 Rn. 2 ff.
60 Vgl. hierzu auch *Kuhli/Papenfuß* ZJJ 2024, S. 12.

I. Kriterien der Strafwürdigkeit

▶ **Friedrich Schaffstein** (1905 – 2001) wirkte unter anderem als Professor für Kriminalpolitik an der Christian-Albrechts-Universität zu Kiel.[61] Er gilt gemeinsam mit **Georg Dahm** (1904 – 1963) als Vertreter der sog. **Kieler Schule**,[62] die den Ansatz verfolgte, „die gesamte Kieler Universität [...] mit Hilfe einer Gruppe junger nationalsozialistischer Rechtswissenschaftler geschlossen in den Dienst der Ideologisierung und Politisierung der Wissenschaft zu stellen" (*Feldmüller-Bäuerle*).[63] ◀

In einem Beitrag von 1935 kritisierte Schaffstein den bis dato geläufigen Rechtsgutsbegriff (→ Rn. 199) als „aufklärerisch-individualistisch [...]".[64] Die Aufgabe der Strafrechtswissenschaft bestehe darin, „die atomistischen und individualistischen Trennungen der Aufklärung und die Denkweise des 19. Jahrhunderts durch eine Ausrichtung des Rechts am Gemeinschaftsgedanken zu überwinden".[65] Die Frage, ob ein bestimmtes Verhalten strafwürdig ist, wollte Schaffstein primär aus der Perspektive der Gemeinschaft bestimmen,[66] womit letztlich das deutsche Volk gemeint sein dürfte.

201

Eine Straftat erschien unter diesem Blickwinkel nicht als Verletzung eines subjektiven Rechts bzw. eines individuellen Rechtsguts (z.B. körperliche Unversehrtheit), sondern mitunter als Verstoß gegen einen Gemeinschaftswert, vor allem aber als Pflichtverletzung.[67] Die Pflichtverletzungslehre trug damit deutliche anti-individualistische Züge, indem sie das Verbrechen als gemeinschaftsschädliche Verletzung einer Pflicht betrachtete.[68]

202

▶ Nach einer solchen Sichtweise läge **zum Beispiel** der besondere Unrechtscharakter eines **Diebstahls** weniger in einem Angriff auf fremdes Eigentum als vielmehr in einem Verstoß gegen Pflichten, die die Gemeinschaft jedem Einzelnen auferlegt hat.

Exemplarisch für eine solche Sichtweise steht die 1935 von **Roland Freisler** (→ Rn. 333) geäußerte Forderung, im Strafgesetz „klipp und klar" auszusprechen,

> „daß die Strafwürdigkeit des Verhaltens sich danach richtet, ob die Willensrichtung des vor dem Richter Stehenden schuldhaft dem entgegengesetzt war [...], was die Volksgemeinschaft von einem ordentlichen Volksgenossen verlangt[...]. Damit wäre zunächst einmal klargestellt, daß die Grundlage für die Strafreaktion des Staates gegenüber dem Verhalten eines Volksgenossen nicht die Aufnahme eines Tatbestandes in ein Gesetzbuch sondern die verwerfliche Volkswidrigkeit des Verhaltens des betreffenden Volksgenossen ist."[69]

Freisler erwog deshalb die Einführung eines subsidiären (also gegenüber den anderen Straftatbeständen nachrangigen)[70] **Zentraltatbestandes**, „der im wesentlichen das eben Angegebene umfassen und sich in ihm erschöpfen könnte und müßte".[71] Freisler veröffentlichte

---

61 Siehe das dortige Gelehrtenverzeichnis unter https://cau.gelehrtenverzeichnis.de/person/41062c8f-9f64-f77f-ddf9-4e43bed678ff?lang=en – abgerufen am 4. Januar 2024.
62 *Rüping/Jerouschek*, Grundriss, 2011, Rn. 283.
63 *Feldmüller-Bäuerle*, Kieler Schule, 2010, S. 27 m.w.N.
64 *Schaffstein* (1935), zit. nach: T. Vormbaum, Dt. Strafrechtsdenker, 2011, S. 284.
65 *Schaffstein*, in: Dahm, Grundfragen, 1935, S. 108.
66 *Schaffstein* (1935), in: T. Vormbaum, Dt. Strafrechtsdenker, 2011, S. 284 (285, 290).
67 Ebd., S. 285, 290.
68 *Günther*, in: Inst. für Kriminalwissen., Vom unmöglichen Zustand, 1995, S. 445 (453).
69 *Freisler* DtStrafR 1935, S. 1 (29).
70 Demgegenüber interpretieren *Rüping/Jerouschek*, Grundriss, 2011, Rn. 284, Freislers Ausführungen als Vorschlag zur Aufgabe des Besonderen Teils des Strafrechts, also aller bis dato geltenden Straftatbestände zugunsten des Zentraltatbestandes.
71 *Freisler* DtStrafR 1935, S. 1 (30).

diesen Gesetzesvorschlag in einem Aufsatz mit dem als rhetorische Frage verkleideten polemischen Titel „Schutz des Volkes oder des Rechtsbrechers? Fesselung des Verbrechers oder des Richters?"[72]

Freislers Gesetzesvorschlag wurde zwar in dieser Form nicht umgesetzt,[73] allerdings brachte die sog. **Analogienovelle** (→ Rn. 267 f.) von 1935 prinzipiell eine erhebliche Flexibilität für die Strafrechtsanwendung. ◀

203 Auf der Linie mit den eben skizzierten Sichtweisen lag auch die Idee des **Gesinnungsstrafrechts**, der zufolge der entscheidende Strafgrund nicht in Erwägungen des Rechtsgüterschutzes, sondern in einer unterstellten kriminellen Gesinnung des Täters bestehen sollte.[74] So schreibt der Rechtsphilosoph und Strafrechtswissenschaftler **Erik Wolf** (1902 – 1977) im Jahr 1935, ein Täter bilde einen „Gesinnungstypus [...] im Sinne der gesunden Volksanschauung".[75] Strafe erweist sich hiernach weniger als Reaktion auf eine Tat, sondern vielmehr als Mittel zur Bekämpfung eines als gefährlich eingestuften Täters.[76] So heißt es bei Wolf:

> „Geschützt vor Verbrechen und Verbrechern wird in Zukunft allein die Volksgemeinschaft, und zwar stets als Ganzes, auch wo sie in ihren staatlichen Einrichtungen oder einzelnen Gliedern bedroht wird".[77]

204 Zur Aufgabe der Strafe wird damit in den Worten von Wolf die „Abwehr alles Volksschädlichen".[78]

▶ Im Einklang mit diesen Sichtweisen stehen diverse **Gesetzesänderungen**, die **in der NS-Zeit** im Strafrecht vorgenommen wurden. Beispielhaft seien die Folgenden hervorgehoben:
- Einführung des **Heimtückegesetzes** 1934 (→ Rn. 266).
- Änderung des **Mordtatbestandes** 1941 (→ Rn. 127).

Die NS-Idee der Bekämpfung eines als gefährlich eingestuften Täters zeigte sich darüber hinaus auch im Umgang des NS-Gesetzgebers mit Fällen eines **strafbaren Versuchs**. (Man denke zum Beispiel an einen versuchten Diebstahl, der deshalb erfolglos bleibt, weil das Opfer sich zur Wehr setzt.) Die **1872** in Kraft getretene ursprüngliche Fassung des Reichsstrafgesetzbuchs hatte für den strafbaren Versuch eine **zwingende Strafmilderung** im Vergleich zum entsprechenden vollendeten Diebstahl vorgesehen.[79] (Im eben genannten Beispiel hätte für den versuchten Diebstahl also zwingend ein niedrigerer Strafrahmen gegolten als für einen vollendeten Diebstahl.)

Demgegenüber wurde im **NS-Staat** die zusätzliche Möglichkeit eingeführt, dass das Gericht auf die eben genannte Strafmilderung verzichtet.[80] Die Strafreduktion war also nicht mehr obligatorisch, sondern nur noch **fakultativ**. Eine solche Gesetzesänderung stand im Geist

---

72 Ebd., S. 1.
73 Vgl. *Rüping/Jerouschek*, Grundriss, 2011, Rn. 284.
74 Vgl. *Liver*, in: FG Schultz, 1977, S. 108 (111).
75 *Wolf* ZStW 54 (1935), S. 544 (550) (im Original mit Hervorhebung).
76 Vgl. in diesem Kontext auch *T. Vormbaum*, Strafrechtsgeschichte, 2019, S. 181.
77 *Wolf* ZStW 54 (1935), S. 544 (545).
78 Ebd., S. 544.
79 § 44 Abs. 1 RStGB in der Urfassung.
80 § 44 Abs. 1 RStGB i.d.F. der Verordnung zur Durchführung der Verordnung zur Angleichung des Strafrechts des Altreichs und der Alpen- und Donau-Reichsgaue v. 29. Mai 1943 (RGBl. I, S. 341); vgl. darüber hinaus bereits § 4 der Verordnung gegen Gewaltverbrecher v. 5. Dezember 1939 (RGBl. I, S. 2378); vgl. hierzu auch *T. Vormbaum*, Strafrechtsgeschichte, 2019, S. 205.

I. Kriterien der Strafwürdigkeit

eines gesetzgeberischen Bemühens, mit der Strafe vor allem auf den gefährlichen Willen des Täters zu reagieren,[81] während der Schadenseintritt sekundär erscheint. Es wurde also (dogmatisch gesprochen!) primär der Willensschuld des Täters Rechnung getragen,[82] die beim Versuch und beim vollendeten Delikt gleich groß ist, wohingegen das unterschiedliche Erfolgsunrecht in der Strafzumessung für vernachlässigbar erklärt wurde. ◄

Schaffstein unterschied die im NS-Staat dominierende Lehre vom Gesinnungsstrafrecht deutlich von der bei Franz von Liszt (→ Rn. 117) zu findenden Täterorientierung der Strafrechtswissenschaft. So liest man bei Schaffstein:

> „Von den Grundanschauungen der Liszt-Schule unterscheidet sich ein solches Gesinnungsstrafrecht, das ebenfalls an den Täter und nicht an die Tat anknüpft, dadurch, daß jene von einem zugleich naturalistischen und individualistischen Täterbegriff, dem Einzelnen als willkürlich isolierten ‚natürlichen Individuum', ausging, während wir den Täter ‚personal', d. h. als ein Glied der Volksgemeinschaft und in seiner Beziehung zu dieser sehen".[83]

Deutlich wird der eben skizzierte Ansatz des Gesinnungsstrafrechts sogar noch in der **Nachkriegszeit**. So schreibt etwa **Hans-Jürgen Bruns** (1908 – 1994) in einem Aufsatz aus dem Jahr 1954:

> „Das Strafrecht bezweckt gar nicht in erster Linie den unmittelbaren Schutz bestimmter Rechtsgüter, sondern den Schutz jener sozialethischen Gesinnungswerte, die das Fundament für jedes staatliche Zusammenleben bilden."[84]

Damit steht Bruns letztlich auch in der Tradition der Lehre, die das Verbrechen nicht als Rechtsgutverletzung, sondern als Pflichtverletzung deutet.[85]

c) Verhältnismäßigkeitsprinzip

Nach dem Ende des NS-Regimes rückte die **Rechtsgutslehre** wieder stärker in den Fokus der Strafrechtswissenschaft.[86] Die Annahme, dass ein gesetzlicher Straftatbestand ein Rechtsgut schützen muss, lässt sich dabei durchaus auch mit den verfassungsrechtlichen Vorgaben des 1949 in Kraft getretenen **Grundgesetzes** für die Bundesrepublik Deutschland in Einklang bringen. So ist nach dem allgemeinen verfassungsrechtlichen **Verhältnismäßigkeitsprinzip** eine belastende hoheitliche Maßnahme (z.B. ein Strafgesetz) zulässig, wenn die betreffende Maßnahme zur Erreichung eines legitimen Zwecks geeignet und erforderlich ist und als angemessen gilt.[87]

Soweit man den genannten legitimen Zweck in einem tauglichen Rechtsgut sieht, ergeben sich durchaus **Überschneidungen** zwischen dem verfassungsrechtlichen Verhältnismäßigkeitsgrundsatz und der Rechtsgutslehre.[88] Allerdings können sich **Unterschiede** daraus ergeben, dass das Bundesverfassungsgericht für sich selbst nur eine eingeschränkte Kompetenz zur Überprüfung der Verhältnismäßigkeit eines Hoheitsaktes in

---

81 Vgl. *Marxen*, in: FS 200 Jahre Jur. Fak. HU Berlin, 2010, S. 1201 (1214).
82 Vgl. hierzu *Werle/M. Vormbaum* JZ 2021, S. 1163 (1165); *Hoffmann-Holland*, in: MüKo-StGB, 2020, § 23 Rn. 14.
83 *Schaffstein* DtStrafR 1934, S. 273 (281); auch zit. bei *Stäcker*, Liszt-Schule, 2012, S. 126.
84 *Bruns*, in: FS Mezger, 1954, S. 335 (357); vgl. hierzu auch *Lüderssen*, in: FS Hanack, 1999, S. 487 (492).
85 *Lüderssen*, in: FS Hanack, 1999, S. 487 (492).
86 Vgl. etwa *Roxin/Greco*, Strafrecht AT I, 2020, § 2 Rn. 1.
87 Vgl. hierzu *Klatt/Meister* JuS 2014, S. 193.
88 Vgl. hierzu *Greco* ZIS 2008, S. 234 (238).

Anspruch nimmt: Danach dürfe ein Gesetz nur in Extremfällen als unverhältnismäßig eingestuft werden.[89]

210 Die Frage, ob sich aus der Rechtsgutskonzeption ein strengerer Prüfungsmaßstab ergibt, wurde vom **Bundesverfassungsgericht** im Jahr 2008 in der sog. **Inzestentscheidung** verneint.[90] Die Mehrheit der Karlsruher Richter[91] rekurrierte hierin zwar auch auf die Idee des strafrechtlichen Rechtsgüterschutzes, erkannte aber auch diesbezüglich einen erheblichen Spielraum der Legislative an:

> „Es ist […] grundsätzlich Sache des Gesetzgebers, den Bereich strafbaren Handelns verbindlich festzulegen. Er ist bei der Entscheidung, ob er ein bestimmtes Rechtsgut, dessen Schutz ihm wesentlich erscheint, gerade mit den Mitteln des Strafrechts verteidigen und wie er dies gegebenenfalls tun will, grundsätzlich frei".[92]

211 Die Entscheidung über die Frage der Strafwürdigkeit – also über das Vorliegen eines tauglichen Rechtsguts – soll nach dieser Sichtweise primär dem demokratisch legitimierten Gesetzgeber zukommen.

▶ → **Kontrollfragen** 16 und 37. ◀

II. Sinn und Zweck der Strafe

1. Einführung

212 Welchen Sinn hat eine Bestrafung? Soll sie irgendwelchen Zwecken dienen? Beide Fragen lassen sich verbinden, wenn man die Sinnhaftigkeit einer Bestrafung davon abhängig macht, dass sie gerade bestimmten Zwecken dient. Ein derartiger Zweck kann etwa darin erblickt werden, dass durch die Bestrafung die Begehung weiterer Straftaten verhindert werden soll – eine **Präventionswirkung**, die auf unterschiedliche Art und Weise angestrebt werden kann. Bezieht man sie auf die zu bestrafende Person (**Spezialprävention**),[93] so könnte ein Strafzweck etwa darauf gerichtet sein, dass ein verurteilter Delinquent die Bestrafung zum Anlass nimmt, sich in Zukunft zu bessern (**positive Spezialprävention**). Ein Strafzweck könnte aber etwa auch darin zu sehen sein, dass ein Delinquent für die Zukunft abgeschreckt wird (**negative Spezialprävention**).

213 Die Überzeugungskraft der präventiven Strafzweckerwägungen setzt stets voraus, dass die Mechanismen der Sicherung, Abschreckung und Besserung empirisch belegbar sind. Eine entsprechende Forderung stellt sich auch dann, wenn die Wirkungen einer Strafe nicht auf den Bestraften bezogen werden, sondern auf die Allgemeinheit bzw. Gesellschaft (sog. **Generalprävention**).[94] Von einer sog. **negativen Generalprävention** ist etwa die Rede, wenn die Sanktionierung eines verurteilten Straftäters der Abschreckung anderer Gesellschaftsmitglieder dienen soll. Von einer **positiven Generalpräven-**

---

89 Dem Gesetzgeber komme im Detail ein sog. Einschätzungsspielraum zu (vgl. etwa BVerfG NJW 2008, S. 1137 [Rn. 50] hinsichtlich der Frage der Verfassungsmäßigkeit des Inzeststraftatbestandes gem. § 173 StGB).
90 BVerfG NJW 2008, S. 1137 (Rn. 39).
91 → Kap. B Fn. 645.
92 BVerfG NJW 2008, S. 1137 (Rn. 35); krit. hierzu *Greco* ZIS 2008, S. 234.
93 Vgl. zu diesem Begriff: *Stratenwerth/Kuhlen*, Strafrecht AT, 2011, § 1 Rn. 17.
94 Vgl. zu diesem Begriff: *Stratenwerth/Kuhlen*, Strafrecht AT, 2011, § 1 Rn. 22.

II. Sinn und Zweck der Strafe

tion spricht man unter anderem, wenn die Bestrafung eines Einzelnen das Vertrauen der Gesellschaft in die Normgeltung stärken bzw. wiederherstellen soll.[95]

Allgemein werden die präventiven Strafzwecklehren auch **relative Straftheorien** genannt, da die Strafe hiernach auf bestimmte Zwecke bezogen (lateinisch: relatus) ist. Hiervon zu unterscheiden sind die **absoluten Straftheorien**. Danach erfolgt die Bestrafung unabhängig bzw. losgelöst (lateinisch: absolutus) von Präventionszwecken. Von absoluten Straftheorien wird die Strafe etwa in der Vergeltung einer begangenen Straftat gesehen.[96]

214

Die **Übergänge** zwischen den Straftheorien sind durchaus **fließend**. So ist es nicht ausgeschlossen, dass eine Sanktionierung gleichermaßen der Abschreckung der Allgemeinheit und der Stärkung des Normvertrauens der Gesellschaftsmitglieder dienen soll. Auch ist zu bedenken, dass die Bestrafung eines verurteilten Delinquenten nicht nur im Verhältnis zu diesem Wirkung entfalten kann, sondern gleichzeitig auch gegenüber anderen Gesellschaftsmitgliedern. Hinzu kommt, dass Strafzweckerwägungen durchaus auch kombinierbar sind (sog. **Vereinigungslehre**). So ist es etwa prinzipiell möglich, die Entscheidung zwischen verschiedenen Bestrafungsarten (z.B. Freiheitsstrafe oder Geldstrafe) anhand generalpräventiver Erwägungen zu begründen, die Höhe der hiernach ausgewählten Bestrafungsart (z.B. die Dauer der Freiheitsstrafe) aber mittels spezialpräventiver Überlegungen zu bestimmen.

215

Zu vergegenwärtigen ist auch, dass die eben aufgezeigten Straftheorien im Einzelfall zu einer **unterschiedlichen Strafhöhe** führen können. Besteht beispielsweise keine Wiederholungsgefahr vonseiten eines Täters, so kann im Einzelfall aus spezialpräventiven Gründen eine sehr niedrige Strafe geboten sein, während generalpräventive Überlegungen zur Forderung einer höheren Strafe für dieselbe Tat führen können.[97] Die Bemessung der Strafe setzt demnach die Entscheidung voraus, welche der in Betracht kommenden Straftheorien im Einzelfall maßgeblich sein soll.

216

Seit der Frühen Neuzeit finden sich grundsätzlich alle eben genannten Straftheorien, allerdings je nach zeitlichem Kontext mit durchaus unterschiedlicher Gewichtung. Auch wurden nicht alle Theorien durchgängig vertreten.

217

2. Frühe Neuzeit

a) Carolina

In der Carolina von 1532 (→ Rn. 48) deuten **spiegelnde Strafen** (also Sanktionen, die gleichsam spiegelbildlich zur Tat stehen)[98] auf einen vergeltenden Charakter hin.[99] Doch zeigen sich unter der Geltung der Carolina auch **präventive Erwägungen**,[100] etwa bei – in öffentlichen Zeremonien[101] durchgeführten – Hinrichtungen oder bei Verstümmelungen (→ Rn. 284) des Verurteilten.[102] Abgeschnittene Gliedmaßen konn-

218

---

95 Eine Ausprägung der Theorie der positiven Generalprävention wird heute etwa vertreten von *Jakobs*, Strafrecht AT, 1991, 1. Abschn. Rn. 4 ff., 11, 14 f.
96 Vgl. *Rengier*, Strafrecht AT, 2023, § 3 Rn. 10, 14.
97 Vgl. in diesem Kontext: *Jescheck/Weigend*, Strafrecht AT, 1996, S. 75 f.
98 So war etwa für einen Brandstifter gem. Art. 125 CCC (1532) der Feuertod vorgesehen (→ Rn. 247).
99 Vgl. insoweit *K.-P. Schroeder*, Vom Sachsenspiegel, 2011, S. 48, dem zufolge der Carolina das Vergeltungsprinzip zugrunde lag.
100 So auch die Einschätzung von *Rüping/Jerouschek*, Grundriss, 2011, Rn. 100.
101 Hierzu *Ignor*, Geschichte, 2002, S. 43.
102 Vgl. *Luther*, Aufgeklärt strafen, 2016, S. 86.

ten es bestraften Dieben nämlich erschweren, die Tat zu wiederholen; auch wirkten sie mitunter gegenüber der Allgemeinheit als Warnung, sich mit dem Delinquenten noch einmal einzulassen.[103]

b) Benedikt Carpzov

219 Benedikt Carpzov (→ Rn. 58), der für ein theokratisches Strafrechtsverständnis steht (→ Rn. 184 f.), charakterisierte im 17. Jahrhundert Strafen als Grundlage der Gerechtigkeit und als Stütze des Gemeinwesens, das stets auf die Einhaltung der Gesetze angewiesen sei.[104] So sollte die gegenüber einem Menschen vorgenommene Verhängung und Vollstreckung einer Strafe **abschreckende Wirkung** auf andere Menschen entfalten.[105] Hinzu kommen bei Carpzov aber auch deutliche **Bezugnahmen auf die Bibel**. So schreibt er:

220 „Daß den Fürsten und den Magistraten[106] obliegt, gegen die Übertreter der Gesetze Strafen zu verhängen, muß aus Gottes eigenem Auftrag in 5. Mos[e] 17 V[ers] 7, 19 V[ers] 20[107] entnommen werden: Daß du den Bösen von dir tuest und Dein Auge soll seiner nicht schonen. Seel um Seel, Zahn um Zahn, Auge um Auge. […] Wenn also ein Magistrat beim Verhängen von Strafen säumig ist, so zieht Gott ihn selber zur Strafe."[108]

c) Thomas Hobbes

221 Der englische Philosoph Thomas Hobbes (→ Rn. 189) maß im 17. Jahrhundert der Strafe eine ausschließlich **präventive Funktion** bei. So betonte er in seinem Werk „Leviathan" ausdrücklich, dass „der Zweck der Strafe nicht Rache, sondern Abschreckung" sei.[109] Diese Annahme steht im Einklang mit dem von Hobbes behaupteten Staatszweck. Ein Leben in Frieden, das der Abschluss des Gesellschaftsvertrags verspricht, lässt sich nämlich nur dann erlangen, wenn die vom Souverän erlassenen Gesetze strikt eingehalten werden. Die Sicherheit, die der Untertan im Staatszustand erhält, basiert demnach wesentlich darauf, dass er sich darauf verlassen kann, dass die anderen Untertanen den vom Souverän erlassenen Gesetzen unbedingten Gehorsam entgegenbringen. Aus der Sicht von Hobbes stellt die Androhung und Verhängung von Strafe für den Fall einer Gesetzesverletzung ein probates Mittel dar, um Gesetzestreue zu erzwingen.[110] So vertrat er die Auffassung, dass eine Strafe dazu diene, „den Täter oder – durch sein Beispiel – andere Menschen zum Gehorsam gegen die Gesetze zu bringen".[111] Der hiermit einhergehende Rationalitätsgedanke beinhaltete zugleich eine **Absage an theologische Strafzwecksetzungen.**[112]

---

103 Vgl. Ebd., S. 86.
104 *Carpzow*, in: T. Vormbaum, Strafrechtsdenker, 1998, S. 26 f. (Rn. 1, 2, 4).
105 Ebd., S. 31 (Rn. 16).
106 Erläuterung durch M.K.: Dies meint einen Stadtrat (*Ennen/Lück*, Magistratus, in: HRG III, 2016, Sp. 1143).
107 Die folgende Wiedergabe bezieht sich auf Vers 21.
108 *Carpzow*, Practica Nova (1635), dt. Übersetzung zit. nach: T. Vormbaum, Strafrechtsdenker, 1998, S. 26 (28 [Rn. 8]) (im Original mit Hervorhebung).
109 *Hobbes*, Leviathan, 1966, 28. Kap. (S. 238).
110 *Hüning*, in: ders., Schatten, 2005, S. 235 (259).
111 *Hobbes*, Leviathan, 1966, 28. Kap. (S. 238).
112 Vgl. *Hüning*, in: ders., Schatten, 2005, S. 235 (238, 259).

3. 18. und frühes 19. Jahrhundert

Die Annahme, dass die Verhängung einer Strafe abschreckende Wirkung gegenüber der Allgemeinheit entfalten soll, war im 18. Jahrhundert durchaus verbreitet. Sie findet sich bei dem Aufklärungsphilosophen **Cesare Beccaria**[113] (→ Rn. 71) ebenso wie bei dem Herrscher **Friedrich II. von Preußen** (→ Rn. 67). So erließ Letzterer im Jahr 1749 eine Anweisung, zur allgemeinen Abschreckung am öffentlichen Vollzug der quälenden Hinrichtungsart des Räderns festzuhalten, den Hinzurichtenden jedoch in den meisten Fällen vor dem eigentlichen Strafvollzug heimlich töten zu lassen[114] (→ Rn. 320). Man stößt hier also auf ein Nebeneinander zweier Anordnungen, von denen die eine (nämlich die Tötung vor dem Rädern) aus humanitären Gründen motiviert gewesen sein dürfte, während die andere (die Geheimhaltung) der generellen Abschreckung diente. Demgegenüber sprach Beccaria einer lebenslangen Knechtschaft von vornherein eine stärkere Präventionswirkung zu als einer Hinrichtung.[115]

Im **Preußischen Allgemeinen Landrecht** von 1794 lassen sich verschiedene Vollzugsregelungen zeigen, die der Abschreckung, der Sicherung der Allgemeinheit bzw. der Besserung des Verurteilten dienten.[116] So kommt ein generalpräventiver Abschreckungszweck im Gesetz etwa darin zum Ausdruck, dass eine Sanktion nach Möglichkeit auch dann vollzogen werden soll, wenn der verurteilte Delinquent bereits Suizid begangen hat. Dementsprechend wird angeordnet, dass ein bereits ergangenes Strafurteil „an dem todten Körper, so weit es möglich, anständig, und zur Abschreckung Andrer dienlich ist, vollzogen werden" soll.[117] Und hinsichtlich des Besserungsgedankens wird an anderer Stelle des Allgemeinen Landrechts betont, dass ein Verbrecher, der sich seit der Tat nachweislich gebessert hat, unter bestimmten Voraussetzungen auf Begnadigung hoffen darf.[118]

Immanuel Kant (→ Rn. 76) wiederum wandte sich dem Grunde nach gegen ein reines Präventionsdenken im Strafrecht. So heißt es bei ihm:

> „Richterliche Strafe [...] kann niemals bloß als Mittel, ein anderes Gute zu befördern, für den Verbrecher selbst, oder für die bürgerliche Gesellschaft, sondern muß jederzeit nur darum wider ihn verhängt werden, weil er verbrochen hat; denn der Mensch kann nie bloß als Mittel zu den Absichten eines anderen gehandhabt und unter die Gegenstände des Sachenrechts gemengt werden, wowider ihn seine angeborne Persönlichkeit schützt, [...]".[119]

Zwecküberlegungen durften nach Kant höchstens am Rande Bedeutung besitzen. Demnach müsse ein Mensch „vorher strafbar befunden sein, ehe noch daran gedacht

---

113 *Beccaria*, Von den Verbrechen (1764), 2004, S. 10, 31 f., 50 ff.; vgl. z.B. ebd., S. 52: „[E]ben dies ist der Vorteil der Strafe der Knechtschaft, die denjenigen, der ihr zuschaut, mehr in Schrecken versetzt als denjenigen, der sie erduldet".
114 Order Friedrichs II. an Etatsminister Bismarck v. 11. Dezember 1749, teilweise abgedruckt in: Acta Borussica VIII, 1906, Nr. 287 (S. 620); vgl. in diesem Kontext *Heinrich*, Friedrich II., 2009, S. 263.
115 *Beccaria*, Von den Verbrechen (1764), 2004, S. 50 ff.
116 Vgl. zur Entwurfsfassung auch *Bitter*, Strafrecht des ALR, 2013, S. 103.
117 § 805 des 20. Titels des zweiten Teils des ALR.
118 Die betreffende Vorschrift (§ 63 des 20. Titels des zweiten Teils des ALR [1794]) lautet: „Ist der Verbrecher verborgen geblieben; hat aber seit mehreren Jahren überzeugende Beweise einer gründlichen Besserung gegeben; und den Schaden vollständig ersetzt: so kann er auf Begnadigung Anspruch machen".
119 *Kant*, Metaphysik [1797/98], 1977, S. 453 (im Original mit Hervorhebung); vgl. hierzu auch *Hattenhauer*, Europ. Rechtsgeschichte, 2004, Rn. 1625.

wird, aus dieser Strafe einigen Nutzen für ihn selbst oder seine Mitbürger zu ziehen".[120] Der maßgebliche Strafgrund bestand für Kant in der Vergeltung der Tat.[121]

226 Kants Kritik des reinen Zweckdenkens im Strafrecht änderte aber nichts daran, dass auch in der Folgezeit weiterhin präventive Theorien vertreten wurden. Als besonders wirkmächtig erwies sich eine generalpräventive Lehre, die an der Wende zum 19. Jahrhundert von **Feuerbach** entwickelt wurde. Im Unterschied zu anderen richtete er den Fokus auf die Abschreckungswirkung der **Strafandrohung**: Durch die gesetzliche Androhung einer Sanktion könnten potentielle Straftäter von der Tatbegehung abgehalten werden, wohingegen der Zweck der Strafzufügung darin bestehe, die Wirksamkeit der Strafandrohung zu untermauern.[122] Dieser Sichtweise von Feuerbach lag die Idee zugrunde, dass der einzelne potentielle Straftäter zwischen den „Kosten" und dem Nutzen einer Straftat abwägt – eine Idee, die allerdings Affekthandlungen vernachlässigte. Aus einer anderen Richtung stammt eine Kritik, die vielfach **Georg Wilhelm Friedrich Hegel** (1770 – 1831) zugeschrieben wird.[123] Danach werde der Mensch bei Feuerbach wie ein Tier behandelt:

> Die gesetzliche Strafdrohung im Sinne Feuerbachs „setzt den Menschen als nicht Freien voraus und will durch die Vorstellung eines Übels zwingen. […] Es ist mit der Begründung der Strafe auf diese Weise, als wenn man gegen einen Hund den Stock erhebt, und der Mensch wird nicht nach seiner Ehre und Freiheit, sondern wie ein Hund behandelt. Aber die Drohung […] stellt die Gerechtigkeit ganz beiseite."[124]

227 Hegel betont die Gerechtigkeit, jedoch unterscheidet sich seine Straftheorie von der Vergeltungslehre Kantischer Prägung[125] (→ Rn. 224 ff., 291). Für Hegel ist der Umstand maßgebend, dass ein Verbrechen eine Verletzung des Rechts impliziert.[126] Während die Aufhebung eines materiellen Übels (Körperverletzung usw.) durchaus mittels privaten Schadensersatzes bewirkt werden kann,[127] richtet sich die Strafe nach Hegel explizit gegen den rechtsverletzenden Charakter des Verbrechens: So wie das Verbrechen eine **Negation des Rechts** darstellt, ist die Strafe wiederum „nur Negation der Negation".[128] Sie weist die durch das Verbrechen begangene Rechtsverletzung zurück, neutralisiert sie.[129] Durch die Bestrafung des Verbrechers wird also die Geltung des durch das Verbrechen negierten Rechts bekräftigt.[130]

4. Spezialprävention und Schulenstreit

228 Wir haben oben gesehen, dass im 19. Jahrhundert die Sanktionsform der Freiheitsstrafe zunahm und der Verurteilte in den Fokus der wissenschaftlichen Betrachtung

---

120 *Kant*, Metaphysik [1797/98], 1977, S. 453 (im Original mit Hervorhebung); vgl. auch zur subsidiären Bedeutung sonstiger Aspekte (wie z.B. Abschreckung und Besserung) bei Kant: *Höffe*, Kant, 2020, S. 243 f.
121 Vgl. *Höffe*, Kant, 2020, S. 243.
122 *Feuerbach*, Lehrbuch, 1801, § 18 (S. 16 f.).
123 Bei dem folgenden Zitat handelt es sich um einen der vielen Zusätze in Hegels Werk, die auf seinen Mitschriften beruhen und vom damaligen Herausgeber redigiert wurden (hierzu *Moldenhauer/Michel*, in: Hegel, Grundlinien [1820], 1986, S. 527 [527, 530]).
124 *Hegel*, Grundlinien [1820], 1986, Zusatz zu § 99 (S. 190).
125 Vgl. zu den Unterschieden auch *Eb. Schmidt*, Einführung, 1965, S. 295.
126 *Hegel*, Grundlinien [1820], 1986, § 99 (S. 187 f.).
127 Ebd., § 98 (S. 186).
128 Ebd., Zusatz zu § 97 (S. 186); zur Urheberschaft gilt das oben Gesagte entsprechend.
129 Vgl. *Bung*, Grundlinien der Grundlinien, abgerufen 2020, S. 10.
130 Vgl. ebd., S. 10.

II. Sinn und Zweck der Strafe

gelangte (→ Rn. 98). Diese Entwicklung zeigte sich auch in der Debatte um die maßgeblichen Strafzwecke. Hier wurde Ende des 19. Jahrhunderts die Lehre der Spezialprävention wirkmächtig, und zwar durch den Juristen **Franz von Liszt** (→ Rn. 117), dessen Straftheorie durch den **Zweckgedanken** geprägt ist.[131]

Liszts Überlegungen zum Zweckdenken im Strafrecht werden gemeinhin als **Marburger Programm** bezeichnet,[132] da Liszt diese Überlegungen 1882 in einem Vortrag an der Universität Marburg publik machte und ein Jahr später in dem Aufsatz „Der Zweckgedanke im Strafrecht"[133] veröffentlichte.[134] In diesem Beitrag kritisiert er an den gängigen absoluten Straftheorien, dass sich aus ihnen „ein festes Prinzip des Strafmaßes nicht ableiten" lasse. Eine Strafe sei vielmehr nur dann gerecht, wenn sie notwendig sei.[135] Zum Bezugspunkt dieses Zweckdenkens wird das Erfordernis, durch Einwirkung auf den einzelnen Delinquenten zukünftige Straftaten zu verhindern, und zwar durch „Besserung", „Abschreckung" bzw. sogar „Unschädlichmachung" des Verurteilten.[136]

229

Eine der Besonderheiten der Präventionstheorie von Liszt besteht darin, dass er diesen unterschiedlichen Präventionsmechanismen drei **Typen von Verbrechern** zuordnet. So hält er etwa bei sog. **Gewohnheitsverbrechern** eine Unschädlichmachung auf – zunächst – unbestimmte Zeit[137] für angebracht:

230

> „Die ‚Unschädlichmachung' der Unverbesserlichen denke ich mir in folgender Weise. Das Strafgesetzbuch bestimmt [...], daß bei dritter Verurteilung wegen eines der oben genannten Verbrechen[138] auf Einschließung auf unbestimmte Zeit zu erkennen sei. Die Strafe wird in besonderen Anstalten (Zucht- oder Arbeitshäusern)[139] [...] verbüßt. Sie besteht in ‚Strafknechtschaft' mit strengstem Arbeitszwang [...]. Alle fünf Jahre könnte der Aufsichtsrat bei dem Landgerichte, in dessen Sprengel die Verurteilung ausgesprochen wurde, den Antrag auf Entlassung stellen. Gibt die Strafkammer diesem Antrag statt, so erfolgt die Übergabe an [...] Besserungsanstalten. Schlechte Führung hat Rückversetzung in das Arbeitshaus zur Folge."[140]

▶ Der Begriff des **Gewohnheitsverbrechers** wird uns unten noch einmal begegnen. Die Nationalsozialisten verwendeten diesen Terminus bei der Einführung der sog. Sicherungsverwahrung[141] (→ Rn. 137). ◀

Jedoch waren Liszts Überlegungen Ende des 19. Jahrhunderts keineswegs konkurrenzlos. Während sich unter Liszt eine als modern bezeichnete Schule (sog. **moderne Schule**) formierte, die den Zweckgedanken und **spezialpräventive** Kriterien zum Ge-

231

---

131 *Schröder*, in: Kleinheyer u.a., Juristen, 2017, S. 271 (272).
132 So etwa *Jescheck/Weigend*, Strafrecht AT, 1996, S. 73; vgl. auch *Steinberg*, Strafrechtsgeschichte, 2023, Rn. 131.
133 *Liszt* ZStW 3 (1883), S. 1.
134 *T. Vormbaum*, Strafrechtsgeschichte, 2019, S. 119.
135 *Liszt* ZStW 3 (1883), S. 1 (27 f., 31) (Zitat auf S. 28) (im Original mit Hervorhebung).
136 Ebd., S. 34 (im Original mit Hervorhebung).
137 Hierzu *Schröder*, in: Kleinheyer u.a., Juristen, 2017, S. 271 (272).
138 Anmerkung durch M.K.: An der entsprechenden Stelle in dem Text werden Eigentumsdelikte und „gewisse Sittlichkeitsdelikte" genannt (*Liszt* ZStW 3 [1883], S. 1 [39]).
139 Anmerkung durch M.K.: → Rn. 287.
140 *Liszt* ZStW 3 (1883), S. 1 (39 f.) (im Original mit Hervorhebung).
141 Gesetz gegen gefährliche Gewohnheitsverbrecher und über Maßregeln der Sicherung und Besserung v. 24. November 1933 m.W.v. 1. Januar 1934 (RGBl. I, S. 995 [996, 999]).

genstand hatte, vertrat die sog. **klassische Schule** um Karl Binding (→ Rn. 114) grundsätzlich eine **Vergeltungslehre**.[142] Binding schreibt hierzu im Jahr 1877:

> „Bei aller Hochachtung nun vor dem Scharfsinn und der edlen Gesinnung gar mancher Anhänger der verschiedenen relativen Theorien[143] kann man sich ihre wissenschaftliche Haltlosigkeit nicht verhehlen. [...] Obgleich nun alle Strafgesetze der Welt in seltenerer Eintönigkeit verkünden, der Verbrecher werde gestraft, weil er so und so delenquirt habe, ist nach der relativen Theorie das Delikt doch nicht Grund, sondern nur notwendige Voraussetzung der Strafe. Aber warum dies? Warum wird nur gestraft, nachdem verbrochen ist? Warum ist das Delikt das einzige Symptom, woraus die Gefahren der Gesellschaft erkannt werden können? Denn nur durch die rechtswidrige Handlung wird auch nach der relativen Theorie die Strafe ausgelöst. [...] Und wie kann es die relative Theorie rechtfertigen, den Delinquenten [...] herabzuwürdigen zum Objekt [...]?"[144]

232 Mit dem letzten Satz rekurriert Binding auf ein Argument, das wir bereits von Kant kennen (→ Rn. 224) – den Vorwurf nämlich, dass die Verurteilung eines Delinquenten zu anderen Zwecken instrumentalisiert wird, wenn sie einzig und allein dazu dienen soll, Präventivwirkung zu entfalten. Demgegenüber verweist Bindings erster Kritikpunkt an den relativen Theorien[145] auf eine aus seiner Sicht gegebene Systemwidrigkeit der Präventionstheorien (= relativen Straftheorien). Da ihr Ziel in der zukünftigen Vermeidung von Straftaten in einer Gesellschaft besteht, müssten Strafen konsequenterweise – so Binding – nach den relativen Theorien auch ohne Straftaten zulässig sein – und zwar dann, sobald sich ein Mensch als gefährlich erweist. Nun könnte man hiergegen einwenden, dass das maßgebliche Indiz für die Gefährlichkeit eines Menschen gerade darin besteht, dass er eine Straftat begangen hat. Doch kann auch diese Sichtweise natürlich bezweifelt werden.

233 Es zeigt sich daher, dass sich mit Bindings (grundsätzlich vergeltender) **klassischer Schule** und mit Liszts (spezialpräventiver) **moderner Schule** zwei bedeutsame Sichtweisen gegenüberstanden, deren konsequente Umsetzung in der Strafrechtsanwendung zu unterschiedlichen praktischen Ergebnissen führen konnte:

- Die erste Konsequenz betrifft die Frage der **Strafzumessung**. Legt man den Fokus auf die Vermeidung zukünftiger Strafen (= relative Theorien), so könnte man möglicherweise geneigt sein, für kleinste Vergehen sehr harsche Strafen zu verhängen, falls die Wiederholungsgefahr als sehr hoch eingeschätzt wird. Umgekehrt könnten schwere Delikte zu einer niedrigen Strafe führen, wenn keine erhebliche Wiederholungsgefahr gesehen wird. Einer solchen Annahme würde aber eine absolute Straftheorie – z.B. die Vergeltungslehre – widersprechen. In dieser Hinsicht führt Binding aus: „Denn auch der Verbrecher, der aller Voraussicht nach nie mehr rückfällig werden wird, auch der Mörder, dem ein Schlaganfall beide Arme gelähmt hat, wird in Strafe genommen."[146]

---

142 Vgl. *Schröder*, in: Kleinheyer u.a., Juristen, 2017, S. 63 (65); vgl. in diesem Kontext auch *Binding* (1877/1915), in: T. Vormbaum, Dt. Strafrechtsdenker, 2011, S. 179 (184): „So stellt sich die neuere Forschung [...] ganz mit Recht auf den Boden der sogenannten absoluten Theorie [...]".
143 Anmerkung durch M.K.: Dies meint die Präventionstheorien (→ Rn. 212 ff.).
144 *Binding* (1877/1915), in: T. Vormbaum, Dt. Strafrechtsdenker, 2011, S. 179 (183) (im Original mit Hervorhebung).
145 „[...] ist nach der relativen Theorie das Delikt doch nicht Grund, sondern nur notwendige Voraussetzung der Strafe. Aber warum dies? [...]".
146 *Binding* (1877/1915), in: T. Vormbaum, Dt. Strafrechtsdenker, 2011, S. 179 (191).

II. Sinn und Zweck der Strafe

■ Die zweite – und heftig diskutierte – Konsequenz gilt der Frage, wie auf **gefährliche Personen** reagiert werden sollte. Hierhinter verbirgt sich letztlich die Frage, in welchem Verhältnis **Strafen** und sonstige **Maßregeln** stehen.[147] Während Liszt die oben skizzierte Maßnahme zur Unschädlichmachung von Gewohnheitsverbrechern lange Zeit über als Strafe klassifizierte,[148] liest man bei Binding: „Allein die Gefährlichkeit des Delinquenten zwingt den Staat wo[h]l zu sichernden Maßnahmen für die Zukunft, aber nicht zur Strafe".[149]

Mit dem zuletzt Gesagten ist eine wichtige Ausprägung des **strafrechtlichen Schulenstreits** (also des Streits zwischen Liszts moderner und Bindings klassischer Schule) angesprochen. Dieser Streit dominierte an der Wende vom 19. zum 20. Jahrhundert die Diskussion im Strafrecht[150] und beeinflusste auch die Reformdiskussion zur Strafgesetzgebung (→ Rn. 121). Zwar kam das Vorhaben einer grundlegenden Strafrechtsreform in der Schlussphase der (bis 1933 existierenden) Weimarer Republik letztlich zum Erliegen[151] (→ Rn. 124), doch mündete die im Schulenstreit ausgefochtene Frage nach dem Umgang mit gefährlichen Tätern kurze Zeit später in einen gesetzgeberischen Kompromiss. Der nationalsozialistische Strafgesetzgeber erließ das sog. **Gewohnheitsverbrechergesetz**,[152] durch das 1934 die sog. **Sicherungsverwahrung** eingeführt wurde (→ Rn. 137). Damit wurde folgende Regelung in das RStGB eingefügt:

„Wird jemand […] als ein gefährlicher Gewohnheitsverbrecher verurteilt, so ordnet das Gericht neben der Strafe die Sicherungsverwahrung an, wenn die öffentliche Sicherheit es erfordert."[153]

Die Sicherungsverwahrung gibt es – mit Änderungen – auch heute noch.

Mit dem Begriff des Gewohnheitsverbrechers griffen die Nationalsozialisten einen Terminus auf, der bereits bei Liszt Verwendung fand (→ Rn. 230). Gleichwohl stellte die durch das genannte Gesetz eingeführte Sicherungsverwahrung letztlich einen **Kompromiss**[154] zwischen den ursprünglichen Ideen der modernen und der klassischen Schule dar. Die Sicherungswahrung war (und ist) eine sog. Maßregel, also etwas anderes als eine Strafe, sodass Binding letztlich entsprochen wurde. Auf der anderen Seite wurden die Voraussetzungen der Sicherungsverwahrung im RStGB geregelt.[155] Sie gehören seitdem zum Strafrecht, womit in gewisser Weise Liszts Forderungen erfüllt wurden.

▶ Man spricht diesbezüglich heute auch von der sog. **Zweispurigkeit**,[156] da als Reaktionsformen Strafen (= erste Spur) und Maßregeln der Besserung und Sicherung (= zweite Spur) vorgesehen sind.[157] ◀

---

147 Vgl. die Darstellung bei *T. Vormbaum*, Strafrechtsgeschichte, 2019, S. 136.
148 Vgl. hierzu noch einmal Liszts obiges Zitat zur Unschädlichmachung (→ Rn. 230).
149 *Binding* (1877/1915), in: T. Vormbaum, Dt. Strafrechtsdenker, 2011, S. 179 (191).
150 Vgl. *Kuhli* GA 2023, S. 457.
151 Vgl. *Eb. Schmidt*, Einführung, 1965, S. 408; *T. Vormbaum*, Strafrechtsgeschichte, 2019, S. 172.
152 Offizieller Titel: Gesetz gegen gefährliche Gewohnheitsverbrecher und über Maßregeln der Sicherung und Besserung v. 24. November 1933 m.W.v. 1. Januar 1934 (RGBl. I, S. 995 [996, 999]); vgl. hierzu *Schröder*, in: Kleinheyer u.a., Juristen, 2017, S. 271 (274); *Krause*, Geschichte, 1999, S. 85.
153 § 42e RStGB i.d.F. des Gewohnheitsverbrechergesetzes v. 1933.
154 So auch die Einschätzung von *T. Vormbaum*, Strafrechtsgeschichte, 2019, S. 125.
155 Gewohnheitsverbrechergesetz v. 1934 (RGBl. I, S. 995 [996, 999]).
156 *Krause*, Geschichte, 1999, S. 85; *Schröder*, in: Kleinheyer u.a., Juristen, 2017, S. 271 (274).
157 *van Gemmeren*, in: MüKo-StGB, 2020, § 61 Rn. 1.

5. Zeit des Nationalsozialismus

237 Das von den Nationalsozialisten erlassene Gewohnheitsverbrechergesetz (→ Rn. 234) sah nicht nur die Einführung der Sicherungsverwahrung vor, sondern auch die **Zwangskastration** sogenannter „gefährlicher Sittlichkeitsverbrecher".[158] In dieser – nach dem Ende des NS-Regimes wieder aufgehobenen – Form der „Unschädlichmachung" (*Krause*)[159] kam zum Ausdruck, dass im NS-Staat die Idee der **Sicherung der Allgemeinheit** vor dem Täter deutlich im Vordergrund stand.[160] Dieser Strafzweck zeigte sich letztlich auch in **Schaffsteins Pflichtverletzungslehre** und in der **Idee des Gesinnungsstrafrechts**, die beide oben vorgestellt wurden (→ Rn. 200 ff.).

6. Weitere Entwicklungen bis zur Gegenwart

238 In der strafrechtlichen Reformdiskussion, die in den 1950er-Jahren in der **Bundesrepublik Deutschland** erneut begann, standen sich relative und absolute Straftheorien gegenüber.[161] Hervorzuheben ist hier der sog. **E 1962**, ein von der damaligen Bundesregierung beschlossener Entwurf[162] eines Strafgesetzbuchs, der im genannten Jahr in den Bundestag eingebracht wurde.[163] Dieser Entwurf bildete das Resultat der Arbeit der **Großen Strafrechtskommission**, die durch das Bundesjustizministerium zusammengerufen worden war und die aus Rechtspraktikern und Strafrechtswissenschaftlern bestand.[164]

239 Der E 1962 wird gemeinhin für seine Präzision gelobt,[165] allerdings kritisierten bereits Zeitgenossen die in dem Entwurf verfolgte kriminalpolitische Zielsetzung und die dortige Regelung der Strafzumessung.[166] So bemängelte etwa der Schweizer Jurist **Hans Schultz** (1912 – 2003) im Jahr 1966 eine dem Entwurf zugrunde liegende Gleichsetzung zwischen strafrechtlicher und sittlicher Verantwortung und eine starke Betonung des Sühnegedankens im E 1962.[167] Tatsächlich erwähnte der Entwurf als „Grundlage für die Zumessung der Strafe" allein die „Schuld des Täters".[168] Dies entsprach in den 1960er-Jahren nur noch bedingt dem gesellschaftlichen Zeitgeist.[169] So formierte sich eine Gruppe von Strafrechtsprofessoren, die für ein eher präventives Strafrecht stand[170] und die im Jahr 1966 einen eigenen Entwurf vorlegte.[171] Dieser sog. **Alternativ-Entwurf** sah eine Strafzumessungsregelung vor, in der – neben anderen Aspekten – auch „die Wiedereingliederung des Täters in die Rechtsgemeinschaft" betont wurde.[172]

---

158 § 42a Nr. 5 RStGB i.d.F. des Gewohnheitsverbrechergesetzes v. 1933; vgl. hierzu *Krause*, Geschichte, 1999, S. 85.
159 *Krause*, Geschichte, 1999, S. 85.
160 Vgl. *T. Vormbaum*, Strafrechtsgeschichte, 2019, S. 181.
161 Vgl. hierzu im Detail *Roxin/Greco*, Strafrecht AT I, 2020, § 4 Rn. 16 ff.
162 „E 1962" steht also für „Entwurf 1962".
163 BT-Drucks. 4/650.
164 *Rosenbaum*, Die Arbeit, 2004, S. 27.
165 So *Jescheck/Weigend*, Strafrecht AT, 1996, S. 102 f.; *Roxin/Greco*, Strafrecht AT I, 2020, § 4 Rn. 17.
166 Vgl. die Darstellung bei *Jescheck/Weigend*, Strafrecht AT, 1996, S. 102 f.
167 *Schultz* JZ 1966, S. 113 (114 f.).
168 § 60 Abs. 1 E 1962 (BT-Drucks. 4/650, S. 19); vgl. hierzu *Roxin/Greco*, Strafrecht AT I, 2020, § 4 Rn. 18.
169 Vgl. *Timm*, E 1962, 2016, S. 204.
170 S. *Kuhli/Asholt* GA 2023, S. 192 (201).
171 *Baumann* u.a., Alternativ-Entwurf AT, 1966; hierzu *Meier*, in: Steinberg u.a., Bundesrepublik, 2020, S. 467 (476).
172 § 59 Abs. 2 AE, zit. nach: *Baumann* u.a., Alternativ-Entwurf AT, 1966, S. 108; vgl. hierzu *Meier*, in: Steinberg u.a., Bundesrepublik, 2020, S. 467 (477).

III. Strafgesetze und Gesetzlichkeitsprinzip

Die **Reformgesetze** zum Allgemeinen Teil des Strafrechts, die schließlich in Kraft traten,[173] stellten letztlich eine Synthese der eben skizzierten beiden Entwürfe dar.[174] Eine Kumulation verschiedener Strafzwecke zeigt sich auch in den **heutigen Regelungen** der Strafbemessung.[175] So wird im StGB etwa teilweise auf Wirkungen abgestellt, „die von der Strafe für das künftige Leben des Täters in der Gesellschaft zu erwarten sind"[176] (positive Spezialprävention), zum Teil aber auch auf das Erfordernis der „Verteidigung der Rechtsordnung"[177] (positive Generalprävention).

240

▶ → **Kontrollfragen** 14 und 48. ◀

III. Strafgesetze und Gesetzlichkeitsprinzip

1. Einführung

Nicht jede Rechtsordnung braucht Strafgesetze. So wären etwa in einem gedachten Rechtssystem, in dem ein Gericht alle *von ihm* für strafwürdig gehaltenen Verhaltensweisen sanktionieren dürfte, keine speziellen Strafgesetze nötig. Anders verhält es sich jedoch in solchen Rechtssystemen, in denen die gerichtliche Verurteilung einer Person die Feststellung eines Verstoßes gegen eine gesetzliche Strafvorschrift voraussetzt. Hiermit ist das sog. **nulla-poena-Prinzip** (Nulla poena sine lege / Keine Strafe ohne Gesetz) angesprochen.

241

Dieses **Gesetzlichkeitsprinzip** stellt eines der Kernprinzipien des geltenden deutschen Strafrechts dar. Es steht nicht nur prominent an vorderster Stelle des Strafgesetzbuchs, sondern ist auch verfassungsrechtlich verankert. **Art. 103 Abs. 2 GG** und **§ 1 StGB** bestimmen beide gleichlautend:

242

> „Eine Tat kann nur bestraft werden, wenn die Strafbarkeit gesetzlich bestimmt war, bevor die Tat begangen wurde."

Prinzipiell lassen sich aus diesem Prinzip folgende **Einzelgrundsätze** ableiten:

243

- Es muss überhaupt ein Strafgesetz existieren, das die jeweilige Tat erfasst. Ungeschriebenes Gewohnheitsrecht reicht also nicht aus (**Verbot strafbegründenden Gewohnheitsrechts**).
- Ein Strafgesetz muss hinsichtlich der Tatbestandsvoraussetzungen und der Rechtsfolgen klar verständlich formuliert sein (**Bestimmtheitsgrundsatz**).
- Ein Strafgesetz darf nicht zulasten des Täters auf solche Fälle erstreckt werden, die nicht vom möglichen Wortsinn des Gesetzes gedeckt sind (**Analogieverbot**).
- Ein Strafgesetz muss im Zeitpunkt der Tat bereits in Kraft sein, darf also nicht rückwirkend auf Taten angewendet werden, die vor dem Inkrafttreten des Strafgesetzes stattgefunden haben (**Rückwirkungsverbot**).[178]

---

173 Erstes Gesetz zur Reform des Strafrechts (BGBl. 1969 I, S. 645); Zweites Gesetz zur Reform des Strafrechts (BGBl. 1969 I, S. 717).
174 Vgl. *Roxin/Greco*, Strafrecht AT I, 2020, § 4 Rn. 23 f.; *Jescheck/Weigend*, Strafrecht AT, 1996, S. 103.
175 Vgl. hierzu *Streng*, in: NK-StGB, 2023, § 46 Rn. 33 m.w.N., auch zur Gegenansicht.
176 § 46 Abs. 1 S. 2 StGB.
177 § 47 Abs. 1 StGB.
178 Eine Ausnahme mag für Strafmilderungen gelten, die erst nach der Tatbegehung in Kraft treten.

C. Zentrale Fragestellungen, Ideen und Prinzipien

244 Allerdings bleiben damit noch **weitere Fragen** offen:
- Gilt das strafrechtliche Gesetzlichkeitsprinzip auch gegenüber Tätern, die selbst für die Strafgesetzgebung zuständig sind?
- Woran erkennt man den Wortsinn des Gesetzes, der die Grenze zwischen zulässiger Auslegung und unzulässiger Analogie bildet?
- Was ist überhaupt ein Strafgesetz?

245 Um eine Antwort auf diese Fragen zu finden, kann es hilfreich sein, sich vor Augen zu halten, wem ein solches Prinzip **nützt** bzw. wen es **schützt**. In dieser Hinsicht kommen prinzipiell verschiedene Akteure in Betracht:
- Zunächst ist an den **Bürger** bzw. den **Untertan** zu denken, der davor bewahrt wird, für ein Verhalten bestraft zu werden, für das im Zeitpunkt der Tat keinerlei Strafgesetz existierte.
- Zugleich nützt das strafrechtliche Gesetzlichkeitsprinzip aber auch den Rechtsanwendungsorganen (z.B. der **Justiz**), und zwar insoweit, als dieses Prinzip eine gewisse Arbeitserleichterung begründet. Ein Strafrichter etc. muss nämlich für die Entscheidungsfindung grundsätzlich[179] nicht prüfen, ob es ungeschriebenes Gewohnheitsrecht gibt.
- Und schließlich dient das nulla-poena-Prinzip auch der Macht des **Strafgesetzgebers**, da die Justiz gemäß diesem Prinzip streng an den im Strafgesetz zum Ausdruck kommenden Willen der Legislative gebunden ist.

246 Dabei ist es auch denkbar, dass das Gesetzlichkeitsprinzip **gleichzeitig mehreren** der eben genannten Akteure dienen soll. Im Folgenden wird sich zudem zeigen, dass sich im Laufe der Geschichte durchaus unterschiedliche Seiten auf das strafrechtliche Gesetzlichkeitsprinzip beriefen (und berufen).

2. Frühe Neuzeit

247 In der Frühen Neuzeit kann von der Geltung eines strengen strafrechtlichen Gesetzlichkeitsprinzips noch nicht die Rede sein. Dies gilt auch hinsichtlich der **Carolina** von 1532 (→ Rn. 48).[180] Zwar enthielt dieses Werk einzelne Bestimmungen zu der Frage, welches Verhalten strafbar ist, ließ aber auch vieles **offen**.[181] Von der Carolina erfasst wurden etwa Gotteslästerung,[182] Meineid,[183] Vergewaltigung,[184] Raub[185] sowie Mord und Totschlag.[186] Einige dieser und anderer Verhaltensweisen wurden vergleichsweise konkret umschrieben[187] – so etwa die Münzfälschung, die in drei verschiedene Fälle unterteilt wurde.[188] In anderen Fällen wiederum wurden die **Voraussetzungen strafba-**

---

[179] Ausnahmen gelten für solche Sätze des Gewohnheitsrechts, deren Anwendung zugunsten des Täters wirkt.
[180] Ebenso: *Schreiber*, Gesetz und Richter, 1976, S. 26 f.
[181] Vgl. *Lieberwirth*, Carolina, in: HRG I, 2008, Sp. 885 (887); *Gmür/Roth*, Grundriss, 2018, Rn. 331.
[182] Art. 106 CCC (1532).
[183] Art. 107 CCC (1532).
[184] Art. 119 CCC (1532).
[185] Art. 126 CCC (1532).
[186] Art. 137 CCC (1532).
[187] Vgl. in diesem Kontext auch *F.-C. Schroeder* (1980), in: ders., Carolina, 1986, S. 305 (327); *K.-P. Schroeder*, Vom Sachsenspiegel, 2011, S. 47 f.
[188] Art. 111 CCC (1532).

III. Strafgesetze und Gesetzlichkeitsprinzip

rer **Verhaltensweisen** lediglich äußerst allgemein gefasst. So heißt es etwa bei der von der Carolina erfassten Brandstiftung:

> „Jtem die boßhafftigen überwunden brenner sollen mit dem fewer vom leben zum todt gericht werden."[189]

Die Umschreibung der Strafbarkeitsvoraussetzungen beschränkt sich hier also auf die Boßhaftigkeit und das Wort „brenner". Auch die **Sanktionen** wurden in der Carolina nicht immer deutlich gemacht. Teilweise wurde etwa lediglich normiert, dass ein Verbrecher „nach sage vnser vorfarn, vnd vnser Keyserlichen rechten"[190] – letzteres meint das rezipierte römische Recht[191] – oder „nach vermöge gemeyner rechten"[192] gestraft werden soll.

248

Hinzu kam, dass die Carolina in ihrem Art. 105 („Von vnbenanten peinlichen fellen vnnd straffen") eine Regelung vorsah, die in der heutigen Forschung als **„Analogiegebot"** klassifiziert wird.[193] Hierbei ist aber zu berücksichtigen, dass die in diesem Artikel genannten „Richter vnd vrtheyler" keine selbstständige Analogiebildung betreiben durften, sondern **Rat einzuholen** hatten.[194]

249

▶ Die Art und Weise einer solchen Ratsuche („rath suchen") wird ebenfalls in der Carolina umschrieben.[195] Hiermit angesprochen ist die sog. **Aktenversendung**,[196] die in späterer Zeit auch noch ausführlicher geregelt wurde.[197] *Oestmann* umschreibt diese „typische Erscheinungsform der frühneuzeitlichen Rechtspflege" wie folgt:

> „In zahlreichen Fällen entschieden die zuständigen [...] Gerichte den bei ihnen anhängigen Prozess nicht selbst, sondern schickten die Akten mit der Bitte um rechtliche Belehrung an ein [...] Spruchkollegium. Dieses Kollegium bereitete eine Entscheidung vor, die das anfragende Gericht sodann als eigenes [...] Urteil den Parteien eröffnete".[198]

Die hier skizzierte Praxis der Aktenversendung begünstigte letztlich eine Professionalisierung, nämlich eine Verbreitung des gelehrten Rechts.[199] Nach *Lieberwirth* eröffnete etwa die Carolina durch die an vielen Stellen vorzufindende Verweisung „auf den Rat von Sachverständigen" an den Oberhöfen, Schöffenstühlen (→ Rn. 302) und Juristenfakultäten den Weg für eine wissenschaftliche Rechtsfortbildung.[200] ◀

Die Richter sollten also unter den Regelungen der Carolina keineswegs völlig frei und ungebunden agieren.[201] Doch zeigte die **Rechtspraxis** in der Folgezeit und bis ins 18. Jahrhundert hinein die Bereitschaft, die (zunehmend älter werdenden!) Vorgaben der Carolina an die zeitgenössische Gegenwart anzupassen.[202] Dies betraf zum Beispiel die

250

---

189 Art. 125 CCC (1532).
190 Art. 120 CCC (1532): Ehebruch.
191 *Lieberwirth*, Carolina, in: HRG I, 2008, Sp. 885 (887).
192 Art. 122 CCC (1532): Zuhälterei.
193 *Koch*, in: FS Rüping, 2008, S. 393 (399); so auch schon *Schreiber*, Gesetz und Richter, 1976, S. 26 f.
194 *Schreiber*, Gesetz und Richter, 1976, S. 26 f.
195 Art. 219 CCC (1532).
196 *Kroeschell* u.a., Dt. Rechtsgeschichte II, 2008, S. 291.
197 Vgl. zum 17. und 18. Jhd.: *Lück*, in: Jerouschek u.a., Carpzov, 2000, S. 55 (61).
198 *Oestmann*, Aktenversendung, in: HRG I, 2008, Sp. 128.
199 *Rüping/Jerouschek*, Grundriss, 2011, Rn. 87.
200 *Lieberwirth*, Carolina, in: HRG I, 2008, Sp. 885 (887).
201 Vgl. hierzu *Schaffstein*, in: Nachrichten, 1985, Nr. 3, S. 123 (159).
202 *Schreiber*, Gesetz und Richter, 1976, S. 28.

C. Zentrale Fragestellungen, Ideen und Prinzipien

sog. **außerordentlichen Strafen**,[203] zu denen man in *Ignors* Geschichte des Strafprozesses liest:

> „Namentlich Carpzov (→ Rn. 58) hat die außerordentliche Strafe sehr propagiert, wobei er sich nicht auf die Fälle beschränkte, in denen das Vorliegen einer gesetzlichen Straftat nicht vollständig zu beweisen war. Außerordentliche Strafen sollten auch bei Taten verhängt werden dürfen, die zwar nicht in Gesetzen oder Statuten als Verbrechen bezeichnet wären, aber vom erkennenden Gericht für strafwürdig befunden würden."[204]

251 Jedoch ergab sich eine gewisse Bindung zumindest daraus, dass Hinrichtungen lange Zeit über (so z.B. auch bei Carpzov[205]) nur dann für zulässig gehalten wurden, soweit die Carolina für das entsprechende Delikt die Todesstrafe vorsah – ein Prinzip, das *Kroeschell* in Anlehnung an den heute gebräuchlichen Begriff des nulla-poena-Prinzips als „nulla poena capitalis sine lege" (dt. „Keine Todesstrafe ohne Gesetz") bezeichnet.[206]

3. 18. und frühes 19. Jahrhundert

252 Das strikte nulla-poena-Prinzip, das für alle Sanktionsarten gilt, hat letztlich verschiedene Wurzeln:

a) Cesare Beccaria u.a.

253 Als Grundsatz, mit dem die Strafmacht des Staates gegenüber dem Einzelnen gebändigt werden soll, entsprach das Gesetzlichkeitsprinzip klassischen Forderungen der **Aufklärung**.[207] Im Jahr 1764 forderte etwa **Cesare Beccaria** (→ Rn. 71),

> „daß allein die Gesetze die Strafen für die Verbrechen bestimmen können, und diese Befugnis kann nur beim Gesetzgeber liegen, der die gesamte durch einen Gesellschaftsvertrag vereinte Gesellschaft vertritt. [...]
>
> Die zweite Forderung besteht darin, daß der Herrscher, der die Gesellschaft selber vertritt, nur allgemeine, für alle Mitglieder verbindliche Gesetze erlassen, aber nicht darüber urteilen kann, ob jemand den Gesellschaftsvertrag verletzt hat; denn dann würde das Volk sich in zwei Teile aufteilen: einen, der vom Herrscher vertreten wird, welcher die Verletzung des Vertrages behauptet, und den anderen, der vom Beschuldigten vertreten wird, der diese Verletzung bestreitet. Es muß daher ein Dritter über die Wahrheit des Sachverhalts urteilen. Daraus folgt die Notwendigkeit eines Magistrats[208] [...]".[209]

---

203 *Kroeschell*, Dt. Rechtsgeschichte III, 2008, S. 91.
204 *Ignor*, Geschichte, 2002, S. 106 (im Original mit Hervorhebung); vertiefend zu den Quellen: ebd., S. 107.
205 Vgl. hierzu *Jessen*, in: Sächs. Staatsmin. der Justiz, Leipzig, 1994, S. 30 (40).
206 *Kroeschell*, Dt. Rechtsgeschichte III, 2008, S. 91.
207 Vgl. etwa *Beccaria*, Von den Verbrechen (1764), 2004, S. 10 ff.: *Beccaria* stützt das strafrechtliche Gesetzlichkeitsprinzip auf kontraktualistische Erwägungen (vgl. aber auch die abweichende Interpretation von *Naucke*, in: Beccaria [ebd.], S. IX ff. [XXIX]).
208 Zur Erläuterung durch M.K. → Kap. C Fn. 106.
209 *Beccaria*, Von den Verbrechen (1764), 2004, S. 12.

III. Strafgesetze und Gesetzlichkeitsprinzip

C.

Zum Teil[210] standen aufklärerische Forderungen nach einer strengen Gesetzesbindung der Gerichte im Zusammenhang mit der zeitgenössischen Idee der Gewaltenteilung.[211]

254

▶ Nach dem **Grundsatz der Gewaltenteilung** sind die Legislative (gesetzgebende Gewalt = Gesetzgeber), die Exekutive (ausführende Gewalt = Regierung und öffentliche Verwaltung) sowie die Judikative (rechtsprechende Gewalt = Justiz) nicht in der Hand einer Person vereint, sondern auf unterschiedliche Akteure (Gewalten) verteilt. Für die Annahme eines solchen Prinzips sprechen mehrere gute **Gründe:**[212]

– Die Gewaltenteilung dient zum einen dazu, dass sich Legislative, Exekutive und Judikative zum Schutz des Einzelnen wechselseitig **kontrollieren und begrenzen**.[213] So ist es in einem Staat, in dem Gewaltenteilung herrscht, dem Gesetzgeber und der Regierung grundsätzlich verboten, sich in strafrechtliche Verfahren einzumischen. Umgekehrt kann die Justiz etwa Rechtsakte des Gesetzgebers und der Verwaltung unter Umständen überprüfen.

– Zum anderen dient das Prinzip der Gewaltenteilung einer **sachgemäßen Zuordnung** der Staatsfunktionen.[214] Um eine der Eigenart der Aufgaben entsprechende gute und sachgemäße Erfüllung sicherzustellen, sollen Struktur, Zusammensetzung und Besetzung der Organe funktionsgerecht sein.[215]

Ein wirkmächtiges Modell der Gewaltenteilung findet sich im 18. Jahrhundert bei dem politisch-philosophischen Gelehrten **Charles de Montesquieu** (1689 – 1755),[216] einem „der bedeutendsten Vertreter der französischen Aufklärung" (*Dorn*).[217] In seinem 1748 erschienenen Werk „De l'Esprit des Lois" (dt. „Vom Geist der Gesetze") schreibt Montesquieu:

„Politische Freiheit für jeden Bürger ist jene geistige Beruhigung, die aus der Überzeugung hervorgeht, die jedermann von seiner Sicherheit hat. Damit man diese Freiheit genieße, muß die Regierung so beschaffen sein, daß kein Bürger einen andern zu fürchten braucht.

Sobald in ein und derselben Person oder derselben Beamtenschaft die legislative Befugnis mit der exekutiven verbunden ist, gibt es keine Freiheit. Es wäre nämlich zu befürchten, daß derselbe Monarch oder derselbe Senat tyrannische Gesetze erließe und dann tyrannisch durchführte.

Freiheit gibt es auch nicht, wenn die richterliche Befugnis nicht von der legislativen und von der exekutiven Befugnis geschieden wird. Die Macht über Leben und Freiheit der Bürger würde unumschränkt sein, wenn jene mit der legislativen Befugnis gekoppelt

---

210 *Binding* weist darauf hin, dass sich aus der Idee der Trennung zwischen gesetzgebender und rechtsprechender Gewalt zwar ein Analogieverbot ableiten lasse, jedoch kein Rückwirkungsverbot (*Binding*, Handbuch, 1885, S. 24 f.); vgl. hierzu die Darstellung bei *Schreiber*, Gesetz und Richter, 1976, S. 32.
211 Vertiefend: *Schreiber*, Gesetz und Richter, 1976, S. 32.
212 Die Ausführungen zum Sinn der Gewaltenteilung beruhen auf: *Kuhli*, VStGB, 2010, S. 90.
213 BVerfGE 95, S. 1 (15); *Zippelius/Würtenberger*, Dt. Staatsrecht, 2018, § 12, Rn. 15; *Sachs*, in: ders., GG, 2021, Art. 20 Rn. 81; *Hesse*, Grundzüge des Verfassungsrechts, 1995, Rn. 476; *Ebner von Eschenbach*, Unrecht, 2000, S. 69, Fn. 213.
214 BVerfGE 98, S. 218 (251 f.); *Sachs*, in: ders., GG, 2021, Art. 20 Rn. 81; *Zippelius/Würtenberger*, Dt. Staatsrecht, 2018, § 12, Rn. 15; *Hesse*, Grundzüge des Verfassungsrechts, 1995, Rn. 482.
215 *Hesse*, Grundzüge des Verfassungsrechts, 1995, Rn. 488.
216 Vollständig: Charles-Louis de Secondat, Baron de la Brède et de Montesquieu (*Dorn*, in: Kleinheyer u.a., Juristen, 2017, S. 316); zu Montesquieus Biografie: *Campagna*, Montesquieu, 2001, S. 185.
217 *Dorn*, in: Kleinheyer u.a., Juristen, 2017, S. 316 (318); vgl. zur Gewaltenteilungslehre auch *Cattaneo* (1987), in: ders, Aufklärung und Strafrecht, 1998, S. 225 (226); *Hilgendorf*, in: ders. u.a., Hdb StrR I, 2019, § 6 Rn. 49.

wäre, denn der Richter wäre Gesetzgeber. Der Richter hätte die Zwangsgewalt eines Unterdrückers, wenn jene mit der exekutiven Gewalt gekoppelt wäre.
Alles wäre verloren, wenn ein und derselbe Mann beziehungsweise die gleiche Körperschaft entweder der Mächtigsten oder der Adligen oder des Volkes folgende drei Machtvollkommenheiten ausübte: Gesetze erlassen, öffentliche Beschlüsse in die Tat umsetzen, Verbrechen und private Streitfälle aburteilen."[218] ◄

255 Eng mit dem zuvor Gesagten hängt zusammen, dass man sich einen Gewinn an **Rechtssicherheit** und **Vertrauensschutz** versprechen durfte, wenn nur solche Verhaltensweisen unter Strafe gestellt werden dürfen, die in Gesetzen festgelegt sind.

256 Zu berücksichtigen ist aber auch, dass die Forderung einer strengen Gesetzesbindung nur dann sinnvoll ist, wenn ein Gesetz existiert, das inhaltlich akzeptabel ist. Seit den Regierungsantritten von **Maria Theresia von Österreich** (1717 – 1780) (→ Rn. 67) und von **Friedrich II. von Preußen** (1712 – 1786) (→ Rn. 67) erschien diese Voraussetzung (m.a.W. eine Gesetzgebung nach den Idealen der Aufklärung) durchaus erfüllbar. Solange aber noch die „Härte und Unmenschlichkeit vieler Strafbestimmungen der Carolina"[219] (*Cattaneo*) herrschte, konnte es sich als sinnvoll erweisen, den Gerichten bei der Anwendung der Gesetze zumindest bis auf Weiteres eine gewisse Flexibilität zu gewähren – eine Notwendigkeit, die auch der Philosoph und Jurist **Christian Thomasius** (→ Rn. 61) sowie der Strafrechtsreformer **Karl Ferdinand Hommel**[220] (1722 – 1781) erkannten.[221] Letzterer forderte daher „unter dem Eindruck der deutschen Verhältnisse" eine „Lösung des Richters aus strenger Gesetzesbindung" (*Hof*).[222]

257 **Zeitgenössische Herrscher**, die sich der Aufklärung verbunden fühlten, setzten im 18. Jahrhundert Gesetze und Kodifikationen in Kraft, die dieser Geisteshaltung Rechnung trugen. So enthielt etwa das Preußische Allgemeine Landrecht (1794) eine Vielzahl detaillierter Einzelfallregelungen.[223] Mit dieser gesetzgeberischen Konzeption ging die Idee einher, dass die Gerichte streng an das Gesetz gebunden sein sollten.[224] Allerdings ist zu bedenken, dass ein solches Gebot letztlich nicht nur den Untertanen diente, sondern auch dem preußischen Herrscher nutzen konnte, da die Gerichte hierdurch an seinen Willen gebunden wurden.[225]

b) Paul Johann Anselm von Feuerbach

258 Eine weitere Wurzel des Gesetzlichkeitsprinzips – nämlich eine spezifisch generalpräventive Lesart – findet sich um 1800 bei **Paul Johann Anselm von Feuerbach**. Dieser knüpfte an die Erwägung an, dass eine Strafandrohung höchstens abschreckend wirken kann, wenn sie für alle (und damit insbesondere auch für potenzielle Straftäter) erkennbar ist.[226] Aus dieser Erwägung eines sog. **psychologischen Zwangs**[227] lassen sich etwa der Bestimmtheitsgrundsatz, das Rückwirkungsverbot und das Erfordernis

---

218 *Montesquieu*, Vom Geist der Gesetze, 1994, 11. Buch, 6. Kap. (Über die Verfassung Englands), S. 216 f.
219 *Cattaneo* (1987), in: ders, Aufklärung und Strafrecht, 1998, S. 225 (226 f.).
220 Zu Hommels Biografie: *Hof*, in: Kleinheyer u.a., Juristen, 2017, S. 206 f.
221 Vgl. hierzu *Cattaneo* (1987), in: ders, Aufklärung und Strafrecht, 1998, S. 225 (226 f.).
222 *Hof*, in: Kleinheyer u.a., Juristen, 2017, S. 206 (207).
223 Vgl. *Hattenhauer*, ALR, 1996, S. 8.
224 Vgl. *Kuhli*, Svarez, 2012, S. 246.
225 Zu Friedrichs entsprechender doppelter Zielsetzung: *Kuhli*, Svarez, 2012, S. 193 ff., 198.
226 Vgl. *Feuerbach*, Lehrbuch, 1801, § 20 ff. (S. 17 ff.).
227 Vgl. hierzu *Greco*, Lebendiges und Totes, 2009, S. 37; *Schröder*, in: Kleinheyer u.a., Juristen, 2017, S. 134 (137).

III. Strafgesetze und Gesetzlichkeitsprinzip

einer gesetzlichen Strafbegründung herleiten.[228] Denn eine Strafandrohung kann von vornherein nur dann effektiv abschreckende Wirkung entfalten, wenn sie vor der potentiellen Tat ausgesprochen wurde und hinreichend klar formuliert ist.

Gesetzlichen Ausdruck fand diese Idee als nulla-poena-Prinzip an prominenter vorderster Stelle im **Bayerischen Strafgesetzbuch** von 1813.[229] Anzumerken ist allerdings auch, dass dieses Gesetz in strenger Umsetzung von Feuerbachs Überlegungen einer Abschreckung durch gesetzliche Strafandrohung mitunter vergleichsweise harte Sanktionen vorsah.[230]

259

Feuerbach gelang zweifellos die Begründung eines der grundlegenden Prinzipien des Strafrechts. Doch sind auch einige **Kritikpunkte gegen Feuerbachs Theorie** angezeigt:

260

- So scheint er von dem Bild eines Täters auszugehen, der gleich einem **homo oeconomicus** rational abwägt zwischen dem Nutzen einer Straftat (z.B. der Tatbeute) und der drohenden Strafe. Ausgeblendet bleiben hiermit aber die Fälle, in denen der Täter aus Affekt handelt[231] (z.B. Körperverletzung in blinder Wut). Entsprechendes gilt für die Fälle, in denen der Täter unbewusst agiert: Man denke beispielsweise an den Fall, dass jemand eine fahrlässige Brandstiftung begeht, indem er vergisst, ein Bügeleisen abzustellen.
- Auch ist zu berücksichtigen, dass das mutmaßliche **Entdeckungsrisiko** für einen Täter mindestens ebenso bedeutsam sein dürfte wie die zu erwartende Strafe im Fall der Entdeckung (= die Strafdrohung).
- Ein Kritikpunkt von einer anderen Seiten findet sich in dem **Hegel zugeschriebenen Hundevergleich** (→ Rn. 226).

4. Spätes 19. Jahrhundert

Im Laufe des 19. Jahrhunderts wurde das nulla-poena-Prinzip zum Bestandteil weiterer Strafgesetze, die zeitlich nach Erlass des Bayerischen Strafgesetzbuchs in Kraft traten. Wichtige Beispiele bilden etwa das **Preußische Strafgesetzbuch** von 1851[232] und vor allem § 2 Abs. 1 des 1872 in Kraft getretenen **Reichsstrafgesetzbuchs**. Die zuletzt genannte Regelung lautete:

261

> „Eine Handlung kann nur dann mit einer Strafe belegt werden, wenn diese Strafe gesetzlich bestimmt war, bevor die Handlung begangen wurde."[233]

Durch das darin enthaltene **Analogieverbot** (→ Rn. 243) war das **Reichsgericht** in den Jahren 1896 und 1899 darin gehindert, den eine „bewegliche Sache" voraussetzenden Diebstahlstatbestand[234] auf einen Fall der Entziehung elektrischen Stroms anzuwenden.[235] Daraufhin führte der Gesetzgeber im Jahr 1900 einen Straftatbestand ein, der die nicht ordnungsgemäße **Entziehung elektrischer Energie** zum Gegenstand hatte.[236]

262

---

228 Vgl. hierzu auch die Darstellung bei *T. Vormbaum*, Strafrechtsgeschichte, 2019, S. 42 f.
229 *Rüping/Jerouschek*, Grundriss, 2011, Rn. 204.
230 *Greco*, in: Koch u.a., BayStGB, 2014, S. 285 (287 f.); *Koch*, in: Hilgendorf u.a., Hdb StR I, 2019, § 7 Rn. 31; *Schröder*, in: Kleinheyer u.a., Juristen, 2017, S. 134 (137).
231 Vgl. in diesem Kontext: *Gmür/Roth*, Grundriss, 2018, Rn. 345.
232 Konkret: § 2 Preuß. StGB (1851).
233 BGBl. des Norddeutschen Bundes 1870, S. 197; RGBl. 1871, S. 128.
234 § 242 Abs. 1 i.d.F.v. 1871 und insoweit gleichlautend mit der heute geltenden Fassung.
235 RGSt 29, S. 111; RGSt 32, S. 165 (185 ff., 188).
236 Gesetz, betreffend die Bestrafung der Entziehung elektrischer Arbeit v. 9. April 1900 (RGBl. Nr. 15, S. 228).

Aufgrund des nach § 2 Abs. 1 RStGB ebenfalls geltenden **Rückwirkungsverbots** konnte dieser neu eingeführte Straftatbestand nicht auf die zuvor stattgefundenen Fälle, sondern nur für die Zukunft angewendet werden. Im Jahr 1953 wurde der Straftatbestand der Entziehung elektrischer Energie in das Strafgesetzbuch integriert.[237]

263 Auch **wissenschaftlich** wurde die Existenz eines strafrechtlichen Gesetzlichkeitsprinzips Ende des 19. Jahrhunderts im Ergebnis akzeptiert, wobei die Begründungen durchaus divergierten. So hielt etwa **Binding** dieses Prinzip keineswegs für zwingend, akzeptierte es jedoch als eine Verpflichtung, die sich der Gesetzgeber selbst auferlegt hat.[238] Liszt rückte stattdessen den individualschützenden Charakter des Gesetzlichkeitsprinzips in den Fokus: Dieser Grundsatz sei „das Bollwerk des Staatsbürgers gegenüber der staatlichen Allgewalt" und schütze „den Einzelnen gegen die rücksichtslose Macht der Mehrheit".[239] Nicht vernachlässigt werden soll aber auch, dass Liszt an die Bestimmtheit der Rechtsfolgen keineswegs immer hohe Anforderungen stellte; dies zeigt sich etwa in seiner Idee einer Einsperrung sogenannter Gewohnheitsverbrecher auf – zunächst – unbestimmte Zeit[240] (→ Rn. 230).

5. Weimarer Republik

264 In der Weimarer Republik blieb die einfachgesetzliche Ausprägung des nulla-poena-Prinzips gem. § 2 Abs. 1 RStGB in Kraft. Hinzu kam, dass (jedenfalls) einzelne Bestandteile dieses Prinzips in der 1919 eingeführten Weimarer Reichsverfassung (WRV) mit Verfassungsrang versehen wurden.[241]

▶ **Auslegung von Artikel 116 WRV:** Diese Verfassungsbestimmung lautete:

„Eine Handlung kann nur dann mit einer Strafe belegt werden, wenn die Strafbarkeit gesetzlich bestimmt war, bevor die Handlung begangen wurde."[242]

Damit war die Regelung **nahezu wortgleich** mit der einfachgesetzlichen Bestimmung des 1872 in Kraft getretenen § 2 Abs. 1 RStGB (→ Rn. 261), die 1919 noch in dieser Fassung galt.[243]

Ein **begrifflicher Unterschied** ergab sich lediglich daraus, dass § 2 Abs. 1 RStGB ausdrücklich eine gesetzliche Bestimmung – also eine gesetzliche Festlegung – „diese[r] Strafe" verlangte, wohingegen Art. 116 WRV auf „die Strafbarkeit" abstellte.[244] Die zuletzt genannte Regelung konnte demnach auch so verstanden werden, dass lediglich eine gesetzliche Regelung der **Voraussetzungen einer Strafe** gefordert ist, wohingegen die gesetzliche Festlegung der **Strafart und Strafhöhe** unnötig ist.[245]

---

237 3. Strafrechtsänderungsgesetz v. 4. August 1953 (BGBl. I, S. 735), durch das die Regelung gem. § 248c StGB eingeführt wurde, während der 1900 eingeführte Straftatbestand aufgehoben wurde.
238 Vgl. hierzu *T. Vormbaum*, Strafrechtsgeschichte, 2019, S. 134.
239 *Liszt* (1893), zit. nach: T. Vormbaum, Dt. Strafrechtsdenker, 2011, S. 224 (233).
240 Vgl. hierzu *Schröder*, in: Kleinheyer u.a., Juristen, 2017, S. 271 (273 f.).
241 Art. 116 WRV; unklar war jedoch, ob dieses Verfassungsprinzip auch eine rückwirkende Strafschärfung untersagte.
242 RGBl. 1919, S. 1383 (1405).
243 Die folgende Darstellung beruht auf *Kuhli* MHI 20 Nr. 2 (2021), S. 45.
244 Vgl. *Schreiber*, Gesetz und Richter, 1976, S. 181.
245 Vgl. hierzu auch *T. Vormbaum*, Strafrechtsgeschichte, 2019, S. 159; *Werber*, Analogie- und Rückwirkungsverbot, 1998, S. 12 f.

III. Strafgesetze und Gesetzlichkeitsprinzip

Nach einer solchen Auslegung müsste also beispielsweise in der heute geltenden Regelung gem. § 223 Abs. 1 StGB (Körperverletzung) der im Folgenden kursiv gesetzte Teil gar nicht gesetzlich geregelt sein:

„Wer eine andere Person körperlich mißhandelt oder an der Gesundheit schädigt, wird *mit Freiheitsstrafe bis zu fünf Jahren oder mit Geldstrafe* bestraft."[246]

Unter Zugrundelegung einer derartigen Auslegung von Art. 116 WRV stünden also auch solche Strafgesetze, die keinerlei Rahmen für die richterliche Strafzumessung vorgeben, im Einklang mit der Verfassung. Auch wäre hiernach eine rückwirkende gesetzliche Straferhöhung gestattet, da das Rückwirkungsverbot – als Bestandteil des strafrechtlichen Gesetzlichkeitsprinzips – nach dieser Lesart nicht für die Strafhöhe gelten würde.

Zugegebenermaßen war die eben vorgenommene **Auslegung** von Art. 116 WRV **keineswegs zwingend**. Mit einer gewissen Berechtigung könnte man sich auch auf den Standpunkt stellen, dass die Begriffe der „Strafbarkeit" (nach Art. 116 WRV) und „Strafe" (nach § 2 Abs. 1 RStGB) synonym zu verstehen sind, sodass beide Regelungen rückwirkende Strafverschärfungen durchaus verbieten. Allerdings war auch diese Auslegung durchaus anfechtbar.

Bei den **Beratungen** in der verfassungsgebenden Nationalversammlung von Weimar wurde kritisch eingewandt, dass eine Wortlautabweichung zwischen Art. 116 WRV und § 2 Abs. 1 RStGB auf einen unterschiedlichen Schutzgehalt schließen lasse.[247] Demgegenüber wurde von anderer Seite betont, dass eine inhaltliche Abweichung zwischen Art. 116 WRV und § 2 Abs. 1 RStGB keineswegs beabsichtigt sei.[248]

Der Umstand, dass die Wortlautdifferenz zwischen beiden Regelungen bei der Verabschiedung der Weimarer Reichsverfassung letztlich akzeptiert wurde, mochte auch darin liegen, dass die praktischen Konsequenzen einer restriktiven (rückwirkende Strafverschärfungen nicht verbietenden) Auslegung von Art. 116 WRV gering zu sein schienen. Immerhin existierte mit § 2 Abs. 1 RStGB eine Regelung, die das strafrechtliche Gesetzlichkeitsprinzip unzweifelhaft auch auf die Frage der Strafhöhe bezog. Erst Jahre nach Inkrafttreten der Weimarer Reichsverfassung sollte sich zeigen, dass § 2 Abs. 1 RStGB keinen hinreichenden Schutz bieten konnte. Die Rede ist vom **Reichstagsbrandprozess im Nationalsozialismus** (→ Rn. 269 ff.). ◄

6. Zeit des Nationalsozialismus

Nach der sog. „Machtergreifung"[249] durch die Nationalsozialisten blieb das strafrechtliche Gesetzlichkeitsprinzip gem. § 2 Abs. 1 RStGB formal in Kraft. Allerdings wurden nach und nach fast alle Bestandteile dieses Prinzips ausgehöhlt:

265

---

246 Hervorhebung durch M.K.
247 Verfassunggebende deutsche Nationalversammlung, Verfassungsausschuss, 33. Sitzung, 30. Mai 1919, S. 1, abrufbar unter http://dl.ub.uni-freiburg.de/diglit/nat_vers1919/0739?sid=36dbf5458d6acbe6bf682dd7e09d97f1 – abgerufen am 14. Oktober 2021; vgl. hierzu auch *Werber*, Analogie- und Rückwirkungsverbot, 1998, S. 13.
248 Verfassunggebende deutsche Nationalversammlung, Verfassungsausschuss, 33. Sitzung, 30. Mai 1919, S. 1 (→ Kap. C Fn. 247); vgl. *Werber*, Analogie- und Rückwirkungsverbot, 1998, S. 13; *Schreiber*, Gesetz und Richter, 1976, S. 181 f.
249 → Kap. B Fn. 429.

C. Zentrale Fragestellungen, Ideen und Prinzipien

a) Unbestimmte Gesetze

266 Das Bestimmtheitsprinzip wurde faktisch dadurch entwertet,[250] dass zwischen 1933 und 1945 zahlreiche Strafgesetze erlassen und praktiziert wurden, die in ihren Voraussetzungen äußerst vage[251] waren. Um nur einige Beispiele zu nennen:

- Nach dem 1934 erlassenen „Gesetz gegen heimtückische Angriffe auf Staat und Partei und zum Schutz der Parteiuniformen"[252] (dem sog. **Heimtückegesetz**) machte sich strafbar, wer „öffentlich gehässige, hetzerische oder von niedriger Gesinnung zeugende Äußerungen über leitende Persönlichkeiten des Staates oder der NSDAP[253] [...] macht, die geeignet sind, das Vertrauen des Volkes zur politischen Führung zu untergraben".[254] Bei diesem Gesetz ergab sich eine zusätzliche Flexibilität daraus, dass die Verfolgung einer derartigen Tat grundsätzlich von der Anordnung des Reichsjustizministers abhing.[255]
- Die „Verordnung über die Strafrechtspflege gegen Polen und Juden in den eingegliederten Ostgebieten" von 1941[256] (sog. **Polenstrafrechtsverordnung**) normierte: „Polen und Juden werden auch bestraft, wenn sie gegen die deutschen Strafgesetze verstoßen oder eine Tat begehen, die gemäß dem Grundgedanken eines deutschen Strafgesetzes nach den in den eingegliederten Ostgebieten bestehenden Staatsnotwendigkeiten Strafe verdient".[257]

b) Analogienovelle

267 Das Analogieverbot wurde dadurch entwertet,[258] dass § 2 des Reichsstrafgesetzbuchs im Jahr 1935 folgende neue Fassung erhielt (sog. Analogienovelle):[259]

„Bestraft wird, wer eine Tat begeht, die das Gesetz für strafbar erklärt oder die nach dem Grundgedanken eines Strafgesetzes und nach gesundem Volksempfinden Bestrafung verdient. Findet auf die Tat kein bestimmtes Strafgesetz unmittelbar Anwendung, so wird die Tat nach dem Gesetz bestraft, dessen Grundgedanke auf sie am besten zutrifft."[260]

▶ Unternimmt man hier das **Gedankenexperiment**, dass eine solche Regelung bereits vor 1900 gegolten hätte, so hätte die Entziehung elektrischer Energie wohl nach dem Grundgedanken des Diebstahlstatbestandes bestraft werden können (→ Rn. 262). ◀

268 Zutreffend wird aber in der heutigen Forschung darauf hingewiesen, dass die analoge Anwendung von Straftatbeständen im Nationalsozialismus auch nach 1935 die Ausnahme bleiben konnte, denn zahlreiche NS-Strafvorschriften waren in ihren Voraussetzungen ohnehin so unbestimmt, dass vieles unter sie subsumiert werden konnte.[261]

---

250 Zum Folgenden *Kuhli*, in: FS Trute, 2023, S. 265 (269 f.).
251 *Niesen/Eberl*, in: Buckel u.a., Theorien, 2020, S. 13 (20); *Niesen/Eberl*, in: Buckel u.a., Theorien, 2009, S. 1 (13); *Dreier*, in: Borowski/Paulson, Natur des Rechts, 2015, S. 1 (11); *Deiseroth* Betrifft Justiz 113 (März 2013), S. 5 (8).
252 RGBl. I, S. 1269.
253 Anmerkung durch M.K.: Hervorzuheben ist die Parallelisierung von Staat und Partei.
254 § 2 Abs. 1 Heimtückegesetz (1934).
255 § 2 Abs. 3 Heimtückegesetz (1934).
256 RGBl. I, S. 759.
257 Art. II Polenstrafrechtsverordnung von 1941 (RGBl. I, S. 759).
258 Vgl. auch *Rüping/Jerouschek*, Grundriss, 2011, Rn. 278.
259 Vgl. hierzu und zur darauffolgenden Rechtsprechung des Reichsgerichts: *Fitting*, Analogieverbot, 2016, S. 65 f., 68.
260 RGBl. 1935 I, S. 839 (im Original in zwei Absätzen).
261 *Werle/M. Vormbaum* JZ 2021, S. 1163 (1165).

III. Strafgesetze und Gesetzlichkeitsprinzip

c) Rückwirkung (Reichstagsbrandprozess)

Auch das Rückwirkungsverbot erfuhr eine deutliche Relativierung, und zwar aus Anlass des sog. Reichstagsbrandprozesses, der im Jahr 1933 vor dem Reichsgericht stattfand.[262] In diesem Strafverfahren wurden der Niederländer **Marinus van der Lubbe** (→ Rn. 145) und weitere Personen beschuldigt, für ein am 27. Februar 1933 im Reichstagsgebäude in Berlin gelegtes Feuer verantwortlich zu sein.[263] Im Zeitpunkt der mutmaßlichen Tat sah das RStGB für die den Beschuldigten zur Last gelegten Delikte (u.a. aufrührerische Brandstiftung und Hochverrat) im Höchstmaß lebenslange Zuchthausstrafe vor.[264] Allerdings wurde rasch deutlich, dass die politische Führung im Fall des Reichstagsbrandes die Todesstrafe wünschte. Zunächst wurde am 28. Februar 1933, also nur wenige Stunden nach dem Brand, die „Verordnung des Reichspräsidenten zum Schutz von Volk und Staat" erlassen, deren § 5 unter anderem normierte:

269

> „Mit dem Tode sind die Verbrechen zu bestrafen, die das Strafgesetzbuch in den §§ 81 (Hochverrat), [...] 307 (Brandstiftung) [...] mit lebenslangem Zuchthaus bedroht [...]".[265]

Aufgrund des engen zeitlichen und inhaltlichen Zusammenhangs mit der van der Lubbe vorgeworfenen Tat wird dieser Gesetzgebungsakt auch als **Reichstagsbrandverordnung** bezeichnet.[266] Der genannte § 5 traf allerdings keine ausdrückliche Aussage zu der Frage, für welche Taten die Regelung in zeitlicher Hinsicht gelten sollte,[267] jedoch wurde von den Nationalsozialisten eine Rückwirkung dieser Vorschrift durchaus erwogen.[268] Da die Delikte des Hochverrats[269] und der Brandstiftung[270] im Zeitpunkt des Reichstagsbrandes zwar strafbar waren, aber nicht mit dem Tode sanktionierbar waren, hätte die Verurteilung van der Lubbes zum Tode eine rückwirkende Strafverschärfung impliziert. Problematisch war daher die Frage, ob dies mit Art. 116 WRV in Einklang stand.

270

In einem **Rechtsgutachten**, das in diesem Zusammenhang[271] auf Veranlassung des Reichskanzlers abgefasst wurde,[272] äußerten die drei Strafrechtswissenschaftler **Johannes Nagler** (1876 – 1951), **Friedrich August Oetker** (1854 – 1937) und **Hellmuth von Weber** (1893 – 1970) am 4. März 1933 die Auffassung, dass Art. 116 WRV

271

---

262 Dieser Abschnitt zum Reichstagsbrandprozess beruht auf *Kuhli* MHI 20 Nr. 2 (2021), S. 45.
263 *Wagner*, Volksgerichtshof, 2011, S. 13; vgl. auch BGH NStZ 1983, S. 424; *Pagenkopf* NJW 2002, S. 2442; demgegenüber ist die Frage der Täterschaft bis heute nicht restlos geklärt (*Gmür/Roth*, Grundriss, 2018, Rn. 458).
264 §§ 81 Abs. 1, 307 RStGB, jeweils i.d.F.v. 1871 (RGBl., S. 142 [186]); vgl. auch *Werber*, Analogie- und Rückwirkungsverbot, 1998, S. 9.
265 RGBl. I, S. 83.
266 *Werber*, Analogie- und Rückwirkungsverbot, 1998, S. 9.
267 Vgl. insoweit auch *Seebode* JJZG 3 (2001/2002), S. 203 (207), dem zufolge die Reichstagsbrandverordnung „sich keine Rückwirkung bei[legte]".
268 *Seebode* JJZG 3 (2001/2002), S. 203 (207 f.).
269 § 81 RStGB (→ Kap. C Fn. 264).
270 § 307 RStGB (→ Kap. C Fn. 264).
271 Zu begutachten war hierin die Rechtsfrage, ob „auf Verbrechen der Art, wie sie dem Reichstagsattentat zur Last gelegt werden, die verschärften Strafbestimmungen des § 5 der Notverordnung vom 28. Februar 1933 im Wege einfacher (nicht verfassungsändernder) Gesetzgebung noch nachträglich erstreckt werden können, obschon jene Handlungen bereits vor dem Inkrafttreten der Notverordnung begangen worden sind" (*Nagler/Oetker/von Weber*, Gutachten v. 4. März 1933, S. 1, abgedruckt in: *Seebode* JJZG 3 [2001/2002], S. 203 [229]).
272 *Werber*, Analogie- und Rückwirkungsverbot, 1998, S. 18.

"sich nur mit dem ‚Ob' der Bestrafung" befasse.[273] Nach dieser Auffassung waren Strafverschärfungen von der genannten Vorschrift gar nicht erfasst.[274]

272 Allerdings kam es spätestens nach Erlass des sog. **Ermächtigungsgesetzes**[275] (→ Rn. 125) ohnehin nicht mehr auf Art. 116 WRV an.[276] Das hiermit angesprochene „Gesetz zur Behebung der Not von Volk und Reich" vom 24. März 1933[277] sah nämlich nicht nur vor, dass die meisten Reichsgesetze von nun an durch die Reichsregierung beschlossen werden konnten,[278] sondern erlaubte in bestimmten Fällen sogar, dass diese Gesetze von der Reichsverfassung abweichen durften.[279] Wie *Werber* zutreffend feststellt, verlor hierdurch „der – von den NS-Machthabern sicher nicht als wesentliches Hindernis empfundene – Streit um die Reichweite des Art. 116 WRV im Hinblick auf den Grundsatz nulla poena sine lege endgültig seine Bedeutung".[280] So wurde kurze Zeit später – am 29. März 1933 – das **„Gesetz über Verhängung und Vollzug der Todesstrafe"** erlassen. Es bestand aus lediglich zwei Paragrafen, dessen erster wie folgt lautete:

„§ 5 der Verordnung des Reichspräsidenten zum Schutz von Volk und Staat vom 28. Februar 1933 [...] gilt auch für Taten, die in der Zeit zwischen dem 31. Januar und dem 28. Februar 1933 begangen sind."[281]

273 Diese Regelung war auf den Reichstagsbrandprozess zugeschnitten, stellte also ein Einzelfallgesetz dar, weswegen es häufig auch **Lex van der Lubbe**[282] genannt wird. Dieses Gesetz erlaubte eine rückwirkende Anwendung der in der Reichstagsbrandverordnung festgelegten Todesstrafe und stellte damit eine (durch das Ermächtigungsgesetz [→ Rn. 125] für zulässig erklärte) Abweichung von Art. 116 WRV dar, soweit man hierin überhaupt ein Verbot der rückwirkenden Strafverschärfung sah.

274 **Im Ergebnis** führten die 1933 erlassenen Regelungen dazu, dass der Reichstagsbrand mit der Todesstrafe geahndet wurde, obwohl im Tatzeitpunkt noch eine mildere Rechtsfolge gegolten hatte.[283] In der Sache begründete dies also eine rückwirkende Verschärfung der Strafe.[284] Dabei fällt insbesondere auch der kurze Zeitraum zwischen den verschiedenen Gesetzen bzw. Verordnungen auf, die im Nachgang zum Reichstagsbrand erlassen wurden. Marinus van der Lubbe wurde Ende 1933 vom Reichsgericht zum Tode verurteilt und 1934 hingerichtet.[285]

---

273 *Nagler/Oetker/von Weber*, Gutachten v. 4. März 1933, S. 3, abgedruckt in: *Seebode* JJZG 3 (2001/2002), S. 203 (231); vgl. hierzu *T. Vormbaum*, Strafrechtsgeschichte, 2019, S. 189 f.
274 Vgl. allerdings auch zu den Passagen des Gutachtens, in denen die Autoren auf die Probleme einer rückwirkenden Strafverschärfung hindeuten: *Werber*, Analogie- und Rückwirkungsverbot, 1998, S. 20.
275 *Werber*, Analogie- und Rückwirkungsverbot, 1998, S. 9.
276 *Seebode* JJZG 3 (2001/2002), S. 203 (220).
277 RGBl. I, S. 141.
278 Art. 1 Ermächtigungsgesetz (1933).
279 Art. 2 S. 1 Ermächtigungsgesetz (1933).
280 *Werber*, Analogie- und Rückwirkungsverbot, 1998, S. 24.
281 RGBl. I, S. 151.
282 Vgl. etwa *T. Vormbaum*, Strafrechtsgeschichte, 2019, S. 189; *Werber*, Analogie- und Rückwirkungsverbot, 1998, S. 9.
283 Vgl. im Einzelnen *Schwahn* NJW 1998, S. 2568 (2569); *T. Vormbaum*, Strafrechtsgeschichte, 2019, S. 189 f.
284 Vgl. *T. Vormbaum*, Strafrechtsgeschichte, 2019, S. 189 f.; vgl. auch *Werber*, Analogie- und Rückwirkungsverbot, 1998, S. 10.
285 Vgl. auch *Werber*, Analogie- und Rückwirkungsverbot, 1998, S. 10.

III. Strafgesetze und Gesetzlichkeitsprinzip

7. Von der Nachkriegszeit bis zur Gegenwart
a) Gesetz- und Verfassungsgebung

Das 1949 in Kraft getretene **Grundgesetz** für die Bundesrepublik Deutschland normiert das strafrechtliche Gesetzlichkeitsprinzip wieder in einem strengen Sinn: Nach Art. 103 Abs. 2 dieser Verfassung kann eine Tat nur bestraft werden, wenn die Strafbarkeit gesetzlich bestimmt war, bevor die Tat begangen wurde. Eine entsprechende Regelung wird in der jungen Bundesrepublik auch im Strafgesetzbuch eingeführt.[286]

▶ **Zum Wortlaut von Art. 103 Abs. 2 GG:**[287] Bemerkenswerterweise sah der Verfassungsgeber davon ab, den strengen Wortlaut des früheren § 2 Abs. 1 RStGB („Strafe") zu übernehmen, wonach rückwirkende Strafverschärfungen unzweifelhaft ausgeschlossen gewesen wären (→ Rn. 264). Stattdessen entschied man sich bei der Ausgestaltung von Art. 103 Abs. 2 GG im Ergebnis[288] für einen Wortlaut, der lediglich auf die gesetzliche Bestimmung der „Strafbarkeit" rekurrierte:

„Eine Tat kann nur bestraft werden, wenn die Strafbarkeit gesetzlich bestimmt war, bevor die Tat begangen wurde."

Ebenso wie bereits Art. 116 WRV lässt deshalb auch der Wortlaut von Art. 103 Abs. 2 GG prinzipiell die Auslegung zu, dass rückwirkende Strafverschärfungen zulässig sind. Gleichwohl geht die überwiegende Ansicht heute davon aus, dass das strafrechtliche Gesetzlichkeitsprinzip des Grundgesetzes auch die rückwirkende Strafverschärfung untersagt.[289] Berücksichtigt man den Umstand, dass das Grundgesetz in vielen seiner Regelungen[290] Konsequenzen aus den historischen Erfahrungen mit der Weimarer Reichsverfassung und ihrem Scheitern[291] zieht, ist diese strenge Auslegung des strafrechtlichen Gesetzlichkeitsprinzips in jedem Fall gerechtfertigt. ◀

Die strikte Normierung des nulla-poena-Prinzips im Strafgesetzbuch der Bundesrepublik und im Grundgesetz ändert allerdings nichts daran, dass auch nach 1949 immer wieder **Strafgesetze** erlassen werden, die im Hinblick auf dieses Prinzip durchaus **problematisch** sind:

- So gestattet der Gesetzgeber etwa mit dem 2007 eingeführten Straftatbestand des sog. **Stalkings**[292] faktisch eine Analogiebildung durch die Rechtsanwender:[293] Hinter der tatbestandlichen Aufzählung von (mehr oder weniger konkreten) Stalking-Verhaltensweisen[294] findet sich nämlich der Passus, dass es auch ausreicht, wenn der Täter eine andere „vergleichbare Handlung" begeht.[295]

---

286 BGBl. 1953 I, S. 735 (737).
287 Die folgende Darstellung beruht auf *Kuhli* MHI 20 Nr. 2 (2021), S. 45.
288 Vgl. im Einzelnen zu den Beratungen *Schreiber*, Gesetz und Richter, 1976, S. 202 f.
289 Vgl. hierzu mit weiteren Nachweisen *Seebode* JJZG 3 (2001/2002), S. 203 (214).
290 Als Beispiele nennt Stolleis die Kompetenzordnung und die Finanzverfassung der Bundesrepublik Deutschland, die Notstandsregelungen des Grundgesetzes, die Errichtung des Bundesverfassungsgerichts, die im Vergleich zur Weimarer Zeit veränderte Gewichtung der weiteren Bundesorgane sowie den Modus für eine Grundgesetzänderung. Nicht zuletzt muss auch die zurückhaltende Aufnahme direktdemokratischer Elemente in das Grundgesetz in diesem Zusammenhang Erwähnung finden (vgl. *Stolleis*, WRV, in: HRG V, 1998, Sp. 1218 [1221]).
291 Ebd., Sp. 1221; vgl. *Möller*, in: Rödder, Weimar, 1999, S. 105 (110).
292 Offizieller Name der Vorschrift: „Nachstellung".
293 *Heger*, in: Lackner/Kühl, 2023, § 238 Rn. 5.
294 § 238 Abs. 1 Nr. 1 bis 7 StGB.
295 § 238 Abs. 1 Nr. 8 StGB.

- Besondere Probleme bereiten auch Straftatbestände, die andere Regelungen bzw. Rechtsakte in Bezug nehmen. Das im Jahr 2002 eingeführte **Völkerstrafgesetzbuch**[296] (→ Rn. 173) verweist in den Voraussetzungen einiger seiner Straftatbestände sogar auf ungeschriebene völkerrechtliche Bestimmungen (sog. Völkergewohnheitsrecht), was im Hinblick auf das Gesetzlichkeitsprinzip kritikwürdig ist.[297]

b) Nachträglicher Umgang mit dem Nationalsozialismus und der DDR

277 Nach 1945 stellte sich in der deutschen Geschichte mehrmals die Frage, ob nach einem Systemwechsel solche Verhaltensweisen unter Strafe gestellt werden dürfen, die im Zeitpunkt ihrer Begehung zumindest faktisch nicht geahndet wurden.[298] Diese Problematik betraf:

- Gewalttätigkeiten und Unterdrückungsmaßnahmen, die durch das **NS-Regime** (1933 – 1945) veranlasst, gedeckt oder gefördert worden waren.
- Verhaltensweisen, die im Auftrag bzw. mit Billigung der **DDR-Führung** 1949 bis 1989 stattgefunden hatten, z.B. Schusswaffeneinsätze an der innerdeutschen Grenze (sog. Mauerschützenfälle), Wahlfälschungen, Sportdoping und Denunziationen.[299]

278 Die Frage, ob derartige Verhaltensweisen nachträglich bestraft werden können bzw. dürfen, wurde nach dem Ende des Zweiten Weltkriegs (1945) bzw. nach der Wiedervereinigung (1990) politisch und juristisch diskutiert.[300] Die **rechtliche Debatte** kreiste dabei unter anderem um die Frage, ob eine nachträgliche Verurteilung einen Verstoß gegen das **Rückwirkungsverbot** begründet. Als Quelle dieses Verbots kommt seit 1949 unter anderem die oben (→ Rn. 275) genannte Verfassungsbestimmung des Artikels 103 Abs. 2 GG in Betracht.

279 Die Annahme einer verbotenen Rückwirkung lässt sich in den Fällen der oben genannten Art regelmäßig nur mit zwei alternativen Begründungen bestreiten:

- **Begründung I:** Eine nachträgliche Bestrafung verstößt nicht gegen das Rückwirkungsverbot, da es nur mit bestimmten (unten noch auszuführenden) Einschränkungen gilt.
- **Begründung II:** Eine nachträgliche Bestrafung begründet keine Rückwirkung, weil die maßgeblichen Handlungen im Tatzeitpunkt durchaus strafbar waren. Eine faktische Straflosigkeit in der NS- bzw. DDR-Zeit ist später also unbeachtlich, da eine Bestrafung bereits in der NS- bzw. DDR-Zeit hätte erfolgen müssen.

280 Ein theoretischer Ansatz für die Begründung II findet sich nach dem Ende des Zweiten Weltkriegs bei **Gustav Radbruch** (1878 – 1949) (→ Rn. 131). Dieser legte in einem Beitrag von 1946 dar, dass jedes – positive[301] – Gesetz zumindest Rechtssicherheit erzeuge.[302] Hieraus folgerte Radbruch, dass ein inhaltlich ungerechtes positives Gesetz

---

296 BGBl. I, S. 2254.
297 Vgl. hierzu *Kuhli*, VStGB, 2010.
298 Ausgeblendet bleibt hier die Frage, wie mit denjenigen Fällen umzugehen ist, in denen der jeweilige Täter unter Zwang (z.B. unter Befehl oder Drohungen) handelte.
299 Überblick bei *Marxen/Werle* u.a., DDR-Unrecht, 2020, S. 8 ff.
300 Vgl. etwa *Weinke*, Gewalt, 2016, S. 290 ff.
301 Damit meinte *Radbruch* z.B. geschriebene Rechtsnormen, die von einem staatlichen Gesetzgeber verabschiedet werden.
302 *Radbruch* SJZ 1946, S. 105 (107).

III. Strafgesetze und Gesetzlichkeitsprinzip

nur dann keine Verbindlichkeit[303] entfalte, wenn es in einem unerträglichen Maß der Gerechtigkeit widerspricht.[304] Wirkungslos seien auch solche Gesetze, die einen diskriminierenden Inhalt aufweisen.[305] Unter Zugrundelegung des zuletzt genannten Maßstabs kam Radbruch nach der NS-Zeit zu dem Schluss, dass „ganze Partien nationalsozialistischen Rechts niemals zur Würde geltenden Rechts gelangt" waren.[306] Soweit sich ein NS-Täter, der beispielsweise 1943 einen anderen Menschen getötet hatte, nach 1945 auf einen diskriminierenden Rechtfertigungsgrund von 1943 berufen wollte, konnte man dem Täter also argumentativ mit der eben genannten **Radbruch'schen Formel** entgegentreten.

Bezugnahmen auf die Gedanken Radbruchs finden sich sowohl in der Nachkriegsjustiz[307] als auch in den sog. **Mauerschützenprozessen**, die nach der deutschen Wiedervereinigung stattfanden.[308] Gegenstand dieser Strafverfahren war die Tötung bzw. Verletzung von Menschen, die versucht hatten, die innerdeutsche Grenze zwischen der DDR und der Bundesrepublik zu überwinden.[309] Es stellte sich die Frage, ob Grenzsoldaten, Vorgesetzte und politisch Verantwortliche für diese in der DDR begangenen Taten nach der Wiedervereinigung wegen Totschlags bzw. Mordes verurteilt werden dürfen:

281

- Der **Bundesgerichtshof** entschied im Jahr 1992, dass eine mit Dauerfeuer erfolgte Tötung eines über die Grenze Flüchtenden bereits im betreffenden Tatzeitpunkt (1984) nicht gerechtfertigt gewesen sei, sodass eine nachträgliche Verurteilung nicht gegen das Rückwirkungsverbot verstoße.[310] In diesem Kontext rekurrierte das Gericht unter anderem auch auf die **Radbruch'sche Formel** von 1946.[311]

- Während der Bundesgerichtshof also in den Mauerschützenfällen von vornherein eine Rückwirkung der Bestrafung verneinte (= oben genannte Begründung II), argumentierte das **Bundesverfassungsgericht** in anderer Weise (= oben genannte Begründung I): Im Jahr 1996 entschied das Verfassungsgericht nämlich, dass eine nach der Wiedervereinigung erfolgte Verurteilung eines Mauerschützen und weiterer Verantwortlicher der DDR nicht gegen das Rückwirkungsverbot verstoße. Hierbei stellte das Bundesverfassungsgericht nicht auf eine Strafbarkeit im Tatzeitpunkt ab, sondern rekurrierte darauf, dass das Rückwirkungsverbot in denjenigen Fällen keinen Vertrauensschutz gewährleiste, in denen Träger einer Staatsmacht Unrechtshandlungen begünstigen.[312]

▶ → **Kontrollfragen** 12, 15, 17, 30, 35, 36, 45 und 46. ◀

---

303 Vgl. hierzu *Kuch* JuS 2020, S. 720.
304 *Radbruch* SJZ 1946, S. 105 (107).
305 Hinsichtlich dieser Fallgruppe spricht Radbruch sogar davon, dass derartige Gesetze „überhaupt der Rechtsnatur" entbehren (*Radbruch* SJZ 1946, S. 105 [107]).
306 Ebd., S. 107.
307 Vgl. hierzu *Vassalli*, Radbruchsche Formel, 2010, S. 51 ff.
308 Vgl. *Hilgendorf*, in: ders. u.a., Hdb StrR I, 2019, § 1 Rn. 37.
309 Die folgende Darstellung zur strafrechtlichen Behandlung der Mauerschützenfälle basiert auf *Kuhli*, VStGB, 2010, S. 164 ff.
310 BGH NJW 1993, S. 141 ff.
311 BGH NJW 1993, S. 141 (144), unter Bezugnahme auf *Radbruch* SJZ 1946, S. 105 (107).
312 BVerfGE 95, S. 96 (133).

C. Zentrale Fragestellungen, Ideen und Prinzipien

IV. Sanktionsarten

1. Einführung

282 Wenden wir uns nun der nächsten Leitfrage zu: Welche Strafen soll es geben? Betrachtet man den hier interessierenden Zeitraum seit Beginn der Frühen Neuzeit, so lassen sich allgemein folgende strafrechtliche **Sanktionsarten** unterscheiden:

- Todesstrafe und Leibesstrafen (z.B. Stockschläge).
- Freiheitsentziehende Sanktionen (z.B. Gefängnisstrafe).
- Ökonomische Sanktionen (z.B. Geldstrafe).
- Ehrenstrafen (z.B. Prangerstehen).

283 Dabei lassen sich aber durchaus auch **Kombinationen** bzw. fließende Übergänge zwischen den Strafarten feststellen. Dies betrifft beispielsweise die Arbeitsstrafe, die durchaus Elemente einer ökonomischen Strafe, einer freiheitsentziehenden Sanktion und einer Leibesstrafe aufweisen konnte.

2. Frühe Neuzeit

284 Die **Carolina** von 1532 (→ Rn. 48) enthielt eine Festschreibung der bereits aus dem Mittelalter bekannten peinlichen Strafen[313] (→ Rn. 27). Danach waren etwa **Leibesstrafen** (z.B. das Rutenschlagen, das Abhacken von Fingern und das Abschneiden der Ohren) ebenso vorgesehen[314] wie die **Todesstrafe** – Letztere etwa im Fall einer Vergewaltigung.[315] Als Hinrichtungsmittel dienten unter anderem das Schwert, das Feuer sowie die Vierteilung[316] oder es wurde in der Carolina schlicht darauf abgestellt, „wie an jedem ort inn di[e]sen fellen mit guter gewonheyt herkommen ist".[317] Zudem konnte auch eine **Landesverweisung** oder das sog. **Prangerstehen** angeordnet[318] – beides Ehrenstrafen werden, die bereits im Mittelalter bekannt waren.[319]

285 Ein **Grund für die Strenge** eines solchen Bestrafungssystems wird heute in der fehlenden Effektivität der damaligen Strafverfolgung gesehen,[320] woraus möglicherweise ein Bedürfnis nach Abschreckung in den wenigen Fällen bestand, in denen man des Täters habhaft werden konnte. Dabei ist aber auch zu berücksichtigen, dass Gerichte nach der frühneuzeitlichen Rechtslehre nicht immer zwingend an die in der Carolina festgelegten Strafen gebunden waren. So erklärte **Benedikt Carpzov** (→ Rn. 58) im 17. Jahrhundert richterliche Strafmilderungen für zulässig,[321] sodass im Ergebnis nach *Kroeschell* „Todesurteile nicht so häufig waren, wie es nach den gesetzlichen Strafandrohungen eigentlich zu erwarten gewesen wäre".[322]

---

313 *Krause*, Geschichte, 1999, S. 21.
314 Z.B. Art. 123, 125, 198 CCC (1532).
315 Art. 119 CCC (1532).
316 Art. 119, 124, 125 CCC (1532); vertiefend *K.-P. Schroeder*, Vom Sachsenspiegel, 2011, S. 48.
317 Art. 126 CCC (1532).
318 Z.B. Art. 123, 198 CCC (1532).
319 *Krause*, Geschichte, 1999, S. 21.
320 So *Luther*, Aufgeklärt strafen, 2016, S. 86.
321 *Kroeschell*, Dt. Rechtsgeschichte III, 2008, S. 91, der zugleich auch darauf hinweist, dass „die Möglichkeit einer Strafschärfung [...] zwar nicht ausgeschlossen" war, „jedoch bei der Todesstrafe Halt [machte], die keinesfalls dort verhängt werden durfte, wo nicht schon die Carolina sie angedroht hatte".
322 *Kroeschell*, Dt. Rechtsgeschichte III, 2008, S. 91.

IV. Sanktionsarten

Keine Erwähnung fanden bis jetzt **freiheitsentziehende Strafen.** Das **Gefängnis** etwa spielte in der Carolina nur eine marginale Rolle[323] – ein Umstand, der aber nichts daran änderte, dass das Gefängnis in der frühneuzeitlichen Bestrafungspraxis eine nicht unerhebliche Relevanz besaß. Die für Kleindelinquenz verhängte Gefängnisstrafe galt nämlich in der Regel nicht als peinliche Strafe (→ Rn. 27), sondern als sog. bürgerliche Strafe, auf die die Carolina grundsätzlich nicht anwendbar war.[324] Bis ins ausgehende 18. Jahrhundert hinein wurde die Gefängnisstrafe *Krause* zufolge „vielfach in Stadttürmen, Rathauskellern und Verliesen vollzogen, auf dem Lande meistens in einem Raum des Amtshauses".[325]

286

Eine Pflicht zur Arbeit war im Gefängnis in der Regel nicht vorgesehen. Hierdurch unterschied es sich von einer anderen Form der Freiheitsentziehung – nämlich dem **Zuchthaus,** das seinen Ursprung im England des 16. Jahrhunderts hat.[326] Zunächst dominierten in dieser Einrichtung noch Ideen der Armenfürsorge,[327] aber auch Erwägungen der Erziehung, indem Bettler und andere Menschen zur Arbeit angehalten wurden.[328] Im Jahr 1608 wurde das erste deutsche Zuchthaus in **Bremen** in Betrieb genommen, das für „einheimische Bettler, ‚liederliche Personen' und Kleinkriminelle" (*Krause*) vorgesehen war.[329] Zuchthäuser besaßen im Gebiet des Heiligen Römischen Reiches also rasch auch den Charakter von Strafanstalten,[330] die der Besserung der Inhaftierten durch Arbeitspflicht dienen sollten.[331] Ab dem späten 18. Jahrhundert erfolgte dann eine institutionelle Unterscheidung zwischen Zuchthäusern (Strafanstalten) und Arbeitshäusern zur Unterbringung von Bettlern und sog. Müßiggängern.[332] Zu erwähnen ist schließlich noch, dass es im 16. und 17. Jahrhundert – unter anderem aus ökonomischen Erwägungen – auch **öffentlich vollzogene Arbeitsstrafen** (z.B. Straßenreinigung) gab.[333]

287

3. 18. Jahrhundert

a) Überblick zur Gesetzgebung

Zahlreiche der im 18. Jahrhundert entstehenden **Kodifikationen** (→ Rn. 78 f.) enthielten auch Bestimmungen über Sanktionsarten. So wurden im **Josephinischen Strafgesetzbuch** (Josephina → Rn. 78), das 1787 in Österreich erlassen wurde, als Sanktionen unter anderem die Todesstrafe, verschiedene Formen der Freiheits- und Körperstrafen

288

---

323 So sah etwa Art. 157 CCC (1532) beim Diebstahl geringwertiger Sachen Kerker als eine Art Ersatzstrafe vor, soweit der Delinquent die an sich vorgesehene Geldbuße nicht zu leisten vermochte (hierzu *F.-C. Schroeder* [1980], in: ders., Carolina, 1986, S. 305 [324]; *Krause,* Geschichte, 1999, S. 21; *Lieberwirth,* Freiheitsstrafe, in: HRG I, 2008, Sp. 1761 f.); Art. 101 CCC (1532) erwähnte neben der Todesstrafe noch das ewige Gefängnis (hierzu *Krause,* Geschichte, 1999, S. 21); vgl. in diesem Kontext auch *F.-C. Schroeder* (1980), in: ders., Carolina, 1986, S. 305 (324), der auf die Untersuchungshaft hinweist.
324 *Krause,* Geschichte, 1999, S. 21.
325 Ebd., S. 55.
326 Ebd., S. 30, 57.
327 Ebd., S. 30.
328 *Lieberwirth,* Freiheitsstrafe, in: HRG I, 2008, Sp. 1761 (1762 f.); vgl. *T. Vormbaum,* Strafrechtsgeschichte, 2019, S. 104.
329 *Krause,* Geschichte, 1999, S. 38; vgl. aber auch *Hippel* ZStW 18 (1898), S. 419 (420), der von Gründungen in Lübeck und Bremen im Jahr 1613 spricht.
330 *Lieberwirth,* Freiheitsstrafe, in: HRG I, 2008, Sp. 1761 (1763 f.).
331 *Krause,* Geschichte, 1999, S. 41 f.
332 *Lieberwirth,* Freiheitsstrafe, in: HRG I, 2008, Sp. 1761 (1764).
333 *Krause,* Geschichte, 1999, S. 22, 24, 27 f., 54.

sowie das Prangerstehen genannt.³³⁴ Das **Preußische Allgemeine Landrecht** von 1794 (→ Rn. 79) kannte folgende Strafarten:

- Todesstrafe,³³⁵ mitunter sogar in der verschärften Form des Räderns³³⁶ oder mit sonstigen Verschärfungen.³³⁷
- Leibesstrafen, z.B. Peitschenschläge³³⁸ oder Strafarbeit.³³⁹
- Einschränkungen der Freiheit,³⁴⁰ also unter anderem Zuchthaus und Gefängnis.
- Ehrenstrafen, beispielsweise das Prangerstehen.³⁴¹
- Geldstrafen.³⁴²

289 Zum Teil kam in den verschärften Formen der Todesstrafe noch die alte Idee **spiegelnder Strafen** zum Ausdruck, die sich etwa darin zeigt, dass in Fällen der landesverräterischen Brandstiftung der Tod auf dem Scheiterhaufen vorgesehen ist.³⁴³ Allerdings hat *Schwennicke* erforscht, dass die preußische Rechtsprechung nach Inkrafttreten des Allgemeinen Landrechts „eine erhebliche Abneigung" gezeigt hat, „das rigorose Strafensystem des Gesetzbuchs uneingeschränkt zur Anwendung zu bringen".³⁴⁴

b) Todesstrafe

290 Mit der Todesstrafe sahen die eben genannten Gesetze eine Sanktionsform vor, die zuvor bereits von **Beccaria** öffentlich kritisiert worden war³⁴⁵ (→ Rn. 291). Der **Großherzog der Toskana** verfasste sogar ein Strafgesetz (Leopoldina → Rn. 78), mit dem 1786 die endgültige Abschaffung der Todesstrafe verkündet wurde.³⁴⁶ In der Begründung kommen Strafzwecküberlegungen und Erwägungen der Verhältnismäßigkeit zum Tragen:

> „[I]ndem Wir erwogen haben, dass der Zweck der Strafe die Wiedergutmachung des privaten und öffentlichen Schadens, die Besserung des Täters [...], die Sicherheit vor Tätern sehr schwerer und schrecklicher Verbrechen [...] und schließlich das öffentliche Beispiel sein müssen, dass ferner die Regierung bei der Bestrafung der Verbrechen [...] gehalten ist, sich stets der möglichst wirksamsten, für den Täter am wenigsten von Schmerzen begleiteten Mittel zu bedienen, und dass man eine solche Wirkung und Mäßigung ins-

---

334 §§ 20, 21, 25, 32, 33 des ersten Teils des Josephinischen Strafgesetzbuchs.
335 Z.B. (jeweils im 20. Titel des zweiten Teils des ALR von 1794) § 102 (Landesverrat), § 109 (Landesverräterische Brandstiftung), § 425 (sog. „Cassenverbrechen" bei besonders schweren Umständen), § 479 (Dreimalige Beihilfe zur Flucht eines Deserteurs), § 671 (Zweikampf mit Todesfolge), § 826 (Mord) und § 870 (Brunnenvergiftung mit Todesfolge).
336 § 102 (Landesverrat; Rad von unten herauf), § 108 (Landesverrat zweiter Klasse; Rad von oben herab), § 826 (Mord; Rad von oben herab), § 870 des 20. Titels des zweiten Teils des ALR von 1794 (Brunnenvergiftung mit Todesfolge; Rädern von unten herauf).
337 So bestimmt etwa § 47 des 20. Titels des zweiten Teils des ALR (1794): „Die im Gesetze bestimmten Arten der Todesstrafen werden durch Schleifung zur Richtstätte, oder durch öffentliche Ausstellung des Leichnams geschärft".
338 § 169 des 20. Titels des zweiten Teils des ALR (1794).
339 Z.B. § 210 des 20. Titels des zweiten Teils des ALR (1794).
340 Z.B. § 116 (Gefängnis oder Zuchthaus) sowie § 169 des 20. Titels des zweiten Teils des ALR von 1794 (Festung oder Zuchthaus).
341 § 224 des 20. Titels des zweiten Teils des ALR (1794).
342 Z.B. § 210 des 20. Titels des zweiten Teils des ALR (1794).
343 § 109 des 20. Titels des zweiten Teils des ALR (1794).
344 *Schwennicke*, in: Dölemeyer u.a., ALR, 1995, S. 79 (94 f.).
345 So *Beccaria*, Von den Verbrechen (1764), 2004, S. 48 ff., 54.
346 Vgl. *Schlosser*, Leopoldina, 2010, S. 50 (Fn. 20); *Naucke*, in: Beccaria, Von den Verbrechen (1764), 2004, S. XVI; *Kroeschell*, Dt. Rechtsgeschichte III, 2008, S. 92; *Hattenhauer*, Europ. Rechtsgeschichte, 2004, Rn. 1623.

IV. Sanktionsarten

gesamt besser mit der Strafe der öffentlichen Zwangsarbeiten als mit der Todesstrafe erreicht – die öffentlichen Zwangsarbeiten dienen als fortdauerndes Beispiel und nicht als augenblicklicher Schrecken, der sich häufig in Mitleid verwandelt, und sie beseitigen die Möglichkeit, neue Verbrechen zu begehen, nicht aber die mögliche Hoffnung auf die Aussicht, in die Gesellschaft als nützlicher und gebesserter Bürger zurückzukehren – [...], sind Wir zu dem Entschluss gekommen, die Todesstrafe, wie wir sie aufgehoben haben, mit dem gegenwärtigen Gesetz für immer und für jeden Täter abzuschaffen [...]."[347]

Vielerorts war die Sanktionsform der Todesstrafe Ende des 18. Jahrhunderts aber noch in Kraft[348] und in der Toskana wurde sie 1790 sogar wieder eingeführt.[349] Auch von Kant (→ Rn. 76) wurde die Todesstrafe befürwortet, da sie aus dem Vergeltungsgedanken und dem Prinzip der Gleichheit abzuleiten sei. So schreibt der Philosoph: Hat jemand „gemordet, so muß er sterben. [...] Es ist keine Gleichartigkeit zwischen einem noch so kummervollen Leben und dem Tode [...]".[350]

▶ **Beccaria und Kant zur Todesstrafe:**[351] Vor dem Hintergrund einer gesellschaftsvertraglichen Argumentation stellte **Beccaria** 1764 die rhetorische Frage: „Wer hätte jemals anderen Menschen die Befugnis, ihn zu töten, einräumen wollen?" Die Todesstrafe ist danach „also kein Recht [...], sondern sie ist ein Krieg der Nation gegen einen Bürger"[352] – ein Krieg, der nach Beccaria nicht notwendig ist, solange keine Revolution droht oder Anarchie herrscht:[353]

„Um gerecht zu sein, darf eine Strafe nur jene Intensitätsgrade besitzen, die ausreichen, um Menschen von Verbrechen abzuhalten. Nun gibt es aber niemanden, der, wenn er nachdenkt, die völlige und dauerhafte Vernichtung der eigenen Freiheit für ein noch so vorteilhaftes Verbrechen wählen würde. Demnach besitzt die Intensität der Strafe lebenslänglicher Knechtschaft, welche die Todesstrafe zu ersetzen hätte, alles, was erforderlich ist, um ein tatentschlossenes Gemüt zurückzuhalten."[354]

Gegen Beccarias gesellschaftsvertragliche Überlegungen wandte sich **Kant** mit scharfen Worten: „Alles Sophisterei und Rechtsverdrehung", schreibt er: „Strafe erleidet jemand nicht, weil er sie, sondern weil er eine strafbare Handlung gewollt hat".[355] Strafe ist danach also keine Frage des Willens,[356] sondern der Vernunft.[357] Der Verbrecher wird bestraft, „weil er verbrochen hat".[358] Im Gesellschaftsvertrag wird demnach keineswegs die Erklärung der Menschen abgegeben, sich selbst strafen zu lassen.[359] So gesehen schafft der Vertragsschluss höchstens bestimmte Voraussetzungen dafür, dass ein Gericht später Strafen verhängt.

291

---

347 Art. 51 des Toskanischen Strafgesetzbuchs von 1786 (Deutsche Übersetzung nach *Schlosser*, Leopoldina, 2010, S. 108 f.).
348 Vgl. *Kroeschell*, Dt. Rechtsgeschichte III, 2008, S. 92.
349 *Hattenhauer*, Europ. Rechtsgeschichte, 2004, Rn. 1623.
350 *Kant*, Metaphysik [1797/98], 1977, S. 455 (im Original mit Hervorhebung).
351 Vertiefend: *Cattaneo* (1981), in: ders, Aufklärung und Strafrecht, 1998, S. 7 (9 ff.).
352 *Beccaria*, Von den Verbrechen (1764), 2004, S. 48 f. (im Original mit Hervorhebung).
353 Ebd., S. 49 – 51.
354 Ebd., S. 51.
355 *Kant*, Metaphysik [1797/98], 1977, S. 457 (im Original mit Hervorhebung).
356 Dies gilt nach Kant bereits begrifflich: „[E]s ist keine Strafe, wenn einem geschieht, was er will" (*Kant*, Metaphysik [1797/98], 1977, S. 457).
357 Vgl. *Braun*, Rechtsphilosophie, 2022, S. 244.
358 *Kant*, Metaphysik [1797/98], 1977, S. 453.
359 Ebd., S. 457.

Dabei ist nach Kant diejenige Strafhöhe und Bestrafungsart gerecht, die dem Prinzip der Gleichheit entspricht.[360] Nur ein solches „Wiedervergeltungsrecht (ius talionis)" könne „die Qualität und Quantität der Strafe bestimmt angeben; alle andere sind hin und her schwankend".[361] Hieraus folgerte Kant die Zulässigkeit (und vor allem auch die grundsätzliche[362] Notwendigkeit) der Todesstrafe für Mord[363] (→ Kant-Zitat vor diesem Exkurs). ◀

4. Weitere Entwicklungen bis zur Gegenwart
a) Todesstrafe

292 Im 19. Jahrhundert blieb die Todesstrafe als Sanktionsform bestehen. So sah etwa das **Bayerische Strafgesetzbuch von 1813** (→ Rn. 91, 93) vor, dass ein Mörder hinzurichten war.[364] Die 1848/49 erarbeitete **Paulskirchenverfassung** sah zwar eine weitgehende Abschaffung der Todesstrafe vor,[365] scheiterte jedoch letztlich[366] (→ Rn. 87).

293 Da das **Reichsstrafgesetzbuch von 1871** im gesamten Kaiserreich für einzelne Delikte, z.B. für Mord,[367] die Todesstrafe anordnete, galt diese Sanktionsform letztlich auch in denjenigen deutschen Territorien, in denen sie zuvor bereits beseitigt worden war.[368]

294 Im **Nationalsozialismus** nahm der Anwendungsbereich der Todesstrafe drastisch zu.[369] Hinzu kamen ab 1939 in den Worten von *Werle* „polizeiliche […] ‚Urteilskorrekturen'", also „Exekutionen, die im Anschluß an ‚zu milde', d. h. ‚nur' auf Freiheitsentziehung lautende Gerichtsurteile" vorgenommen wurden.[370]

295 Mit der Gründung der **Bundesrepublik Deutschland** im Jahr 1949 wurde durch das Grundgesetz[371] die **Todesstrafe** abgeschafft (→ Rn. 163). Somit wurde in Westdeutschland eine Sanktionsart verboten, die zuvor jahrhundertelang üblich gewesen war. Die Abschaffung im Jahr 1949 erfolgte vor dem Hintergrund einer kollektiven Erinnerung an eine massenhafte und missbräuchliche Verwendung dieser Sanktionsart im Nationalsozialismus.[372] Allerdings darf bei der Erforschung der Motivlage auch nicht vernachlässigt werden, welche Personengruppe hierdurch besonders begünstigt wurde: Menschen, denen andernfalls wegen zwischen 1933 und 1945 begangener Straftaten eventuell die Todesstrafe gedroht hätte.[373]

296 In der **DDR** erfolgte die Beseitigung dieser Sanktionsform im Jahr 1987 (→ Rn. 170).

---

360 Ebd., S. 453 f.; vgl. zur primären Bedeutung der Gerechtigkeit für die Strafe auch *Kant*, Kritik der praktischen Vernunft [1788], 2014, S. 150.
361 *Kant*, Metaphysik [1797/98], 1977, S. 454.
362 Kant lässt in bestimmten Ausnahmefällen auch die Deportation zu (*Kant*, Metaphysik [1797/98], 1977, S. 456).
363 *Kant*, Metaphysik [1797/98], 1977, S. 455.
364 Art. 146 BayStGB (1813).
365 So bestimmte § 139 der Verfassung des Deutschen Reiches v. 28. März 1849: „Die Todesstrafe, ausgenommen wo das Kriegsrecht, oder das Seerecht im Fall von Meutereien sie zuläßt, so wie die Strafen des Prangers, der Brandmarkung und der körperlichen Züchtigung, sind abgeschafft." (Zit. nach *Dürig/Rudolf*, Texte, 1996, S. 114). Vertiefend: *Limbach*, Paulskirchenverfassung, 1995, S. 17.
366 *Dürig/Rudolf*, Texte, 1996, S. 95.
367 § 211 RStGB (1871).
368 *T. Vormbaum*, Strafrechtsgeschichte, 2019, S. 80 f.
369 Vgl. hierzu *Eb. Schmidt*, Einführung, 1965, S. 433.
370 *Werle*, Justiz-Strafrecht, 1989, S. 49; hierzu eingehend ebd., S. 599 ff.
371 Art. 102 GG.
372 Vgl. *Epping*, in: BeckOK-GG, 2024, Art. 102 vor Rn. 1 m.w.N.
373 Vgl. in diesem Zusammenhang: *Weinke*, Gewalt, 2016, S. 179.

b) Freiheitsentziehende Strafen und Geldstrafe

Im 19. Jahrhundert blieb es bei dem oben skizzierten **Nebeneinander** verschiedener Formen der Freiheitsentziehung. Daneben lässt sich allgemein feststellen, dass die Relevanz der Freiheitsstrafen als Sanktionsform **zunahm**[374] (→ Rn. 98), wohingegen Körper- und Todesstrafen nach und nach zurückging.[375]

297

Im **Nationalsozialismus** zeigten sich wiederum fließende Übergänge zwischen freiheitsentziehenden Strafen und außergerichtlichen Formen der Inhaftierung. Dienten die **Konzentrationslager** in der Frühphase des NS-Regimes mitunter der Vollstreckung der Maßregel der Sicherungsverwahrung (→ Rn. 137), erfolgten dort bald schon Inhaftierungen missliebiger Menschen ohne Gerichtsverfahren.[376]

298

In der **Bundesrepublik Deutschland** trat im Jahr 1970 einheitlich die **Freiheitsstrafe** an die Stelle der bis dato geltenden unterschiedlichen Formen des Freiheitsentzugs,[377] womit die Zuchthausstrafe mitsamt ihrer „soziale[n] Brandmarkungswirkung" (*Roxin/Greco*) abgeschafft wurde.[378] **Heute** gibt es im Erwachsenenstrafrecht nur noch zwei hauptsächliche[379] Sanktionsformen – nämlich die **Freiheitsstrafe**[380] und die **Geldstrafe**.[381]

299

▶ → **Kontrollfragen** 13, 22, 28 und 39. ◀

V. Strafverfahren

1. Einführung

Die Begriffe „Strafprozess" und „Strafverfahren" werden hier gleichlautend verwendet. Nach der **heute gültigen Rechtslage** umfasst der Strafprozess in der Regel ein Verfahren, das vonseiten des Staates[382] betrieben wird. Gegenstände dieses Prozesses sind die Frage der strafrechtlichen Verantwortlichkeit eines Menschen und – gegebenenfalls[383] – die Entscheidung über die strafrechtliche Folge. Die Person, gegen die sich der Tatverdacht richtet, wird „Beschuldigter" – in bestimmten Verfahrensabschnitten auch „Angeschuldigter" oder „Angeklagter" – genannt.[384] In der Regel kann es heute nur dann zu einer gerichtlichen Hauptverhandlung und zu einer Verurteilung kommen, wenn die Staatsanwaltschaft zuvor Anklage gegen den Beschuldigten erhoben hat.[385] Dies war nicht zu allen Zeiten so.

300

---

374 *Krause*, Geschichte, 1999, S. 72.
375 *T. Vormbaum*, Strafrechtsgeschichte, 2019, S. 103 f.
376 *Krause*, Geschichte, 1999, S. 87.
377 Erstes Gesetz zur Reform des Strafrechts v. 25. Juni 1969 m.W.v. 1. April 1970 (BGBl. 1969 I, S. 645 [680]); vgl. *Roxin/Greco*, Strafrecht AT I, 2020, § 4 Rn. 25; *Krause*, Geschichte, 1999, S. 92.
378 *Roxin/Greco*, Strafrecht AT I, 2020, § 4 Rn. 26.
379 Ausgeblendet bleibt die sog. Nebenstrafe des Fahrverbots (§ 44 StGB).
380 § 38 StGB.
381 § 40 StGB.
382 Eine besondere Verfahrensart ist das Privatklageverfahren (§§ 374 ff. StPO).
383 Diese Frage entfällt mitunter, wenn die strafrechtliche Verantwortlichkeit zu verneinen ist.
384 § 157 StPO.
385 § 155 Abs. 1 StPO.

2. Frühe Neuzeit

a) Verfahrensarten

301 Blickt man zunächst in den Zeitraum vor Beginn der Frühen Neuzeit, also in das **Mittelalter**, so lassen sich grob zwei Arten des Strafprozesses unterscheiden:
- Bis zum 13. Jahrhundert war der sog. **Akkusationsprozess** maßgeblich, in den Worten von *Jessen* „eine Art Privatklageverfahren".[386] Vereinfacht gesprochen handelte es sich bei dem ursprünglichen Akkusationsprozess um ein Parteiverfahren, das auf der Grundlage lokalen Gewohnheitsrechts stattfand[387] und in welchem der Beweis unter anderem durch Eid zu erbringen war.[388] Ergebnis eines solchen Prozesses konnte etwa die Festlegung einer peinlichen Strafe (→ Rn. 27), aber auch die Aushandlung einer Kompensation sein.[389]
- Ab dem Spätmittelalter etablierte sich im weltlichen Strafverfahren allmählich eine weitere Verfahrensart, nämlich der **Inquisitionsprozess**,[390] der seine Wurzeln im kanonischen (kirchlichen) Recht hatte[391] und den Akkusationsprozess nach und nach ablöste.

302 Zugegebenermaßen findet der **Begriff des Inquisitionsprozesses** heutzutage vielfach mit einer negativen Konnotation Verwendung, und zwar sowohl im Alltagsverständnis als auch in so mancher Fachliteratur.[392] Legt man demgegenüber ein **wertfreies Verständnis** zugrunde,[393] so bezeichnet der Begriff des Inquisitionsprozesses zunächst nur ein Verfahren, das von amtlicher Seite (also von Amts wegen) durchgeführt wurde[394] und bei dem die ermittelnde und die richtende Person – zumindest teilweise – identisch waren.[395] *Rüping* und *Jerouschek* charakterisieren den Inquisitionsprozess weitergehend als „geheimes schriftliches Untersuchungsverfahren ohne Laienbeteiligung, in dem der Richter gegen den zur Wahrheit verpflichteten Inquisiten ermittelt".[396] Dies dürfte aber keineswegs so zu verstehen sein, dass die ermittelnde Person im Inquisitionsverfahren allein und ausschließlich über den Inhalt des späteren Urteils zu befinden hatte. Vielmehr ergab sich aus der Carolina von 1532 (→ Rn. 48) die Notwendigkeit, in Zweifelsfällen die Verfahrensakten an externe Rechtsgelehrte (z.B. Juristenfakultäten oder Schöffenstühle → Rn. 302) zu versenden und deren Rat in der Sache einzuholen[397] (Aktenversendung → Rn. 249, 309).

▶ Unter einem **Schöffenstuhl** (auch: „Schöppenstuhl") versteht man nach dem „Handwörterbuch zur deutschen Rechtsgeschichte" ein „Spruchkollegium, das sich aus einer festge-

---

386 *Jessen*, in: Sächs. Staatsmin. der Justiz, Leipzig, 1994, S. 30 (42).
387 *Härter*, Kriminalitätsgeschichte, 2018, S. 44 f.
388 Vgl. hierzu *Schild*, Geschichte, 1980, S. 154, 156; *Härter*, Kriminalitätsgeschichte, 2018, S. 44 f.
389 *Härter*, Kriminalitätsgeschichte, 2018, S. 44 f.
390 Ebd., S. 45.
391 *Lange*, in: ders. u.a., Römisches Recht II, 2007, S. 935; *Kroeschell* u.a., Dt. Rechtsgeschichte II, 2008, S. 15 f., 222.
392 S. die Darstellung bei *Jerouschek* ZStW 104 (1992), S. 328 (329); *Koch*, in: FS Rüping, 2008, S. 393; beide plädieren denn auch für ein anderes Verständnis (*Jerouschek*, ebd., S. 328 [344]; *Koch*, ebd., S. 393 f.).
393 Vgl. demgegenüber auch zu den wertenden Begriffsverständnissen: *Pieth*, Strafrechtsgeschichte, 2020, S. 29.
394 *Heydenreuter*, Kriminalgeschichte, 2003, S. 145.
395 Vgl. bzgl. des beginnenden 19. Jahrhunderts: *Dettmar*, Legalität und Opportunität, 2008, S. 12; vgl. bzgl. des 17. Jahrhunderts: *Jessen*, in: Sächs. Staatsmin. der Justiz, Leipzig, 1994, S. 30 (42); vgl. im Einzelnen zu den Rollen des sog. Untersuchungsrichters: *Ignor*, Geschichte, 2002, S. 155.
396 *Rüping/Jerouschek*, Grundriss, 2011, Rn. 243.
397 *Koch*, in: FS Rüping, 2008, S. 393 (394 f. unter Bezugnahme auf Art. 219 CCC [1532]).

legten Anzahl von [...] Schöffen zusammensetzt und von einem festen Ort aus beratend oder entscheidend für Dritte tätig wird".[398] Dies steht im Kontext mit dem Verfahren der Aktenversendung.[399] Während man unter einem Schöffen heutzutage einen ehrenamtlichen Laienrichter versteht,[400] war etwa der Leipziger Schöffenstuhl, an dem Benedikt Carpzov (→ Rn. 58) im 17. Jahrhundert wirkte, in seiner Anfangsphase mit drei Leipziger Bürgermeistern, drei Doktoren der Rechte und einem weiteren Mitglied besetzt – später wirkten dort ausnahmslos Juristen.[401] ◂

Der eben skizzierte Vorgang der Ablösung des Akkusationsprozesses durch den Inquisitionsprozess dauerte letztlich über **mehrere Jahrhunderte**. Noch die Carolina von 1532 sah – der Sache nach – beide Verfahrensarten vor.[402] Doch allmählich setzte sich das Inquisitionsverfahren in der Praxis als maßgebliche Verfahrensart durch.[403] So konstatiert *Härter*, dass am Ende des 18. Jahrhunderts „das Inquisitionsverfahren [...] die Praxis der Strafverfolgung" bestimmte.[404]

303

b) Ablauf eines Inquisitionsverfahrens

Zwar wurde das Inquisitionsverfahren von amtlicher Seite betrieben, doch änderte dies nichts daran, dass ein solcher Prozess häufig aus Anlass einer von einem Denunzianten erhobenen Anzeige aufgenommen wurde.[405] Ermittelt wurde sodann von Amts wegen.[406] Zu unterscheiden sind verschiedene Verfahrensabschnitte:

304

aa) Untersuchung

Die Untersuchung wurde in der Regel vor Ort durch juristische Laien und Amtsträger vorgenommen,[407] häufig unter Hinzuziehung eines Folterknechts.[408] Prinzipiell konnte dies in mehreren Abschnitten erfolgen, zum einen in der sog. **Generalinquisition** und zum anderen (je nach Verfahrenslage) in der sog. **Spezialinquisition**. Der zuerst genannte Abschnitt beinhaltete die Untersuchung der Frage, ob überhaupt ein Delikt vorlag[409] und ob bestimmte Indizien auf die Täterschaft einer konkreten Person hindeuteten.[410] War dies zu bejahen, schloss sich hieran die Spezialinquisition gegen den Verdächtigen an[411] – ein Verfahren, das nach *Ignor* „mit schweren Belastungen für den Verdächtigen verbunden" war, nämlich unter anderem „Verhaftung, Verhör, gegebenenfalls Folter".[412]

305

---

398 *Battenberg*, Schöffenstuhl, in: HRG IV, 1990, Sp. 1474.
399 Vgl. *Lück*, in: Jerouschek u. a., Carpzov, 2000, S. 55 (58, 60).
400 Die heute geltende Regelung gem. § 31 S. 1 GVG lautet: „Das Amt eines Schöffen ist ein Ehrenamt". Schöffen gibt es heutzutage zum Beispiel in bestimmten Strafverfahren vor dem Amtsgericht (beim sog. Schöffengericht gem. § 28 GVG).
401 *Lück* ZEuP 2016, S. 888 (895).
402 Art. 6 und 11 CCC; vgl. hierzu *Ignor*, Geschichte, 2002, S. 43, 60; *Schild*, Geschichte, 1980, S. 166; *Pieth*, Strafrechtsgeschichte, 2020, S. 29.
403 *Schild*, Geschichte, 1980, S. 166; *Härter*, Kriminalitätsgeschichte, 2018, S. 28, 44 f.
404 *Härter*, Kriminalitätsgeschichte, 2018, S. 30.
405 *Pieth*, Strafrechtsgeschichte, 2020, S. 29.
406 *Gmür/Roth*, Grundriss, 2018, Rn. 329.
407 *Härter*, Kriminalitätsgeschichte, 2018, S. 46.
408 *Gmür/Roth*, Grundriss, 2018, Rn. 329.
409 *Pieth*, Strafrechtsgeschichte, 2020, S. 30.
410 Vgl. hierzu *Ignor*, Geschichte, 2002, S. 96 f. (dort auch vertiefend zu den Anforderungen an diesen Verdacht).
411 *Pieth*, Strafrechtsgeschichte, 2020, S. 30.
412 *Ignor*, Geschichte, 2002, S. 96 f.

C. Zentrale Fragestellungen, Ideen und Prinzipien

▶ Die Folter darf keineswegs mit dem Inquisitionsverfahren gleichgesetzt werden, da sie prinzipiell auch im Akkusationsprozess möglich war.[413] Die **Geschichte der Folter** reicht im Heiligen Römischen Reich bis ins Mittelalter zurück. Ihre Etablierung steht im Zusammenhang mit dem Verbot einer anderen Methode, dem sog. **Gottesurteil**.[414] Hierunter versteht man nach *Schild* allgemein „eine formale Prüfung unter festgelegten Bedingungen, um den Willen und das Urteil Gottes in Angelegenheiten zu erforschen, welche die menschliche Fähigkeit der Wahrheitsfindung überstiegen".[415] Man suchte also letztlich nach einem Zeichen Gottes, um die Wahrheit zu ermitteln bzw. eine Entscheidung zu erlangen.[416] Ein Beispiel bildete die sog. **Feuerprobe**, bei der aus Wunden, die durch glühendes Metall hervorgerufen worden waren, Rückschlüsse zur Frage der Schuld gezogen werden sollten.[417] Die Durchführung eines Gottesurteils war aber keineswegs nur auf rechtliche Fragen beschränkt.[418]

Im Jahr 1215 untersagte **Papst Innozenz III.** (1161 – 1216) Geistlichen die Praktizierung von Gottesurteilen, sodass diese „praktisch undurchführbar" (*Müller*) wurden.[419] In der Folge verlor das Instrument des Gottesurteils auch in der weltlichen Justiz allmählich an Bedeutung.[420] Dass das Geständnis hier nun zum relevantesten Beweismittel wurde,[421] erschließt sich leicht, wenn man mit *Härter* berücksichtigt, dass „ʽkriminaltechnische‛ Möglichkeiten der Beweisführung praktisch nicht existierten".[422] Ab dem Spätmittelalter etablierte sich so die Folter im Strafverfahren.[423] ◀

306 Die **Durchführung der Folter** wurde in der Carolina von 1532 (→ Rn. 48) an bestimmte Voraussetzungen gebunden, was in gewisser Weise als Fortschritt gegenüber der Vergangenheit zu charakterisieren ist.[424] So sollte die Folter nach den Regeln der Carolina nur bei Vorliegen bestimmter Indizien zulässig sein.[425] In dieser Hinsicht heißt es in der Satzung:

> „Jtem so jemandt eyner übelthat durch gemeynen leumut, berüchtiget, oder andere glaubwirdige anzeygung verdacht vnd argkwonig, vnnd derhalb durch die oberkeyt vonn ampts halben angenommen würde, der soll doch mit peinlicher frage, nit angegriffen werden, es sei dann zuvor redlich, vnd derhalb gnugsame anzeygung vnd vermutung von wegen derselben missenthat auff jnen glaubwirdig gemacht."[426]

307 Die „peinliche […] frage" (also die Folter) setzte demnach das Vorliegen einer „gnugsame[n] anzeygung" (also modern gesprochen: das Vorliegen eines hinreichenden und konkreten Verdachts) voraus. Auch war vorgesehen, dass ein Geständnis nur dann anzunehmen war, wenn es vom Verdächtigen (Inquisiten) ohne Drohung bestätigt wur-

---

413 *Rüping/Jerouschek*, Grundriss, 2011, Rn. 84.
414 Ebd., Rn. 84.
415 *Schild*, Gottesurteil, in: HRG II, 2012, Sp. 481.
416 Vgl. *Schild*, Gottesurteil, in: HRG II, 2012, Sp. 481.
417 *Rüping/Jerouschek*, Grundriss, 2011, Rn. 23.
418 Überblick bei *Schild*, Gottesurteil, in: HRG II, 2012, Sp. 481.
419 *D. Müller*, in: Schlosser u.a., Strafen, 2002, S. 403; vgl. in diesem Kontext auch zur sog. Wasserprobe *Gersmann* WestfF 48 (1998), S. 449 (472).
420 *Rüping/Jerouschek*, Grundriss, 2011, Rn. 84.
421 *Lieberwirth*, Folter, in: HRG I, 2008, Sp. 1610 (1611 f.); *Gmür/Roth*, Grundriss, 2018, Rn. 223.
422 *Härter*, Kriminalitätsgeschichte, 2018, S. 45.
423 *Lieberwirth*, Folter, in: HRG I, 2008, Sp. 1610 (1612).
424 Vertiefend zur Entwicklung: *Gmür/Roth*, Grundriss, 2018, Rn. 329.
425 Vgl. *Ignor*, Geschichte, 2002, S. 102; *F.-C. Schroeder* (1980), in: ders., Carolina, 1986, S. 305 (328 f.).
426 Art. 6 CCC (1532).

de.⁴²⁷ Andererseits ließ die Carolina auch wesentliche Aspekte der Folter ungeregelt.⁴²⁸ So stellte sie den Umfang der peinlichen Befragung ausdrücklich in die „ermessung eyns guten vernünfftigen Richters".⁴²⁹

▶ Die **praktische Durchführung der Folter** wird von *Holl* wie folgt beschrieben: „Generell wurden dem Inquisiten zuerst alle Folterwerkzeuge vorgeführt und ihre Wirkung auf den menschlichen Körper durch den Scharfrichter erläutert. Hatte dies noch keine Wirkung, ging man dazu über, den Delinquenten zu entkleiden und ihm die Folterinstrumente anzulegen, ohne diese jedoch zu benutzen. Falls er nach dieser zweiten Stufe [...] noch nicht geständig war, wurde mit der peinlichen Befragung, der dritten Stufe, begonnen. Diese dritte Stufe war nochmals in drei Grade unterteilt: Im Kurfürstentum Trier verliefen diese wie folgt: Beim ersten Grad wurden dem Inquisiten die Daumenschrauben angelegt, beim zweiten die spanischen Stiefel und beim dritten wurde der Delinquent aufgezogen, was noch durch Schläge oder das Anbringen von Gewichten gesteigert werden konnte. Die Dauer der einzelnen Grade betrug etwa fünfzehn Minuten, wobei immer Unterbrechungen stattfanden, um dem Delinquenten die Möglichkeit zum Gestehen zu bieten."⁴³⁰ ◀

bb) Entscheidung

Allgemein setzte eine Verurteilung entweder ein **Geständnis** des Beschuldigten oder die Aussage von zwei bestimmten **Zeugen** voraus.⁴³¹ In zuletzt genannter Hinsicht heißt es in der Carolina:

> „Jtem so eyn missethat zum wenigsten mit zweyen oder dreien glaubhafftigen guten zeugen, die von eynem waren wissen sagen, bewiesen wirdt, darauff soll, nach gestalt der verhandlung mit peinlichen rechten volnfarn vnd geurtheylt werden".⁴³²

An das oben skizzierte – nicht öffentlich geführte⁴³³ – Untersuchungsverfahren schloss sich häufig die **Einholung eines externen rechtlichen Gutachtens**.⁴³⁴ *Härter* charakterisiert den Vorgang der Aktenversendung (→ Rn. 249) und ihrer Folgen so:

> „Im Laufe der Frühen Neuzeit lässt sich eine starke Zentralisierung, Verrechtlichung, Professionalisierung und Verwissenschaftlichung des Entscheidungsverfahrens beobachten, das [...] im Wesentlichen [...] von ausgebildeten Juristen durchgeführt wurde. Diese bekamen einen Angeklagten (,Inquisiten') so gut wie nie zu Gesicht und fällten ihr Urteil ausschließlich auf der Basis der Akten. Diese Urteilsvorschläge wurden in einigen Territorialstaaten zumindest in schweren Fällen bzw. bei drohenden schweren Strafen vom Landesherrn als dem Inhaber der Gerichtshoheit bestätigt [...]. Grundlegende Merkmale waren damit die strukturelle Zweiteilung in ein meist lokales, von Laien und Amtsträgern durchgeführtes Untersuchungs- und ein zentrales juridisches Entscheidungsverfahren mit durchgängiger Schriftlichkeit."⁴³⁵

---

427 Vgl. *Schild*, Geschichte, 1980, S. 166.
428 Vgl. *Rüping/Jerouschek*, Grundriss, 2011, Rn. 106.
429 Art. 58 CCC (1532); vgl. zur Offenheit dieser Regelung auch *Rüping/Jerouschek*, Grundriss, 2011, Rn. 106; demgegenüber sieht *Schild* (Die Geschichte, 1980, S. 166) in der genannten Regelung eine Grenzsetzung.
430 *Holl*, Scharfrichter, 2012, S. 32 f. m.w.N.
431 *Dorn-Haag*, Hexerei, 2016, S. 59 f.; vgl. *Pieth*, Strafrechtsgeschichte, 2020, S. 30.
432 Art. 67 CCC (1532); vgl. hierzu *Dorn-Haag*, Hexerei, 2016, S. 59 f.
433 *Gmür/Roth*, Grundriss, 2018, Rn. 329.
434 *Pieth*, Strafrechtsgeschichte, 2020, S. 30.
435 *Härter*, Kriminalitätsgeschichte, 2018, S. 45 f. (Zitat auf S. 46).

310 Man darf davon ausgehen, dass die externen Urteilsvorschläge ein deutliches Präjudiz für die gerichtlichen Entscheidungen entfaltet haben, die wiederum vor Ort getroffen wurden.[436] Die Verkündung des Urteils erfolgte sodann im Rahmen des sog. **endlichen Rechtstags**, der zwar öffentlich war,[437] der Sache nach aber eher einen formalen Akt bildete.[438] *Gmür* und *Roth* sprechen diesbezüglich sogar von einem „Schauspiel": Die **Vollstreckung** erfolgte in der Regel unverzüglich und öffentlich.[439]

311 Auch **andere Formen der Verfahrensbeendigung** waren denkbar: So waren Gnadenentscheidungen möglich, etwa durch den Landesherrn.[440] Im Fall der fehlenden Überführbarkeit des Inquisiten kam aber auch eine Einstellung des Verfahrens in Betracht, die einer erneuten Durchführung desselben nicht entgegenstand.[441] Denkbar war auch die Verhängung einer Verdachtsstrafe[442] (→ Rn. 322 f.).

c) Exkurs: Hexenverfolgung

312 Bereits im Mittelalter wurde sogenannten Ketzern (Häretikern) von kirchlicher Seite der Prozess gemacht, so etwa in Südfrankreich im 14. Jahrhundert.[443] Als „Zeitalter der Hexenverfolgungen" (*Dorn-Haag*) gilt jedoch die **Frühe Neuzeit**.[444] Zahlenmäßige Schätzungen deuten darauf hin, dass zwischen den Jahren 1400 und 1750 in Europa mindestens 50.000 Menschen – häufig Frauen[445] – wegen des Vorwurfs der Hexerei den Tod fanden.[446] Dies galt sowohl in katholischen als auch in protestantischen Ländern.[447] Auch im Territorium des Heiligen Römischen Reiches waren Menschen vor dem Vorwurf der Hexerei nicht sicher,[448] wobei ein Großteil der Verfolgungen hier zwischen 1560 und 1630 stattfand.[449]

313 Wie kam es zu diesem Phänomen? Es spricht einiges dafür, dass das hier skizzierte – durchaus komplexe – Geschehen nicht auf einen einzigen Grund zurückgeführt werden kann.[450] Vielmehr gab es durchaus verschiedene **mögliche Ursachen** für das Aufkommen der Hexenverfolgung: Neben gesellschaftlichen Krisen, Situationen der Unsicherheit und Gefahrenlagen (z.B. Pest, kriegerische Auseinandersetzungen und die

---

436 Vgl. etwa *Pieth*, der die „Personalunion" von „Untersuchungs- und Entscheidungsinstanz" hervorhebt, gleichzeitig aber konstatiert, dass das „Urteil [...] rechtlich vielfach durch ein Gutachten im Aktenversendungsverfahren vorbereitet" wurde (*Pieth*, Strafrechtsgeschichte, 2020, S. 30 f.; *Steinberg* hebt hervor, dass die Regelungen der Carolina „zu den staatlicherseits agierenden Personen [...] in Abkehr von der früheren Differenzierung zwischen verfahrensleitenden Richtern und Urteilern von einem einheitlichen Kollegialgericht" ausgehen (*Steinberg*, in: Hilgendorf u.a., Hdb StrR I, 2019, § 5 Rn. 35); wenn *Koch* demgegenüber betont, dass das Verfahren der Aktenversendung beim Inquisitionsprozess letztlich eine „Trennung von ermittelndem und urteilendem Richter" bewirkt habe (*Koch*, in: FS Rüping, 2008, S. 393 [395]), dürfte dies wohl faktisch gemeint sein.
437 *Lieberwirth*, Carolina, in: HRG I, 2008, Sp. 885 (888); *Pieth*, Strafrechtsgeschichte, 2020, S. 31.
438 Vgl. *Kroeschell* u.a., Dt. Rechtsgeschichte II, 2008, S. 221; *Ignor*, Geschichte, 2002, S. 61.
439 *Gmür/Roth*, Grundriss, 2018, Rn. 223.
440 Vertiefend: *Schild*, Geschichte, 1980, S. 168.
441 Vertiefend: *Pieth*, Strafrechtsgeschichte, 2020, S. 31.
442 Ebd., S. 31.
443 *Hattenhauer*, Europ. Rechtsgeschichte, 2004, Rn. 1059; vgl. auch *Pieth*, Strafrechtsgeschichte, 2020, S. 34.
444 *Dorn-Haag*, Hexerei, 2016, S. 42.
445 *Pieth*, Strafrechtsgeschichte, 2020, S. 35.
446 *Midelfort*, in: Lorenz, Hexen, 1994, S. 49; *Dorn-Haag*, Hexerei, 2016, S. 43, spricht von mindestens 40.000 Opfern.
447 *Hattenhauer*, Europ. Rechtsgeschichte, 2004, Rn. 1059.
448 *Hilgendorf*, in: ders. u.a., Hdb StrR I, Rn. 17.
449 *Dorn-Haag*, Hexerei, 2016, S. 43.
450 So auch *Frühwald*, in: van Oorschot, Spee, 1993, S. 113 (114); *Dorn-Haag*, Hexerei, 2016, S. 44 f.

V. Strafverfahren

sog. Kleine Eiszeit) dürften auch religiöse Konflikte eine starke Rolle gespielt haben.[451] In Zeiten allgemeiner Unsicherheit mochte die Bereitschaft besonders ausgeprägt gewesen sein, einzelne Menschen für solche Schäden verantwortlich zu machen, die man sich anderweitig nicht erklären konnte. Und so entwickelte sich der Vorwurf der Hexerei im ausgehenden Mittelalter zum Verdacht eines Deliktes, das als sanktionswürdig erschien.[452]

Was wurde Hexern und Hexen vorgeworfen? Nach der Carolina von 1532 (→ Rn. 48) stand die **Zauberei** unter Strafe: 314

> „Jtem so jemandt den leutten durch zauberey schaden oder nachtheyl zufügt [sog. Schadenszauber[453]], soll man straffen vom leben zum todt, vnnd man soll solche straff mit dem fewer thun. Wo aber jemandt zauberey gebraucht, vnnd damit niemant schaden gethan hett, soll sunst gestrafft werden, nach gelegenheit der sach [...]."[454]

Aufgrund der salvatorischen Klausel (→ Rn. 49) war es aber unter Umständen auch zulässig, jenseits der Bestimmungen der Carolina zu strafen.[455] 315

Was das **Verfahren** anbelangt, war die Folter nach den Regelungen der Carolina üblicherweise nur bei Vorliegen bestimmter Indizien („anzeygung") vorgesehen (→ Rn. 306). Doch sah die gemeinrechtliche Lehre das Hexereidelikt als sog. Ausnahmeverbrechen – nämlich als schwerwiegendes und schwierig zu ermittelndes Delikt[456] – an, für das Ausnahmen von den eben genannten Verfahrensregeln gestattet wurden.[457] In der Konsequenz führte unter anderem diese – aus der Ketzereiverfolgung stammende – Auffassung zu einer deutlichen Erleichterung der Hexenverfolgung.[458] Massenverfolgungen resultierten insbesondere daraus, dass vermeintliche Hexer und Hexen dazu angehalten wurden, weitere Personen zu bezichtigen.[459] 316

Doch gab es auch Gegner der Hexenverfolgung. Bereits im frühen 17. Jahrhundert wurde die **Kritik** des Jesuiten **Friedrich Spee** (1591 – 1635) publiziert (→ Rn. 63). Dabei galt die Angriffsrichtung seiner Ausführungen weniger der Annahme, dass es Hexerei überhaupt gebe, als vielmehr der Hexenverfolgung.[460] Verbreitung erfuhren Spees Gedanken später durch **Christian Thomasius** (1655 – 1728)[461] (→ Rn. 61). Als günstig sollte sich dabei erweisen, dass die Hexenprozesse Anfang des 18. Jahrhunderts im Reich bereits deutlich nachgelassen hatten.[462] Einige Jahrzehnte später 317

---

451 Vgl. im Einzelnen *Midelfort*, in: Lorenz, Hexen, 1994, S. 50; *Dorn-Haag*, Hexerei, 2016, S. 44 f.
452 *Midelfort*, in: Lorenz, Hexen, 1994, S. 49 f.
453 *Hirte/Hübsch* JA 2009, S. 606 (611); *Dorn-Haag*, Hexerei, 2016, S. 54 f.
454 Art. 109 CCC (1532).
455 *Dorn-Haag*, Hexerei, 2016, S. 55.
456 Ebd., S. 59.
457 *Ignor*, Geschichte, 2002, S. 102; *Koch*, in: FS Rüping, 2008, S. 393 (399 f.); *Dorn-Haag*, Hexerei, 2016, S. 59 f.
458 *Ignor*, Geschichte, 2002, S. 103; *Pieth*, Strafrechtsgeschichte, 2020, S. 38.
459 *Dorn-Haag*, Hexerei, 2016, S. 60 f.; vgl. *Pieth*, Strafrechtsgeschichte, 2020, S. 38.
460 *Spee*, Cautio Criminalis. Dt. Ausgabe, 1967, S. 1, 35; vgl. *Zaffaroni/Croxatto* ZStW 131 (2019), S. 1228 (1242).
461 In *Thomasius*, Verbrechen der Zauber- und Hexerey, 1775, § 4 (S. 15 – 17) wird Spee nicht namentlich, aber der Sache nach als anonymer Autor genannt und „bestens empfohlen" (ebd., § 4 [S. 15]); sodann macht Thomasius aber auch deutlich, dass „[v]orgedachter Author [...] als ein verstellter Katholik andern noch vieles zu erörtern übrig gelassen" hat (ebd., § 5 [S. 17]); vgl. zu Thomasius' Bezugnahme auf Spees Gedanken *Zaffaroni/Croxatto* ZStW 131 (2019), S. 1228 (1238).
462 *Luther*, Aufgeklärt strafen, 2016, S. 154 f.; *Midelfort*, in: Lorenz, Hexen, 1994, S. 56.

kam die Praxis von Hinrichtungen angeblicher Hexen in Deutschland gänzlich zum Erliegen.[463]

3. 18. Jahrhundert
a) Inquisitionsprozess und Folter

318 Im 18. Jahrhundert war die Praxis des Strafverfahrens im Wesentlichen noch als sog. **gemeinrechtlicher Inquisitionsprozess** ausgestaltet.[464] Die **Folter** bildete im 18. Jahrhundert[465] ein mitunter zulässiges und praktiziertes[466] Instrument zur Geständniserlangung, erfuhr zu dieser Zeit aber auch deutliche Kritik. So bezeichnete Beccaria (→ Rn. 71) die Folter eines Beschuldigten als „Grausamkeit",[467] die noch dazu unnütz sei:

> „Es ist dies ein sicheres Mittel, um die starken Verbrecher freizusprechen und die schwachen Unschuldigen zu verurteilen".[468]

319 Allerdings verdient Beachtung, dass Beccaria auch die Ansicht vertrat, dass ein Verdächtiger, der der betreffenden Straftat noch nicht überführt ist und „der beim Verhör hartnäckig die Antwort auf die ihm gestellten Fragen verweigert, eine gesetzlich festzusetzende Strafe" verdiene.[469]

320 Blickt man in die **Gesetzgebung**, so stellt man fest, dass die Folter ab der Mitte des 18. Jahrhunderts zurückgedrängt wurde.[470] So schränkte etwa in **Preußen** König Friedrich II. (→ Rn. 67) im Jahr 1740 den Gebrauch der Folter so weit ein, dass dies faktisch einer Abschaffung gleichkam.[471] Die herausragende Bedeutung dieser Entscheidung erschließt sich insbesondere, wenn man einen Vergleich mit der zeitgenössischen Situation der übrigen europäischen Staatenwelt zieht: So bestätigte beispielsweise das **Habsburgerreich** noch im Jahr 1768 in der Constitutio Criminalis Theresiana (→ Kap. B Fn. 237) die Zulässigkeit der Folter.[472] Erst 1776 wurde diese dort grundsätzlich abgeschafft.[473]

▶ In der **Strafrechtspolitik von Friedrich II.** zeigt sich letztlich, dass der aufgeklärt-absolutistische Monarch **Staatsräson und Untertanenwohl** zu verbinden suchte.[474] So wollte er trotz seiner Entscheidung, den Anwendungsbereich der Folter weitgehend einzuschränken, eine abschreckende Wirkung der Folter gegenüber der Allgemeinheit gewahrt wissen. Aus diesem Grund ließ er die angeordnete Einschränkung der Folteranwendung gegenüber der

---

463 → Kap. B Fn. 183.
464 Vgl. *Rüping/Jerouschek*, Grundriss, 2011, Rn. 177; *Ignor*, Geschichte, 2002, S. 129; *Pieth*, Strafrechtsgeschichte, 2020, S. 45; vgl. auch zum Ende des 18. Jahrhunderts: *Härter*, Kriminalitätsgeschichte, 2018, S. 30.
465 Vgl. in diesem Kontext auch *Rüping/Jerouschek*, Grundriss, 2011, Rn. 84, die (unter Verweis auf die Gegenansicht) darlegen, dass die „Folter nicht gleichbedeutend mit Inquisitionsprozess" ist.
466 Vgl. zur Praxis am Beginn des 18. Jahrhunderts: *Ignor*, Geschichte, 2002, S. 163.
467 *Beccaria*, Von den Verbrechen (1764), 2004, S. 31.
468 Ebd., S. 33.
469 Ebd., S. 29; vgl. hierzu *Naucke*, in: Beccaria, Von den Verbrechen (1764), 2004, S. IX (XXVII ff.).
470 *Peters*, Folter, 2003, S. 108.
471 Order Friedrichs II. an Etatsminister Cocceji v. 3. Juni 1740, abgedruckt in: Acta Borussica VI/2, Nr. 7 (S. 8); vgl. hierzu *Kroeschell*, Dt. Rechtsgeschichte III, 2008, S. 92. – Die gänzliche Abschaffung der Folter erfolgte 1754, und zwar veranlasst durch einen Mordfall in Berlin, der – wie sich nachträglich herausstellte – durch einen Unschuldigen unter Foltereinwirkung gestanden worden war (vgl. hierzu *Baldauf*, Folter, 2004, S. 179 f.).
472 Vgl. *Clark*, Preußen, 2007, S. 299 f.
473 *Kroeschell*, Dt. Rechtsgeschichte III, 2008, S. 94.
474 Die folgende Darstellung zu Friedrichs Strafrechtspolitik basiert auf *Kuhli*, Svarez, 2012, S. 202–204.

preußischen Öffentlichkeit **geheim** halten.⁴⁷⁵ Man stößt hier also auf ein Nebeneinander zweier Anordnungen, von denen die eine – die Einschränkung des Foltergebrauchs – aus humanitären Gründen motiviert war, während die andere – die Geheimhaltung – der generellen Abschreckung diente, also letztlich der Staatsräson.

In die gleiche Richtung wies auch Friedrichs oben bereits erwähnte (→ Rn. 222) Anweisung von 1749, am öffentlichen Vollzug der **Hinrichtungsart des Räderns** festzuhalten, den Hinzurichtenden jedoch vor dem eigentlichen Strafvollzug **heimlich** töten zu lassen.⁴⁷⁶ In der Kabinettsorder, mit der diese Anordnung getroffen wurde, heißt es dazu:

> „Da bei vorkommenden Criminalfällen, in welchen dem Delinquenten durch das über ihn zu sprechende Urthe[i]l die Strafe des Rades zuerkannt werden muß, die eigentliche Absicht darunter dahin gehet, daß nicht sowohl der Delinquente gemartert werden, als daß vielmehr an ihm ein affreuses Exempel, andern zum Abscheu, geschehen soll, so habe ich resolviret, daß von nun an und künftighin es darunter dergestalt gehalten werden soll, daß, wann einem Delinquenten die Strafe des Rades [...] zuerkannt werden muß, alsdann es bei der Execution jedesmal dergestalt gehalten werden muß, daß nämlich der Delinquente vor dem Rädern [...] ohnvermerkt und ohne daß es die herumstehende Zuschauer sonderlich gewahr werden können, vorher erdrosselt werden und alsdann die Execution mit dem Rade an ihm geschehen soll, es wäre denn das Verbrechen des Delinquenten von solcher Enormité, daß die besondern Umstände ein ganz abscheuliches Exempel erforderten, so daß dem Delinquenten die Strafe, lebendig gerädert zu werden, besonders zuerkannt werden müßte."⁴⁷⁷

Bis auf den zuletzt in dieser Kabinettsorder angesprochenen Ausnahmefall veränderte sich mit dieser Anordnung die öffentliche Hinrichtung des Räderns zu einem leeren Schauspiel, das nur noch auf die Wirkung beim Publikum angelegt war.⁴⁷⁸ ◄

Die sukzessive **Einschränkung bzw. Abschaffung der Folter** im 18. Jahrhundert führte zu einer Humanisierung des Strafverfahrens. Doch verschärfte sie auch prozessuale Herausforderungen,⁴⁷⁹ die sich aus den bis dato überwiegend angewandten Beweisregeln des gemeinrechtlichen Strafverfahrens ergaben.⁴⁸⁰ Danach war für eine ordentliche Verurteilung entweder die Aussage zweier Tatzeugen oder das Geständnis des Inquisiten notwendig.⁴⁸¹ Im Fall der Aufhebung der Folter war die Erlangung eines Geständnisses in der Justizpraxis des betreffenden Territoriums nahezu aussichtslos.⁴⁸²

321

In dieser Situation behalf man sich zunächst mit der Möglichkeit, eine bestimmte **außerordentliche Strafe**⁴⁸³ (→ Rn. 250), nämlich eine im Vergleich zur gewöhnlichen Strafe mildere **Verdachtsstrafe** auszusprechen, soweit ein Geständnis bzw. zwei belastende Zeugenaussagen nicht zu erlangen waren, aber sonstige Indizien vorlagen.⁴⁸⁴ Ein Beispiel für eine solche Verdachtsstrafe bildet folgende Regelung des Preußischen All-

322

---

475 *Schmoller/Hintze*, Acta Borussica VI/2, 1901, Nr. 7, S. 8; *Geus*, Mörder, 2002, S. 110.
476 Vgl. *Heinrich*, Friedrich II., 2009, S. 263.
477 Order Friedrichs II. an Etatsminister Bismarck v. 11. Dezember 1749, zit. nach: Acta Borussica VIII, 1906, Nr. 287, S. 620.
478 *Geus*, Mörder, 2002, S. 167.
479 Vertiefend hierzu und zur Verdachtsstrafe: *Kuhli*, in: Hirsch u.a., Klein (i.E.).
480 *Thäle*, Verdachtsstrafe, 1993, S. 2; *Bitter*, Strafrecht des ALR, 2013, S. 144.
481 *Bitter*, Strafrecht des ALR, 2013, S. 144; *Thäle*, Verdachtsstrafe, 1993, S. 2.
482 Vgl. *Thäle*, Verdachtsstrafe, 1993, S. 2.
483 *Bitter*, Strafrecht des ALR, 2013, S. 144.
484 Ebd., S. 144; vertiefend: *Schwennicke*, in: Dölemeyer u.a., ALR, 1995, S. 79 (85 f.).

gemeinen Landrechts von 1794, die – modern gesprochen – einen Fall der Sterbehilfe erfasst:

> „Wer einen Andern auf dessen Verlangen tödtet, oder ihm zum Selbstmorde behülflich ist, hat sechs- bis zehnjährige, und bey einem überwiegenden Verdachte, den Wunsch nach dem Tode bey dem Getödteten selbst veranlaßt zu haben, lebenswierige Festungs- oder Zuchthausstrafe verwirkt."[485]

323 Der Jurist und Rechtsreformer **Ernst Ferdinand Klein** (1744 – 1810), der auch an der Ausgestaltung des Preußischen Allgemeinen Landrechts mitgewirkt hat (→ Rn. 79), zeigte sich später skeptisch gegenüber dem Rechtsinstitut der Verdachtsstrafe. So schreibt er 1801:

> „Von jeher waren mir die außerordentlichen Strafen, welche wegen Mangels eines zureichenden Beweises des Verbrechens erkannt zu werden pflegten, sehr anstößig. Ich betrachtete sie immer als Mittel, gewiß unrecht zu erkennen, weil der Inquisit vermittelst derselben, wenn er schuldig ist, zu wenig, und wenn er unschuldig ist, mit Unrecht bestraft wird."[486]

324 Nach Klein war in derartigen Konstellationen der Anwendungsbereich eines anderen Rechtsinstituts eröffnet, nämlich desjenigen der sog. **Sicherheitsmaßregeln** anstelle von Strafen.[487] Den praktischen Unterschied zwischen außerordentlichen Strafen und Sicherheitsmaßregeln sah Klein darin, dass sich die Inhaftierungsdauer jeweils nach unterschiedlichen Maßstäben beurteile. So schreibt er:

> „[E]s ist doch ein sehr wesentlicher Unterschied, ob jemand nur so lange der Freyheit beraubt wird, bis man die Ueberzeugung erlangt hat, daß die durch seine Schuld erregte Besorgniß für das gemeine Wesen wieder gehoben worden ist, oder ob er eine bestimmte Zeit hindurch gefangen gehalten und beym Ablauf derselben in Freyheit gesetzt wird, obgleich seine Gefährlichkeit nicht vermindert […] worden."[488]

325 Durch die hiermit einhergehende systematische Unterscheidung zwischen (schuldangemessenen) Strafen und (an eine Gefährlichkeit anknüpfenden) Sicherheitsmaßregeln gilt Klein nach *Schmidt* als „Begründer eines zweispurigen oder dualistischen Systems der Verbrechensbekämpfungsmittel".[489] Eine verbreitete wissenschaftliche Auseinandersetzung, wie mit gefährlichen Personen im Strafrecht umzugehen sei, erfolgte jedoch erst ein gutes Jahrhundert nach Klein, nämlich im strafrechtlichen Schulenstreit (→ Rn. 228 ff.).

b) Exkurs: Verhaftungen auf Geheiß des Landesherrn

326 In der zweiten Hälfte des 18. Jahrhunderts lassen sich in Deutschland zahlreiche Fälle finden, in denen ein Landesherr die Inhaftierung einer Person anordnete:[490]

---

485 § 834 des 20. Titels des zweiten Teils des ALR (1794).
486 *Klein* ArchCrimR III, 2. Stück (1801), S. 64; vgl. hierzu *Bitter*, Strafrecht des ALR, 2013, S. 145 f.
487 *K[lein]* Annalen 21 (1801), S. 291; vgl. hierzu *Kleensang*, Konzept, 1998, S. 42.
488 *Klein*, Selbstbiographie, 1810, S. 67; vgl. hierzu *Bitter*, Strafrecht des ALR, 2013, S. 146.
489 *Eb. Schmidt*, Einführung, 1965, S. 252; ebenso *Bitter*, Strafrecht des ALR, 2013, S. 145 m.w.N.; vgl. auch *Mumme*, Auffassung, 1936, S. 37.
490 Vertiefend: *Kuhli*, in: Mährle u.a., Journalismus (i.E.).

V. Strafverfahren

- Zu nennen ist etwa der sog. **Müller-Arnold-Prozess**,[491] der sich in den 1770er-Jahren in **Preußen** abspielte. Nachdem der neumärkische Müller Christian[492] Arnold in einem Rechtsstreit unterlegen war, erschien er auf dem königlichen Schloss in Potsdam und gab eine Beschwerde zu Protokoll.[493] **Friedrich II.** ergriff schlussendlich Partei für den Müller. Da sich die Justiz nicht bereit zeigte, dem Willen des Königs auf Abänderung der Entscheidungen in diesem Rechtsstreit zu entsprechen, verlangte der Monarch 1779 die Amtsenthebung und Inhaftierung mehrerer hoher Richter.[494] Friedrich II. schaltete den Kriminalsenat des Kammergerichts ein, jedoch mit durchaus strikten Vorgaben.[495] Als sich der Kriminalsenat widersetzte,[496] verurteilte der König kurzerhand persönlich einige Richter des Müller-Arnold-Prozesses zu einem Jahr Festungshaft.[497]

- Einige Jahre später ereignete sich in **Preußen** ein anderer Fall, diesmal unter **Friedrich Wilhelm II.** (1744 – 1797), dem Nachfolger auf dem preußischen Thron. Es ging um einen Justitiar namens **Joseph Zerboni**, der in Südpreußen tätig war und dort mit seinem Dienstherrn in Konflikt geraten war.[498] Als sich dieser an den König wandte, befahl Friedrich Wilhelm II. 1796 die Inhaftierung Zerbonis auf unbestimmte Dauer.[499] Erst in der Herrschaftszeit von **Friedrich Wilhelm III.** (1770 – 1840), dem nachfolgenden Preußenkönig, wurde ein ordentliches Strafverfahren gegen Zerboni durchgeführt.[500]

- In **Württemberg** war es **Herzog Carl Eugen** (1728 – 1793), der im Lauf seiner Regierungszeit verschiedene ihm missliebige Personen durch Inhaftierung unschädlich machte. So befahl er im Jahr 1756 die mehrjährige Inhaftierung der Sängerin **Marianne Pirker**,[501] und zwar mutmaßlich deshalb, weil er ihr die Schuld dafür gab, dass sich die Herzogin von ihm getrennt hatte.[502]

Es verdient Beachtung, dass die hier skizzierte Praxis landesherrlicher Verhaftungen regelmäßig **am gewöhnlichen Strafverfahren vorbeiging**.[503] Es ist also prinzipiell zwischen solchen Inhaftierungen zu unterscheiden, die vom Landesherrn angeordnet wurden, und solchen Gefangennahmen, die auf der Grundlage des gemeinrechtlichen Inquisitionsprozesses erfolgten.[504] In der Forschung wird aber zugleich betont, dass zahlreiche deutsche Regenten im ausgehenden 18. Jahrhundert jedenfalls das **Recht beanspruchten, Untertanen wegzusperren**.[505]

---

491 Vertiefend: *Kuhli*, Svarez, 2012, S. 124 f.
492 Gemäß *Meier*, Friedrich Wilhelm II., 2007, S. 127: „Johannes Arnold".
493 *Merten* DVBl 1981, S. 701 (705).
494 *Hattenhauer*, ALR, 1996, S. 4.
495 Vgl. *Eb. Schmidt*, Einführung, 1965, S. 276 f.; *Ollinger*, Richtervorbehalt, 1997, S. 318.
496 Vgl. hierzu *Dießelhorst*, Müller Arnold, 1984, S. 56 – 58.
497 *Ollinger*, Richtervorbehalt, 1997, S. 318 f.; bei der Festungshaft handelte es sich um eine besondere Art der freiheitsentziehenden Sanktion (vgl. hierzu *Krause*, Geschichte, 1999, S. 58).
498 *Ollinger*, Richtervorbehalt, 1997, S. 323; vgl. in diesem Zusammenhang auch die Bewertung des hier nur angedeuteten Konflikts bei *Grünhagen*, Zerboni, in: ADB 45 (1900), S. 89 – 94 [Online-Version].
499 *Ollinger*, Richtervorbehalt, 1997, S. 323.
500 Ebd., S. 324.
501 Ebd., S. 312; vgl. *Storz*, Karl Eugen, 1981, S. 78 f.
502 So die Vermutung bei *Storz*, Karl Eugen, 1981, S. 78 ff.: „[D]ie Pirker mag der Herzogin von einem skandalösen Rendezvous, vom neuesten, besonders schockierenden Abenteuer des Herzogs erzählt haben" (ebd., S. 79).
503 *Ollinger*, Richtervorbehalt, 1997, S. 308 f.
504 Ebd., S. 307 – 309.
505 So etwa *Streitberger*, Freiheit, 2001, S. 82; *Ollinger*, Richtervorbehalt, 1997, S. 309, 331, der allerdings an anderer Stelle zur Sichtweise Dritter festhält: „Festnahmen und Freiheitsentziehungen ohne Begründung

C. Zentrale Fragestellungen, Ideen und Prinzipien

328 Es soll hier jedoch keinesfalls der Eindruck erweckt werden, als seien vom Landesherrn angeordnete Verhaftungen von allen Beteiligten und von der Öffentlichkeit immer umstandslos akzeptiert worden. Effektive **Unterstützung** vonseiten der Reichsgerichte war allerdings nur selten zu erwarten.[506] Da landesherrliche Verhaftungen nicht von allen Seiten als Unrecht angesehen wurden, waren Bemühungen um die Freilassung der Inhaftierten letztlich weitgehend in den außerrechtlichen Bereich, also in die Diplomatie verschoben. Eine systematische rechtliche Einhegung von Verhaftungen sollte in Deutschland erst noch kommen.

▶ Wird **heutzutage** im Strafprozess eine polizeiliche oder staatsanwaltschaftliche Festnahme vorgenommen, so ist der Betroffene spätestens am darauffolgenden Tag einem Richter vorzuführen, der die Maßnahme zu prüfen hat. Der hiermit angesprochene sog. **Richtervorbehalt** ist im Grundgesetz verankert[507] und wird in der StPO konkretisiert.[508] Dem Gericht kommt in diesem Rahmen eine freiheitsschützende Kontrollfunktion zu, sodass längerfristige Inhaftierungen nicht allein durch die Polizei oder die Staatsanwaltschaft durchgeführt werden dürfen. ◀

4. 19. und frühes 20. Jahrhundert

329 Die frühen Kodifikationen des 19. Jahrhunderts, zum Beispiel die **Preußische Criminalordnung** von 1805, weisen durchaus Unterschiede zu den älteren Ordnungen auf,[509] lassen sich aber zugleich noch dem Typus des Inquisitionsprozesses zuordnen.[510] Kritik erfuhr das Inquisitionsverfahren jedoch bereits seit dem 18. Jahrhundert.[511] So wurde etwa bezweifelt, dass dieser Prozesstyp eine geeignete Grundlage bilde, um die Schuld bzw. Unschuld der angeklagten Person zutreffend zu erkennen.[512] Eine gewisse Vorbildfunktion wurde der französischen Gesetzgebung – dem **Code d'instruction criminelle** von 1808 – beigemessen.[513] Artikuliert wurden in der ersten Hälfte des 19. Jahrhunderts[514] in Deutschland unter anderem folgende Reformforderungen:

- **Öffentlichkeit** und **Mündlichkeit** der Gerichtsverhandlung.[515]

---

und ohne jede Überprüfung der Rechtmäßigkeit wurden aber bereits als unrechtmäßig und willkürlich empfunden" (ebd., S. 334 f.) (im Original mit Hervorhebung).
506 In einem Fall beispielsweise widersetzte sich die Regierung des Trierer Kurfürsten einer Entscheidung des Reichskammergerichts von 1793 auf Entlassung von zuvor Inhaftierten (vgl. hierzu *Ollinger*, Richtervorbehalt, 1997, S. 326–333, 335).
507 So bestimmt Art. 104 Abs. 3 GG: „Jeder wegen des Verdachtes einer strafbaren Handlung vorläufig Festgenommene ist spätestens am Tage nach der Festnahme dem Richter vorzuführen, der ihm die Gründe der Festnahme mitzuteilen, ihn zu vernehmen und ihm Gelegenheit zu Einwendungen zu geben hat. Der Richter hat unverzüglich entweder einen mit Gründen versehenen schriftlichen Haftbefehl zu erlassen oder die Freilassung anzuordnen." Vgl. *Mehde*, in: Dürig u.a., GG, 102. Lfg., 2023, Art. 104 Rn. 20, 119.
508 § 128 Abs. 1 S. 1 StPO lautet: „Der Festgenommene ist, sofern er nicht wieder in Freiheit gesetzt wird, unverzüglich, spätestens am Tage nach der Festnahme, dem Richter bei dem Amtsgericht, in dessen Bezirk er festgenommen worden ist, vorzuführen." Und die Sätze 1 und 2 von § 128 Abs. 2 StPO bestimmen: „Hält der Richter die Festnahme nicht für gerechtfertigt oder ihre Gründe für beseitigt, so ordnet er die Freilassung an. Andernfalls erläßt er auf Antrag der Staatsanwaltschaft oder, wenn ein Staatsanwalt nicht erreichbar ist, von Amts wegen einen Haftbefehl oder einen Unterbringungsbefehl."
509 Vgl. hierzu *Ignor*, Geschichte, 2002, S. 147 ff.
510 *Hettinger*, Fragerecht, 1985, S. 94; vgl. *Ignor*, Geschichte, 2002, S. 147.
511 *Ignor*, Geschichte, 2002, S. 149.
512 Ebd., S. 153 f.
513 *T. Vormbaum*, Strafrechtsgeschichte, 2019, S. 84.
514 *Ignor*, Geschichte, 2002, S. 231.
515 *Dettmar*, Legalität und Opportunität, 2008, S. 14 f.; *T. Vormbaum*, Strafrechtsgeschichte, 2019, S. 84 f.

V. Strafverfahren   **C.**

- Verbesserung der **Verteidigungsmöglichkeiten**.[516]
- Etablierung einer **Staatsanwaltschaft**,[517] die vom Gericht getrennt sein sollte und die die Zuständigkeit für die Anklage innehaben sollte.[518]

  ▶ Ein gerichtliches Urteil über eine bestimmte Tat sollte demnach nur möglich sein, wenn vorher eine staatsanwaltschaftliche Anklage erhoben worden war (sog. Anklage- bzw. Akkusationsprinzip).[519] ◀

- Einrichtung von **Geschworenengerichten** (historisch: **Schwurgerichten**[520]), in denen die Mitwirkung von juristischen Laien vorgesehen sein sollte[521] (→ Rn. 331).

Dabei darf jedoch nicht übersehen werden, dass keineswegs alle diese Forderungen von sämtlichen Reformern in gleicher Weise getragen wurden.[522] Auch ist zu berücksichtigen, dass einzelne Reformvorschläge durchaus **unterschiedlichen Interessen** dienen konnten. So ließ sich etwa die Forderung nach einer Einführung einer vom Gericht getrennten Anklagebehörde (Staatsanwaltschaft) einerseits mit Erwägungen der Gewaltenteilung[523] (→ Rn. 254) und der Unparteilichkeit des urteilenden Gerichts rechtfertigen,[524] also mit Erwägungen des Beschuldigtenschutzes. Andererseits ist aber auch zu berücksichtigen, dass ein Herrscher ein Interesse an einer von seinen Weisungen abhängigen Staatsanwaltschaft haben konnte.[525]   330

Vor allem ab der Mitte des 19. Jahrhunderts wurden zahlreiche Reformforderungen – allerdings durchaus mit Unterschieden[526] – in den Prozessordnungen der deutschen Territorien verwirklicht.[527] Der nun entstehende Typus des sog. **reformierten Strafprozesses** fand schließlich auch Ausprägung in der **Strafprozessordnung**, die 1879 im deutschen Kaiserreich in Kraft trat[528] und die „in ihren Grundfesten heute noch gilt" (*Ignor*).[529]   331

▶ Nach 1848 war in den deutschen Partikularstaaten zunächst auch der Einsatz von **Geschworenen** im Strafprozess verbreitet, doch wurde diese Prozessform in der Folgezeit nach und nach zurückgedrängt.[530] **Heute** gibt es im deutschen Strafverfahren keine Geschworenen, die vom verhandlungsleitenden Richter unabhängig sind und über die Schuldfrage entscheiden.

Eine Laienbeteiligung ist im Strafprozess nur noch in Form von **Schöffen** vorgesehen, also Laienrichtern, die an der Seite von Berufsrichtern Recht sprechen:

---

516 *T. Vormbaum*, Strafrechtsgeschichte, 2019, S. 84 f.
517 Ebd., S. 87.
518 *Ignor*, Geschichte, 2002, S. 231, 244.
519 Vgl. *Ignor*, Geschichte, 2002, S. 232.
520 Vgl. *Kroeschell*, Dt. Rechtsgeschichte III, 2008, S. 163.
521 *Dettmar*, Legalität und Opportunität, 2008, S. 14 f.
522 Ebd., S. 14 f.; vgl. etwa zum Schwurgericht die Darstellung bei *Schröder*, in: Kleinheyer u.a., Juristen, 2017, S. 134 (138 f.).
523 Vgl. in diesem Kontext auch *T. Vormbaum*, Strafrechtsgeschichte, 2019, S. 85.
524 Vgl. *Kroeschell*, Dt. Rechtsgeschichte III, 2008, S. 162.
525 Vgl. im Detail und zu Ausnahmen: *Carsten/Rautenberg*, Geschichte, 2015, S. 567 f.
526 *Rüping/Jerouschek*, Grundriss, 2011, Rn. 247.
527 Vgl. *Ignor*, Geschichte, 2002, S. 231.
528 *Koch*, in: Hilgendorf u.a., Hdb StR VII, 2020, § 4 Rn. 18 f.
529 *Ignor*, Geschichte, 2002, S. 216.
530 *Koch*, in: FS Rüping, 2008, S. 393 (405 f.).

- Beispielsweise entscheidet das amtsgerichtliche **Schöffengericht** in der Regel in einer Besetzung von einem Berufsrichter und zwei Schöffen.[531]
- Auch beim landgerichtlichen **Schwurgericht**, das etwa bei Mord und Totschlag zuständig ist,[532] agieren (trotz des Namens dieses Spruchkörpers) heute keine Geschworenen mehr. Besetzt ist es in der Regel mit drei Berufsrichtern und zwei Schöffen. ◀

5. Zeit des Nationalsozialismus

332 In der Zeit des Nationalsozialismus **erodierten** zahlreiche strafprozessuale Schutzprinzipien. Insbesondere in der Schlussphase des NS-Regimes wurden Rechtsmittelmöglichkeiten erschwert bzw. teilweise sogar vollends beseitigt.[533] Spezielle Bestimmungen galten zudem für sog. „Volksschädlinge" und „Fremdvölkische".[534]

333 Wie sehr das Strafverfahren für politische Zwecke eingesetzt werden konnte, zeigte sich vor allem am **Volksgerichtshof** – einer Institution, die in der Regel beim Vorwurf des Hoch- und Landesverrats zuständig war[535] und die im Laufe der NS-Zeit immer mehr zum „Kampfinstrument zur Vernichtung des politischen Gegners" (*Rüping/Jerouschek*) wurde.[536] Berüchtigter Präsident des Volksgerichtshofs war ab 1942 **Roland Freisler** (1893 – 1945).

6. Von der Nachkriegszeit bis zur Gegenwart

334 Das **Grundgesetz** von 1949 enthält unter anderem auch strafverfahrensrechtliche Regelungen, so zum Beispiel den strafprozessualen Richtervorbehalt[537] (→ Rn. 328). In der **Europäischen Menschenrechtskonvention**, die 1953 für die Bundesrepublik Deutschland in Kraft trat[538] (→ Rn. 164), ist unter anderem ein Folterverbot normiert.[539]

335 Seit dem Jahr 2009[540] gibt es in Deutschland eine gesetzliche Regelung[541] zu strafprozessualen **Verfahrensabsprachen**: Ein solcher sog. Deal kann etwa (unter bestimmten Vorgaben) das Strafmaß zum Gegenstand haben. Bestandteil jeder Verständigung soll nach der gesetzlichen Bestimmung ein Geständnis sein.[542] Anzumerken ist allerdings, dass eine Praxis der Verfahrensabsprachen in Deutschland bereits für die späten 1970er-Jahre konstatiert wird.[543]

336 Der **Prozesstyp heutiger Prägung** lässt sich wie folgt skizzieren:[544] Am Beginn steht ein Ermittlungsverfahren, das von der Staatsanwaltschaft (mit Unterstützung der Polizei) betrieben wird, sofern ein bestimmter Tatverdacht (Anfangsverdacht) besteht. Wenn

---

531 § 29 Abs. 1 S. 1 GVG; vgl. auch zur Möglichkeit einer größeren Besetzung: § 29 Abs. 2 GVG.
532 § 74 Abs. 2 GVG.
533 Vgl. hierzu *Ladiges*, in: Hilgendorf u.a., Hdb StrR VII, 2020, § 5 Rn. 61.
534 Vgl. hierzu ebd., § 5 Rn. 66 ff.
535 Vgl. *Köpke*, Der Volksgerichtshof, 2011, S. 27, 31.
536 *Rüping/Jerouschek*, Grundriss, 2011, Rn. 288 f.
537 Art. 104 Abs. 3 GG; vgl. *Mehde*, in: Dürig u.a., GG, 102. Lfg., 2023, Art. 104 Rn. 20, 119.
538 Bekanntmachung v. 15. Dezember 1953 über das Inkrafttreten der EMRK m.W.v. 3. September 1953 (BGBl. 1954 II, S. 14).
539 Art. 3 EMRK.
540 BGBl. I, S. 2353.
541 § 257c StPO.
542 § 257c Abs. 2 S. 2 StPO.
543 Zur Vorgeschichte: *Jahn*, in: MüKo-StPO, 2024, § 257c Rn. 10 ff.
544 Vgl. hierzu u.a. die folgenden Vorschriften: §§ 137, 151, 152, 153 ff., 161, 170, 226 ff. StPO und § 169 GVG.

V. Strafverfahren

sich dieser Verdacht erhärtet (= hinreichender Tatverdacht), wird Anklage erhoben, soweit keine Beendigung (Einstellung) des Verfahrens wegen Geringfügigkeit etc. in Betracht kommt. Nach dem Akkusationsprinzip stellt die Erhebung der Anklage eine zwingende Voraussetzung dafür dar, dass der Strafprozess ins gerichtliche Verfahren übergehen kann. Dessen Kern, die Hauptverhandlung, findet öffentlich und mündlich statt. Der Beschuldigte hat in jedem Verfahrensabschnitt ein Recht auf eine Verteidigung.

▶ → **Kontrollfragen** 8, 9, 18, 19, 21 und 34. ◀

D. Zeittafel

Jahr	Historischer Kontext	Rechtsakte bzw. Rechtspraxis[1]	Rechtsdenken[2]
1235		Mainzer Reichslandfrieden	
1495		Ewiger Landfrieden	
1507		Bambergensis	
1517	Beginn der Reformation		
1532		Carolina	
1608		Gründung des ersten deutschen Zuchthauses (in Bremen)	
1618	Beginn des Dreißigjährigen Kriegs		
1625			„De jure belli ac pacis libri tres" (Grotius)
1631			„Cautio Criminalis" (Spee)
1635			„Practica Nova Imperialis Saxonica Rerum Criminalium" (Carpzov)
1642	Beginn des Englischen Bürgerkriegs		
1648	Ende des Dreißigjährigen Kriegs		
1649	Ende des Englischen Bürgerkriegs		
1651			„Leviathan" (Hobbes)
1740		Weitgehende Abschaffung der Folter in Preußen	
1748			„De l'Esprit des Lois" (Montesquieu)
1764			„dei delitti e delle pene" (Beccaria)

---

1 Soweit Landfrieden, Rechtsakte und Gesetze ohne weiteren Zusatz genannt sind, ist der Zeitpunkt des jeweiligen Inkrafttretens bzw. Wirksamwerdens gemeint.
2 Soweit Bücher etc. ohne weiteren Zusatz genannt sind, ist das erstmalige Erscheinen gemeint. In Anführungsstrichen wird der Titel des jeweiligen Werkes genannt.

D. Zeittafel

Jahr	Historischer Kontext	Rechtsakte bzw. Rechtspraxis[1]	Rechtsdenken[2]
1768		Constitutio Criminalis Theresiana	
1784			„Beantwortung der Frage: Was ist Aufklärung?" (Kant)
1786		Toskanisches Strafgesetzbuch (Leopoldina)	
1787		Josephinisches Strafgesetzbuch (Josephina)	
1789	Ausbruch der Französischen Revolution		
1794		Preußisches Allgemeines Landrecht	
1801			„Lehrbuch des gemeinen in Deutschland geltenden peinlichen Rechts" (Feuerbach)
1806	Ende des Alten Reiches		
1806	Gründung des Rheinbundes		
1810		Code pénal	
1813	Ende des Rheinbundes	Bayerisches Strafgesetzbuch	
1814/15	Wiener Kongress		
1815	Gründung des Deutschen Bundes		
1820			„Grundlinien der Philosophie des Rechts" (Hegel)
1849		Annahme der Paulskirchenverfassung	
1851		Preußisches Strafgesetzbuch	

---

1 Soweit Landfrieden, Rechtsakte und Gesetze ohne weiteren Zusatz genannt sind, ist der Zeitpunkt des jeweiligen Inkrafttretens bzw. Wirksamwerdens gemeint.
2 Soweit Bücher etc. ohne weiteren Zusatz genannt sind, ist das erstmalige Erscheinen gemeint. In Anführungsstrichen wird der Titel des jeweiligen Werkes genannt.

D. Zeittafel

Jahr	Historischer Kontext	Rechtsakte bzw. Rechtspraxis[1]	Rechtsdenken[2]
1867	Ende des Deutschen Bundes		
1867	Gründung des Norddeutschen Bundes		
1871	Gründung des Deutschen Reiches	Verfassung des Deutschen Reiches	
1872		RStGB	
1879		RStPO	
1882			„Der Zweckgedanke im Strafrecht" (Liszt)
1885			„Handbuch des Strafrechts" (Binding)
1886		Gesetz, betreffend die Rechtsverhältnisse der deutschen Schutzgebiete	
1914	Ausbruch des Ersten Weltkriegs		
1918	Novemberrevolution		
1918	Ende des Kaiserreiches		
1918	Ende des Ersten Weltkriegs		
1919	Versailler Vertrag		
1919	Beginn der Weimarer Republik	Weimarer Reichsverfassung	
1920			„Die Freigabe der Vernichtung lebensunwerten Lebens" (Binding/Hoche)
1923		JGG	
1933	Beginn des NS-Regimes	ReichstagsbrandVO und ErmächtigungsG	
1935			„Das Verbrechen eine Rechtsgutsverletzung?" (Schaffstein)

---

[1] Soweit Landfrieden, Rechtsakte und Gesetze ohne weiteren Zusatz genannt sind, ist der Zeitpunkt des jeweiligen Inkrafttretens bzw. Wirksamwerdens gemeint.
[2] Soweit Bücher etc. ohne weiteren Zusatz genannt sind, ist das erstmalige Erscheinen gemeint. In Anführungsstrichen wird der Titel des jeweiligen Werkes genannt.

D. Zeittafel

Jahr	Historischer Kontext	Rechtsakte bzw. Rechtspraxis[1]	Rechtsdenken[2]
1939	Ausbruch des Zweiten Weltkriegs		
1945	Ende des Zweiten Weltkriegs und des NS-Regimes		
1946			„Gesetzliches Unrecht und übergesetzliches Recht" (Radbruch)
1949	Gründung der Bundesrepublik Deutschland	Grundgesetz	
1949	Gründung der DDR	Verfassung der DDR	
1952		JGG der DDR	
1953		JGG der BRD	
1953		EMRK[3]	
1962		E 1962	
1966		Alternativ-Entwurf eines Strafgesetzbuchs	
1968		Strafgesetzbuch der DDR	
1990	Wiedervereinigung		
2002		VStGB & Statut des Internationalen Strafgerichtshofs	

---

1 Soweit Landfrieden, Rechtsakte und Gesetze ohne weiteren Zusatz genannt sind, ist der Zeitpunkt des jeweiligen Inkrafttretens bzw. Wirksamwerdens gemeint.
2 Soweit Bücher etc. ohne weiteren Zusatz genannt sind, ist das erstmalige Erscheinen gemeint. In Anführungsstrichen wird der Titel des jeweiligen Werkes genannt.
3 Inkrafttreten für die Bundesrepublik Deutschland.

E. Kontrollfragen

	Antwort:[1]
1. Was versteht man unter dem Fehdewesen?	→ Rn. 25
2. Was versteht man unter der Gottesfriedensbewegung?	→ Rn. 27 f.
3. Wann wurde das Reichskammergericht etabliert?	→ Rn. 46
4. Was ist die Carolina?	→ Rn. 48 ff.
5. Was ist gemeint, wenn von der sog. salvatorischen Klausel der Carolina gesprochen wird?	→ Rn. 49
6. Wer war Benedikt Carpzov?	→ Rn. 58
7. Was versteht man unter der Säkularisierung des Rechtsdenkens?	→ Rn. 36
8. Erläutern Sie das Institut des Inquisitionsprozesses.	→ Rn. 301 ff.
9. Was ist der endliche Rechtstag?	→ Rn. 310
10. Was versteht man unter der Aufklärung?	→ Rn. 66 ff.
11. Inwiefern ist die Kritik, die Cesare Beccaria an der Folter übt, typisch für die jeweilige Zeit?	→ Rn. 71 ff.
12. Welche Ansichten wurden in der Aufklärung zum Verhältnis zwischen Richter und Gesetz vertreten?	→ Rn. 253 ff.
13. Wie argumentierte Immanuel Kant hinsichtlich der Todesstrafe?	→ Rn. 291
14. Skizzieren Sie Immanuel Kants Straftheorie.	→ Rn. 224 f.
15. Galt im Preußischen Allgemeinen Landrecht ein strafrechtliches Gesetzlichkeitsprinzip?	→ Rn. 257
16. Was versteht man unter der Rechtsverletzungslehre nach Paul Johann Anselm von Feuerbach?	→ Rn. 192 ff.
17. Welche zwei Wurzeln des strafrechtlichen Gesetzlichkeitsprinzips finden sich im 18. und 19. Jahrhundert?	→ Rn. 252 ff.
18. In welcher Zeit fanden die Hexenprozesse vor allem statt?	→ Rn. 312
19. Was passierte im 18. Jahrhundert mit der Folter?	→ Rn. 320
20. Ordnen Sie folgende Gesetze chronologisch nach ihrem Entstehungszeitpunkt: Bayerisches Strafgesetzbuch, Reichsstrafgesetzbuch, Reichsstrafprozessordnung, Preußisches Allgemeines Landrecht, Preußisches Strafgesetzbuch, Völkerstrafgesetzbuch.	→ Zeittafel
21. Was versteht man unter dem reformierten Strafprozess?	→ Rn. 331
22. Was versteht man unter der Zuchthausstrafe?	→ Rn. 287, 299

---

[1] Die Antworten sind nicht ausformuliert, ergeben sich aber aus den genannten Textstellen.

E. Kontrollfragen

	Antwort:[1]
23. Erklären Sie das Konzept der Spezialprävention, das von Franz von Liszt verfochten wurde.	→ Rn. 228
24. Welche Diskussion wird als strafrechtlicher Schulenstreit bezeichnet?	→ Rn. 228 ff.
25. Wie wirkt sich der Positivismus im 19. Jhd. in der Strafrechtswissenschaft aus?	→ Rn. 114 ff.
26. Wie erklärt Cesare Lombroso kriminelles Verhalten?	→ Rn. 102 f.
27. Was versteht man unter dem Marburger Programm?	→ Rn. 229
28. Sah das Reichsstrafgesetzbuch bei seiner Einführung die Todesstrafe vor?	→ Rn. 293
29. Wie entwickelt sich die Strafgesetzgebung um die Wende vom 19. zum 20. Jahrhundert?	→ Rn. 104 ff., 118 ff.
30. Inwiefern war die Weimarer Reichsverfassung hinsichtlich des strafrechtlichen Gesetzlichkeitsprinzips unklar?	→ Rn. 264
31. Inwiefern galt das Reichsstrafgesetzbuch auch in den deutschen Kolonien?	→ Rn. 109
32. Welche Bedeutung hat der Versailler Vertrag für das Völkerstrafrecht?	→ Rn. 153
33. Welche Strafmündigkeitsgrenze war im Jugendgerichtsgesetz von 1923 vorgesehen?	→ Rn. 124
34. Was ist ein Schwurgericht?	→ Rn. 329, 331
35. Galt das nulla-poena-Prinzip in der Zeit des Nationalsozialismus?	→ Rn. 265 ff.
36. Welche strafrechtshistorische Bedeutung hat der Reichstagsbrandprozess?	→ Rn. 269 ff.
37. Was versteht man unter der sog. Pflichtverletzungslehre?	→ Rn. 200 ff.
38. Was ist der Volksgerichtshof?	→ Rn. 333
39. Was ist der wesentliche Inhalt des sog. Gewohnheitsverbrechergesetzes?	→ Rn. 137, 234
40. Was ist der wesentliche Inhalt des sog. Ermächtigungsgesetzes von 1933?	→ Rn. 125
41. Was versteht man unter der Analogienovelle?	→ Rn. 267 f.
42. Besteht zwischen dem Strafrecht des NS-Regimes und der späteren Entwicklung des Strafrechts eine Kontinuität?	→ Rn. 142
43. Was versteht man unter dem Alliierten Kontrollrat?	→ Rn. 139

---

1 Die Antworten sind nicht ausformuliert, ergeben sich aber aus den genannten Textstellen.

E. Kontrollfragen

	Antwort:[1]
44. Was geschah nach dem Ende des Zweiten Weltkriegs mit den NS-Gesetzen?	→ Rn. 141 f.
45. Welche Bedeutung hat die Radbruch'sche Formel für das strafrechtliche Rückwirkungsverbot?	→ Rn. 280 f.
46. Wie argumentierte das Bundesverfassungsgericht in den Mauerschützenprozessen zum Rückwirkungsverbot?	→ Rn. 281
47. In welcher Zeit fand die aktuelle Fassung des Mordparagrafen (§ 211 StGB) ihre wesentliche Prägung? Ist die Fassung typisch für diese Zeit?	→ Rn. 126 f., 204
48. Was sind die inhaltlichen Charakteristika des E 1962?	→ Rn. 238 f.
49. Wie reagierte der Strafgesetzgeber auf die Gewalttaten der Roten Armee Fraktion?	→ Rn. 167
50. Was ist der Unterschied zwischen sog. Ad-hoc-Strafgerichtshöfen und dem Internationalen Strafgerichtshof in Den Haag?	→ Rn. 173

---

[1] Die Antworten sind nicht ausformuliert, ergeben sich aber aus den genannten Textstellen.

Quellen- und Literaturverzeichnis

Adams, Willi Paul: Revolution und Nationalstaatsgründung, 1763 – 1815, in: ders. (Hrsg.), Die Vereinigten Staaten von Amerika, Augsburg 2000, S. 22 – 70.

Ahlbrecht, Heiko: Geschichte der völkerrechtlichen Strafgerichtsbarkeit im 20. Jahrhundert. Unter besonderer Berücksichtigung der völkerrechtlichen Straftatbestände und der Bemühungen um einen Ständigen Internationalen Strafgerichtshof, Baden-Baden 1999.

Albrecht, Matthias: Die Methode der preußischen Richter in der Anwendung des Preußischen Allgemeinen Landrechts von 1794. Eine Studie zum Gesetzesbegriff und zur Rechtsanwendung im späten Naturrecht, Frankfurt am Main 2005.

Ambos, Kai: Nuremberg revisited – Das Bundesverfassungsgericht, das Völkerstrafrecht und das Rückwirkungsverbot –, in: StV 1997, S. 39 – 43.

Ambos, Kai: Internationales Strafrecht. Strafanwendungsrecht, Völkerstrafrecht, Europäisches Strafrecht, Rechtshilfe, 5. Aufl., München 2018.

Amelung, Knut: Rechtsgüterschutz und Schutz der Gesellschaft. Untersuchungen zum Inhalt und zum Anwendungsbereich eines Strafrechtsprinzips auf dogmengeschichtlicher Grundlage. Zugleich ein Beitrag zur Lehre von der „Sozialschädlichkeit" des Verbrechens, Frankfurt am Main 1972.

Angermeier, Heinz: Die Reichsreform 1410 – 1555. Die Staatsproblematik in Deutschland zwischen Mittelalter und Gegenwart, München 1984.

Aponte, Alejandro: Krieg und Feindstrafrecht. Überlegungen zum „effizienten" Feindstrafrecht anhand der Situation in Kolumbien, Baden-Baden 2004.

Arendt, Hannah: Eichmann in Jerusalem. Ein Bericht von der Banalität des Bösen. Aus dem Amerikanischen von Brigitte Granzow. Mit einem einleitenden Essay von Hans Mommsen, 5. Aufl., München/Zürich 2010.

Armstrong, David/*Farrell*, Theo/*Lambert*, Hélène: International Law and International Relations, 2nd ed., Cambridge 2012.

Asholt, Martin: Verjährung im Strafrecht. Zu den theoretischen, historischen und dogmatischen Grundlagen des Verhältnisses von Bestrafung und Zeit in §§ 78 ff. StGB, Tübingen 2016.

Bästlein, Klaus: Der Nürnberger Juristenprozeß und seine Rezeption in Deutschland, in: Peschel-Gutzeit, Lore Maria (Hrsg.), Das Nürnberger Juristen-Urteil von 1947. Historischer Zusammenhang und aktuelle Bezüge, Baden-Baden 1996, S. 9 – 35.

Baldauf, Dieter: Die Folter. Eine deutsche Rechtsgeschichte, Köln u.a. 2004.

Baldus, Manfred: Das Engagement für Kontinuität – Die Staatsrechtslehre zwischen Novemberrevolution und Weimarer Reichsverfassung, in: AöR 127 (2002), S. 97 – 117.

Barthe, Christoph u.a. (Hrsg.): Karlsruher Kommentar zur Strafprozessordnung mit GVG, EGGVG und EMRK, 9. Aufl., München 2023. – Zit.: *Bearbeiter*, in: KK-StPO, 2023.

Barzen, Carola: Die Entstehung des „Entwurf(s) eines allgemeinen Gesetzbuchs für die Preußischen Staaten" von 1780 bis 1788, Konstanz 1999.

Battenberg, Friedrich: Acht, in: Cordes, Albrecht u.a. (Hrsg.), Handwörterbuch zur deutschen Rechtsgeschichte. HRG, Bd. I, 2. Aufl., Berlin 2008, Sp. 59 – 65.

Battenberg, F[riedrich]: Reichsacht, in: Erler, Adalbert u.a. (Hrsg.), Handwörterbuch zur deutschen Rechtsgeschichte. HRG, Bd. IV, 1. Aufl., Berlin 1990, Sp. 523 – 529.

Battenberg, F[riedrich]: Schöffenstuhl, in: Erler, Adalbert u.a. (Hrsg.), Handwörterbuch zur deutschen Rechtsgeschichte. HRG, Bd. IV, 1. Aufl., Berlin 1990, Sp. 1474 – 1478.

Baumann, Jürgen/*Braneck*, Anne-Eva u.a. (Hrsg.): Alternativ-Entwurf eines Strafgesetzbuches Allgemeiner Teil, Tübingen 1966.

Baumbach, Hendrik: Königliche Gerichtsbarkeit und Landfriedenssorge im deutschen Spätmittelalter. Eine Geschichte der Verfahren und Delegationsformen zur Konfliktbehandlung, Köln u.a. 2017.

Beccaria, Cesare: Von den Verbrechen und von den Strafen (1764). Aus dem Italienischen v. Thomas Vormbaum, Berlin 2004.

Beckmann, Rainer: Rechtsgrundlagen zur Aufhebung nationalsozialistischen Unrechts in der Strafrechtspflege, in: JZ 1997, S. 922 – 930.
Benz, Wolfgang: Bestrafung der Schuldigen (abrufbar unter https://www.bpb.de/shop/zeitschriften/izpb/deutschland-1945-1949-259/10064/bestrafung-der-schuldigen/ – abgerufen am 9. Februar 2024).
Bergeron, Louis/*Furet*, François/*Koselleck*, Reinhard (Verf. u. Hrsg.): Die europäischen Revolutionen 1780 – 1848, Augsburg 2000. – Zit.: *Verf. (Bergeron, Furet oder Koselleck)*, in: Bergeron u.a., Revolutionen, 2000.
Beulke, Werner/*Swoboda*, Sabine: Jugendstrafrecht. Eine systematische Darstellung. Begründet von Friedrich Schaffstein, 16. Aufl., Stuttgart 2020.
Binding, Karl: Das Problem der Strafe in der heutigen Wissenschaft (1877/1915), in: Vormbaum, Thomas (Hrsg.), Moderne deutsche Strafrechtsdenker, Berlin u.a. 2011, S. 179 – 198.
Binding, Karl: Die Normen und ihre Übertretung, Bd. 1: Normen und Strafgesetze, 2. Aufl., Leipzig 1890.
Binding, Karl: Handbuch des Strafrechts, 1. (einziger) Bd., Leipzig 1885 (Neudr.: Aalen 1991).
Binding, Karl/*Hoche*, Alfred: Die Freigabe der Vernichtung lebensunwerten Lebens. Ihr Maß und Ihre Formen (1920). Mit einer Einführung von Wolfgang Naucke, Berlin 2006.
Bitter, Albrecht von: Das Strafrecht des Preußischen Allgemeinen Landrechts von 1794 vor dem ideengeschichtlichen Hintergrund seiner Zeit, Baden-Baden 2013.
Blasius, Dirk: Geschichte der politischen Kriminalität in Deutschland 1800 – 1980. Eine Studie zu Justiz und Staatsverbrechen, Frankfurt am Main 1983.
Brandt, Christian: Die Entstehung des Code pénal von 1810 und sein Einfluß auf die Strafgesetzgebung der deutschen Partikularstaaten des 19. Jahrhunderts am Beispiel Bayerns und Preußens, Frankfurt am Main u.a. 2002.
Brandt, Reinhardt: Der Leviathan und das liberale Commonwealth, in: DZPhil 56 (2008), S. 205 – 220.
Braun, Johann: Einführung in die Rechtsphilosophie, 3. Aufl., Tübingen 2022.
Bremer, Kathrin: Nationale Strafverfolgung internationaler Verbrechen gegen das humanitäre Völkerrecht. Am Beispiel einer Rechtsvergleichung Deutschlands, der Schweiz, Belgiens und Großbritanniens, Frankfurt am Main u.a. 1999.
Bruns, Hans-Jürgen: Gilt die Strafrechtsodnung auch für und gegen Verbrecher untereinander? in: Engisch, Karl u.a. (Hrsg.), Festschrift für Edmund Mezger zum 70. Geburtstag. 15.10.1953, München u.a. 1954, S. 335 – 361.
Bützler, Volker: Staatsschutz mittels Vorfeldkriminalisierung. Eine Studie zum Hochverrat, Terrorismus und den schweren staatsgefährdenden Gewalttaten, Baden-Baden 2017.
Bung, Jochen: Grundlinien der Grundlinien (Working Paper, abrufbar unter https://www.jura.uni-hamburg.de/die-fakultaet/professuren/straf-r-3/working-paper/bung-grundlinien.pdf – abgerufen am 5. März 2020).
Burkhardt, Anika: Das NS-Euthanasie-Unrecht vor den Schranken der Justiz: eine strafrechtliche Analyse, Tübingen 2015.
Buschmann, Arno: Einleitung: Verfassung und Verfassungsrecht des Heiligen Römischen Reiches Deutscher Nation, in: ders. (Hrsg.), Kaiser und Reich. Verfassungsgeschichte des Heiligen Römischen Reiches Deutscher Nation vom Beginn des 12. Jahrhunderts bis zum Jahre 1806 in Dokumenten, Teil I: Vom Wormser Konkordat 1122 bis zum Augsburger Reichsabschied von 1555, 2. Aufl., Baden-Baden 1994, S. 9 – 56.
Buschmann, Arno (Hrsg.): Kaiser und Reich. Verfassungsgeschichte des Heiligen Römischen Reiches Deutscher Nation vom Beginn des 12. Jahrhunderts bis zum Jahre 1806 in Dokumenten, Teil I: Vom Wormser Konkordat 1122 bis zum Augsburger Reichsabschied von 1555, 2. Aufl., Baden-Baden 1994.
Buschmann, Arno (Hrsg.): Kaiser und Reich. Verfassungsgeschichte des Heiligen Römischen Reiches Deutscher Nation vom Beginn des 12. Jahrhunderts bis zum Jahre 1806 in Dokumenten, Teil II: Vom Westfälischen Frieden 1648 bis zum Ende des Reiches im Jahre 1806, 2. Aufl., Baden-Baden 1994.

Quellen- und Literaturverzeichnis

Buschmann, Arno (Hrsg.): Textbuch zur Strafrechtsgeschichte der Neuzeit. Die klassischen Gesetze, München 1998.

Cadoppi, Alberto: Damit der Bürger „... die Unzuträglichkeiten, die aus einer Missetat folgen, genau vorherzuberechnen" vermag. Aktualität und Grenzen der Gedanken Beccarias zur Gesetzlichkeit, in: Picotti, Lorenzo (Hrsg.), An den Wurzeln des modernen Strafrechts. Die juristische Aufklärung Cesare Beccarias und die Strafgewalt. Aus dem Italienischen von Thomas Vormbaum, Wien/Zürich 2017, S. 34 – 70.

Campagna, Norbert: Montesquieu, eine Einführung, Düsseldorf 2001.

Carpzovus, Benedictus: Peinlicher Sächsischer Inquisitions- und Achtsprocess, Frankfurt am Main/Leipzig 1638.

Carpzow, Benedict: Practica Nova Imperialis Saxonica Rerum Criminalium [Textausschnitt samt deutscher Übersetzung], in: Vormbaum, Thomas (Hrsg.), Strafrechtsdenker der Neuzeit, Baden-Baden 1998, S. 26 – 35.

Carsten, Ernst Sigismund/*Rautenberg*, Erardo Cristoforo: Die Geschichte der Staatsanwaltschaft in Deutschland bis zur Gegenwart. Ein Beitrag zur Beseitigung ihrer Weisungsabhängigkeit von der Regierung im Strafverfahren, 3. Aufl., Baden-Baden 2015.

Cattaneo, Mario A.: Beccaria und Kant: Der Wert des Menschen im Strafrecht (1981), in: ders., Aufklärung und Strafrecht. Beiträge zur deutschen Strafrechtsphilosophie. Aus dem Italienischen von Thomas Vormbaum, Baden-Baden 1998, S. 7 – 47.

Cattaneo, Mario A.: Die Bedeutung der Strafgesetzgebung in der deutschen Aufklärungsphilosophie (1987), in: ders., Aufklärung und Strafrecht. Beiträge zur deutschen Strafrechtsphilosophie. Aus dem Italienischen von Thomas Vormbaum, Baden-Baden 1998, S. 225 – 308.

Cattaneo, Mario A.: Einführung, in: ders., Aufklärung und Strafrecht. Beiträge zur deutschen Strafrechtsphilosophie. Aus dem Italienischen von Thomas Vormbaum, Baden-Baden 1998, S. 1 – 5.

Cattaneo, Mario A.: Furcht und Strafe: Hobbes, Feuerbach und Kant (1984), in: ders., Aufklärung und Strafrecht. Beiträge zur deutschen Strafrechtsphilosophie. Aus dem Italienischen von Thomas Vormbaum, Baden-Baden 1998, S. 161 – 173.

Cattaneo, Mario A.: Karl Ferdinand Hommel, der „deutsche Beccaria" (1975), in: ders., Aufklärung und Strafrecht. Beiträge zur deutschen Strafrechtsphilosophie. Aus dem Italienischen von Thomas Vormbaum, Baden-Baden 1998, S. 63 – 139.

Clark, Christopher: Preußen. Aufstieg und Niedergang 1600 – 1947. Aus dem Englischen von Richard Barth u.a., Bonn 2007.

Classen, Claus Dieter: Artikel 103 Abs. 2 GG – ein Grundrecht unter Vorbehalt?, in: GA 1998, S. 215 – 225.

Coing, Helmut: Grundzüge der Rechtsphilosophie, 5. Aufl., Berlin u.a. 1993.

Conrad, Hermann: Die geistigen Grundlagen des Allgemeinen Landrechts für die preußischen Staaten von 1794, Köln/Opladen 1958.

Cornelius, Kai: Umweltschutz im Völkerstrafrecht, in: AVR 2020, S. 1 – 39.

Deiseroth, Dieter: War der Positivismus schuld? Anmerkungen zum Thema Juristen und NS-Regime achtzig Jahre nach dem 30. Januar 1933, in: Betrifft Justiz Nr. 113 (März 2013), S. 5 – 10.

Demke, Elena: „Antifaschistischer Schutzwall" – „Ulbrichts KZ". Kalter Krieg der Mauer-Bilder, in: Henke, Klaus-Dietmar (Hrsg.), Die Mauer. Errichtung, Überwindung, Erinnerung, München 2011, S. 96 – 110.

Dettmar, Juliane Sophia: Legalität und Opportunität im Strafprozess. Reformdiskussion und Gesetzgebung von 1877 bis 1933, Berlin 2008.

Dießelhorst, Malte: Die Prozesse des Müllers Arnold und das Eingreifen Friedrichs des Großen, Göttingen 1984.

Dochow, Adolf/*Liszt*, Franz v[on]: An unsere Leser, in: ZStW 1 (1881), S. 1 – 3.

Dorn, Ulrike: Charles-Louis de Secondat, Baron de la Brède et de Montesquieu (1689 – 1755), in: Kleinheyer, Gerd/Schröder, Jan (Hrsg.), Deutsche und Europäische Juristen aus neun Jahrhunderten, 6. Aufl., Tübingen 2017, S. 316 – 322.

Dorn-Haag, Verena J.: Hexerei und Magie im Strafrecht, Tübingen 2016.
Douglas, Lawrence: Der Wachmann und die Sekretärin, in: Vormbaum, Moritz (Hrsg.), Spätverfolgung von NS-Unrecht, Berlin 2023, S. 109 – 118.
Dreier, Horst: Die Radbruchsche Formel – Erkenntnis oder Bekenntnis?, in: Borowski, Martin/ Paulson, Stanley L. (Hrsg.), Die Natur des Rechts bei Gustav Radbruch, Tübingen 2015, S. 1 – 22.
Dreier, Horst: Gustav Radbruch und die Mauerschützen, in: JZ 1997, S. 421 – 434.
Duchhardt, Heinz: Der Wiener Kongress. Die Neugestaltung Europas 1814/15, München 2013.
Dürig, Günter/*Rudolf*, Walter (Hrsg,): Texte zur deutschen Verfassungsgeschichte, 3. Aufl., München 1996.
Dusch, Christian: Staat und Strafe. Eine Studie zum Verhältnis von Staats- und Straftheorie bei Thomas Hobbes und Immanuel Kant, Freiburg 2011.
Ebner von Eschenbach, Georg-Friedrich: Wieviel Unrecht verträgt der deutsche Rechtsstaat? Verfassungsrechtliche Probleme der Verurteilungen von „Mauerschützen", München 2000.
Eckart, Wolfgang U[we]: Fall 1: Der Nürnberger Ärzteprozeß, in: Ueberschär, Gerd R[olf] (Hrsg.), Der Nationalsozialismus vor Gericht. Die alliierten Prozesse gegen Kriegsverbrecher und Soldaten 1943 – 1952, 3. Aufl., Frankfurt am Main 2008, S. 73 – 85.
Engelhart, Marc: Der Weg zum Völkerstrafgesetzbuch – Eine kurze Geschichte des Völkerstrafrechts, in: Jura 2004, S. 734 – 743.
Ennen, Edith/*Lück*, Heiner: Magistratus, in: Cordes, Albrecht u.a. (Hrsg.), Handwörterbuch zur deutschen Rechtsgeschichte. HRG, Bd. III, 2. Aufl., Berlin 2016, Sp. 1143 – 1144.
Epkenhans, Michael: Geschichte Deutschlands. Von 1648 bis heute, Paderborn 2011.
Epik, Aziz/*Schatz*, Valentin: Kollateralschäden nicht ausgeschlossen – Das „Rückführungsverbesserungsgesetz", der „Schleusertatbestand" und die zivile Seenotrettung, in: KriPoZ 2024, S. 44 – 50.
Epping, Volker/*Hillgruber*, Christian (Hrsg.): Beck'scher Online-Kommentar Grundgesetz, 57. Ed., München (Stand: 15. Januar 2024). – Zit.: *Bearbeiter*: in BeckOK-GG, 2024.
Eser, Albin u.a. (Hrsg.): Schönke/Schröder. Strafgesetzbuch, Kommentar, 30. Aufl., München 2019. – Zit.: *Bearbeiter*, in: Schönke/Schröder. StGB, 2019.
Fahrmeir, Andreas: Revolutionen und Reformen. Europa 1789 – 1859, München 2010.
Feldmüller-Bäuerle, Berit: Die strafrechtliche Kieler Schule, Hamburg 2010.
Ferencz, Benjamin B.: Von Nürnberg nach Rom: Auf dem Weg zu einem Internationalen Strafgerichtshof, in: HuV-I 1998, S. 80 – 90.
Fetscher, Iring: Einleitung, in: Hobbes, Thomas: Leviathan oder Stoff, Form und Gewalt eines bürgerlichen und kirchlichen Staates. Hrsgg. u. eingel. v. Iring Fetscher, Neuwied u.a. 1966, S. IX – LXVI.
Feuerbach, Paul Johann Anselm von: Lehrbuch des gemeinen in Deutschland geltenden Peinlichen Rechts, Giessen 1801.
Feuerbach, Paul Johann Anselm von: Revision der Grundsätze und Grundbegriffe des positiven peinlichen Rechts. In 2 Teilen, Teil 1, Erfurt 1799 (Neudr.: Aalen 1966).
Fieldhouse, David K.: Die Kolonialreiche seit dem 18. Jahrhundert, Augsburg 2000.
Finkenauer, Thomas: Vom Allgemeinen Gesetzbuch zum Allgemeinen Landrecht – preußische Gesetzgebung in der Krise, in: ZRG (GA) 113 (1996), S. 40 – 216.
Fitting, Christoph: Analogieverbot und Kontinuität. Entwicklungslinien des strafrechtlichen Analogieverbots seit 1871, Berlin 2016.
Foucault, Michel: Überwachen und Strafen. Die Geburt des Gefängnisses. Übersetzt von Walter Seitter, Frankfurt am Main 1977.
Freisler, Roland: Schutz des Volkes oder des Rechtsbrechers? Fesselung des Verbrechers oder des Richters? Einiges über das zweckmäßige Maß der Bindung des Richters an gesetzliche Straftatbestände, in: DtStrafR 1935, S. 1 – 32.
Fried, Johannes: Das Mittelalter. Geschichte und Kultur, 4. Aufl., München 2009.
Frühwald, Wolfgang: Der Teufelspakt und die Naturierung der Frau. Zu Friedrich Spees *Cautio Criminalis*, in: van Oorschot, Theo G. M. (Hrsg.), Friedrich Spee (1591 – 1635). Düsseldorfer

Symposium zum 400. Geburtstag. Neue Ergebnisse der Spee-Forschung. Unter Mitarbeit von Martin Gerlach, Bielefeld 1993, S. 113 – 129.

Fuchs, Ralf-Peter: Hexerei und Zauberei vor dem Reichskammergericht. Nichtigkeiten und Injurien, Wetzlar 1994.

Fuchs, Thomas (Hrsg.): Strafgesetzbuch für das Deutsche Reich vom 15. Mai 1871. Historisch-synoptische Edition 1871 – 2020 (abrufbar unter https://lexetius.com/leges/StGB/Inhalt?3 – abgerufen am 21. März 2020).

Fulda, Hans Friedrich: Georg Wilhelm Friedrich Hegel, München 2003.

Funk, Albert: Kleine Geschichte des Föderalismus. Vom Fürstenbund zur Bundesrepublik, Paderborn u.a. 2010.

Funke, Andreas: Karl Bindings Normentheorie im Lichte der zeitgenössischen Diskussion, in: Kubiciel, Michael u.a. (Hrsg.), „Eine gewaltige Erscheinung des positiven Rechts". Karl Bindings Normen- und Strafrechtstheorie, Tübingen 2020, S. 11 – 36.

Gawlick, Günter: Hobbes' Leben und Werk, in: Hobbes, Thomas: Vom Menschen Vom Bürger. Elemente der Philosophie II/III. Hrsgg. u. eingel. v. Günter Gawlick, Hamburg 1994, S. IX – XV.

Gernhuber, Joachim: Die Landfriedensbewegung in Deutschland bis zum Mainzer Reichslandfrieden von 1235, Bonn 1952.

Gersmann, Gudrun: Wasserproben und Hexenprozesse. Ansichten der Hexenverfolgung im Fürstbistum Münster, in: WestfF 48 (1998), S. 449 – 481.

Geus, Elmar: Mörder, Diebe, Räuber. Historische Betrachtung des deutschen Strafrechts von der Carolina bis zum Reichsstrafgesetzbuch, Berlin 2002.

Giese, Friedrich: Preußische Rechtsgeschichte. Übersicht über die Rechtsentwicklung der Preußischen Monarchie und ihrer Landesteile. Ein Lehrbuch für Studierende, Berlin u.a. 1920.

Gmür, Rudolf/*Roth*, Andreas: Grundriss der deutschen Rechtsgeschichte, 15. Aufl., München 2018.

Görtemaker, Manfred/*Safferling*, Christoph, Die Akte Rosenburg. Das Bundesministerium der Justiz und die NS-Zeit, 2. Aufl., München 2016.

Goethe, J[ohann] W[olfgang]: Faust. Der Tragödie erster Teil, Stuttgart 1968.

Goetze, Kirsten: Das Demjanjuk-Urteil: Eine späte Korrektur, in: Vormbaum, Moritz (Hrsg.), Spätverfolgung von NS-Unrecht, Berlin 2023, S. 83 – 97.

Gollwitzer, Heinz (Bearbeiter): Deutsche Reichstagsakten unter Maximilian I., Bd. 6: Reichstage von Lindau, Worms und Freiburg 1496 – 1498, Göttingen 1979.

Goltsche, Friederike: Der Entwurf eines Allgemeinen Deutschen Strafgesetzbuchs von 1922 (Entwurf Radbruch), Berlin u.a. 2010.

Gotthard, Axel: Das Alte Reich 1495 – 1806, Darmstadt 2003.

Graf, Jürgen (Hrsg.): Beck'scher Online-Kommentar StPO mit RiStBV und MiStra, 50. Ed., München (Stand: 1. Januar 2024). – Zit.: *Bearbeiter*, in: BeckOK-StPO, 2024.

Greco, Luís: Die Strafzumessung im Bayerischen StGB von 1813, in: Koch, Arnd u.a. (Hrsg.), Feuerbachs Bayerisches Strafgesetzbuch, Tübingen 2014, S. 285 – 301.

Greco, Luís: Lebendiges und Totes in Feuerbachs Straftheorie. Ein Beitrag zur gegenwärtigen strafrechtlichen Grundlagendiskussion, Berlin 2009.

Greco, Luís: Über das so genannte Feindstrafrecht, in: GA 2006, S. 96 – 113.

Greco, Luís: Was lässt das Bundesverfassungsgericht von der Rechtsgutslehre übrig? Gedanken anlässlich der Inzestentscheidung des Bundesverfassungsgerichts, in: ZIS 2008, S. 234 – 238.

Gropp, Walter: Tagungsbericht: Diskussionsbeiträge der Strafrechtslehrertagung 1985 in Frankfurt a. M., in: ZStW 97 (1985), S. 919 – 953.

Große, Christina: Der Eichmann-Prozeß zwischen Recht und Politik, Frankfurt am Main 1995.

Grotius, De jure belli ac pacis libri tres. Drei Bücher vom Recht des Krieges und des Friedens, Paris 1625, nebst einer Vorrede von Christian Thomasius zur ersten deutschen Ausgabe des Grotius vom Jahre 1707. Neuer deutscher Text und Einleitung von Walter Schätzel, Tübingen 1950.

Grünhagen, Colmar: Zerboni di Sposetti, Joseph, in: Allgemeine Deutsche Biographie 45 (1900), S. 89 – 94 [Online-Version] (abrufbar unter https://www.deutsche-biographie.de/pnd116982942.html#adbcontent – abgerufen am 20. Oktober 2022).
Gruner, Wolf D.: Der deutsche Bund 1815 – 1866, München 2012.
Günther, Klaus: Kopf oder Füße? Das Rechtsprojekt der Moderne und seine vermeintlichen Paradoxien, in: Kiesow, Rainer Maria/Ogorek, Regina/Simitis, Spiros (Hrsg.), Summa: Dieter Simon zum 70. Geburtstag, Frankfurt am Main 2005, S. 255 – 274.
Günther, Klaus: Von der Rechts- zur Pflichtverletzung. Ein „Paradigmenwechsel" im Strafrecht, in: Institut für Kriminalwissenschaften Frankfurt am Main (Hrsg.), Vom unmöglichen Zustand des Strafrechts, Frankfurt am Main u.a. 1995, S. 445 – 459.
Haase, Norbert/*Pampel*, Bert: Vorwort, in: *Haase*, Norbert/Pampel, Bert (Hrsg.), Die Waldheimer „Prozesse" – fünfzig Jahre danach. Dokumentation der Tagung der Stiftung Sächsische Gedenkstätten am 28. und 29. September 2000 in Waldheim, Baden-Baden 2001, S. VII – XIII.
Härter, Karl: Strafrechts- und Kriminalitätsgeschichte der Frühen Neuzeit, Berlin 2018.
Haft, Fritjof: Grenzfälle des Irrtums über normative Tatbestandsmerkmale im Strafrecht, in: JA 1981, S. 281 – 285.
Hammer, Felix: Die Verfassung des Deutschen Reichs vom 11. August 1919 – die Weimarer Reichsverfassung, in: Jura 2000, S. 57 – 63.
Hattenhauer, Hans (Hrsg.): Allgemeines Landrecht für die Preußischen Staaten von 1794. Mit einer Einf. v. Hans Hattenhauer u. einer Bibliographie v. Günther Bernert, 3. Aufl., Neuwied u.a. 1996.
Hattenhauer, Hans: Europäische Rechtsgeschichte, 4. Aufl., Heidelberg 2004.
Hegel, Georg Wilhelm Friedrich: Grundlinien der Philosophie des Rechts oder Naturrecht und Staatswissenschaft im Grundrisse [1820]. Mit Hegels eigenhändigen Notizen und den mündlichen Zusätzen. Redaktion Eva Moldenhauer und Karl Markus Michel (Georg Wilhelm Friedrich Hegel, Werke 7), Frankfurt am Main 1986.
Heger, Martin (Hrsg.): Strafgesetzbuch. Kommentar, 30. Aufl., München 2023. – Zit.: *Bearbeiter*, in: Lackner/Kühl, 2023.
Heilmann, Daniel: Die Effektivität des Internationalen Strafgerichtshofs. Die Rolle der Vereinten Nationen und des Weltsicherheitsrates, Baden-Baden 2006.
Hein, Dieter: Die Revolution von 1848/49, 6. Aufl., München 2019.
Heinrich, Gerd: Friedrich II. von Preußen. Leistung und Leben eines großen Königs, Berlin 2009.
Herzog, Roman/*Scholz*, Rupert u.a. (Hrsg.): Grundgesetz. Kommentar, Stand: 102 Lieferung, München 2023. – Zit.: *Bearbeiter*, in: Dürig u.a., GG, *Nr. der jeweiligen Lieferung, Jahreszahl*.
Hesse, Konrad: Grundzüge des Verfassungsrechts der Bundesrepublik Deutschland, 20. Aufl., Heidelberg 1995.
Hettinger, Michael: Das Fragerecht der Verteidigung im reformierten Inquisitionsprozeß, dargestellt am badischen Strafverfahrensrecht von 1845/51 im Vergleich mit anderen Partikulargesetzen, Berlin 1985.
Heydenreuter, Reinhard: Kriminalgeschichte Bayerns. Von den Anfängen bis ins 20. Jahrhundert, Regensburg 2003.
Hilgendorf, Eric: Die geistesgeschichtlichen Grundlagen des heutigen Strafrechts in der Aufklärung, in: ders. /Kudlich, Hans/Valerius, Brian (Hrsg.), Handbuch des Strafrechts, Bd. 1: Grundlagen des Strafrechts, Heidelberg 2019, § 6.
Hilgendorf, Eric: Dilemma-Probleme beim automatisierten Fahren. Ein Beitrag zum Problem des Verrechnungsverbots im Zeitalter der Digitalisierung, in: ZStW 130 (2018), S. 674 – 703.
Hilgendorf, Eric: Paul Johann Anselm von Feuerbach und die Rechtsphilosophie der Aufklärung, in: Koch, Arnd u.a. (Hrsg.), Feuerbachs Bayerisches Strafgesetzbuch, Tübingen 2014, S. 149 – 169.
Hilgendorf, Eric: Strafrecht im Kontext der Normenordnungen, in: ders./Kudlich, Hans/Valerius, Brian (Hrsg.), Handbuch des Strafrechts, Bd. 1: Grundlagen des Strafrechts, Heidelberg 2019, § 1.

Hilliger, Fedja Alexander: Das Rechtsdenken Karl Bindings und die „Freigabe der Vernichtung lebensunwerten Lebens", Berlin 2018.

Hippel, R[obert] v[on]: Beiträge zur Geschichte der Freiheitsstrafe, in: ZStW 18 (1898), S. 419 – 494.

Hippel, Ernst von: Mechanisches und moralisches Rechtsdenken, Meisenheim am Glan 1959.

Hirsch, Philipp-Alexander: Feministische Aufklärung im Strafrecht? Die Behandlung des Kindsmords im strafrechtspolitischen Aufklärungsdiskurs sowie im Preußischen Allgemeinen Landrecht, in: Karremann, Isabel/Michoux, Anne-Claire/Stiening, Gideon (Hrsg.), Vom Recht der Frau zu Frauenrechten im Europa der Aufklärung. Women and the Law in Enlightenment Europe, Berlin 2024, S. 221 – 249.

Hirte, Markus/*Hübsch*, Ronny: Einführung in die ältere Strafrechtsgeschichte, in: JA 2009, S. 606 – 611.

Hobbes, Thomas: Leviathan oder Stoff, Form und Gewalt eines bürgerlichen und kirchlichen Staates. Hrsgg. u. eingel. v. Iring Fetscher, Neuwied u.a. 1966.

Höffe, Otfried: Immanuel Kant, 9. Aufl., München 2020.

Höffe, Otfried: Thomas Hobbes, München 2010.

Hoeppel, Alexander: NS-Justiz und Rechtsbeugung. Die strafrechtliche Ahndung deutscher Justizverbrechen nach 1945, Tübingen 2019.

Hörnle, Tatjana: Grob anstößiges Verhalten. Strafrechtlicher Schutz von Moral, Gefühlen und Tabus, Frankfurt am Main 2005.

Hof, Hagen: Karl Ferdinand Hommel (1722 – 1781), in: Kleinheyer, Gerd/Schröder, Jan (Hrsg.), Deutsche und Europäische Juristen aus neun Jahrhunderten, 6. Aufl., Tübingen 2017, S. 206 – 210.

Holl, Christoph: Der Scharfrichter, sein Handwerk und sein Leben in der Frühen Neuzeit, Berlin 2012.

Hoyer, Siegfried: Benedict Carpzov in Leipzig, in: Jerouschek, Günter/Schild, Wolfgang/Gropp, Walter (Hrsg.), Benedict Carpzov. Neue Perspektiven zu einem umstrittenen sächsischen Juristen, Tübingen 2000, S. 27 – 41.

Hüning, Dieter: Naturrecht und Strafgewalt. Die Begründung des Strafrechts in Hobbes' Leviathan, in: ders. (Hrsg.), Der lange Schatten des Leviathan. Hobbes' politische Philosophie nach 350 Jahren. Vorträge des internationalen Arbeitsgesprächs am 11. und 12. Oktober 2001 in der Herzog-August-Bibliothek in Wolfenbüttel, Berlin 2005, S. 235 – 276.

Hufen, Friedhelm: Die Menschenwürde, Art. 1 I GG, in: JuS 2010, S. 1 – 10.

Ignor, Alexander: Geschichte des Strafprozesses in Deutschland 1532 – 1846. Von der Carolina Karls V. bis zu den Reformen des Vormärz, Paderborn u.a. 2002.

International Military Tribunal Nuremberg (ed.): Trial of the Major War Criminals before the International Military Tribunal Nuremberg, 14 November 1945 – 1 October 1946, vol. 1, Nürnberg 1947.

Jakobs, Günther: Bindings Rechtspositivismus, in: Kubiciel, Michael u.a. (Hrsg.), „Eine gewaltige Erscheinung des positiven Rechts". Karl Bindings Normen- und Strafrechtstheorie, Tübingen 2020, S. 93 – 108.

Jakobs, Günther: Bürgerstrafrecht und Feindstrafrecht, in: HRRS 2004, S. 88 – 95.

Jakobs, Günther: Das Selbstverständnis der Strafrechtswissenschaft vor den Herausforderungen der Gegenwart (Kommentar), in: Eser, Albin u.a. (Hrsg.), Die Deutsche Strafrechtswissenschaft vor der Jahrtausendwende. Rückbesinnung und Ausblick. Dokumentation einer Tagung vom 3. – 6. Oktober 1999 in der Berlin-Brandenburgischen Akademie der Wissenschaften, München 2000, S. 47 – 56.

Jakobs, Günther: Feuerbachs Verbrechensbegriff: Rechtsverletzung, in: Koch, Arnd u.a. (Hrsg.), Feuerbachs Bayerisches Strafgesetzbuch, Tübingen 2014, S. 209 – 224.

Jakobs, Günther: Kriminalisierung im Vorfeld einer Rechtsgutsverletzung, in: ZStW 97 (1985), S. 751 – 785.

Jakobs, Günther: Strafrecht, Allgemeiner Teil. Die Grundlagen und die Zurechnungslehre. Lehrbuch, 2. Aufl., Berlin u.a. 1991.

Jakobs, Günther: Terroristen als Personen im Recht?, in: ZStW 117 (2005), S. 839 – 851.
Jerouschek, Günter: Die Herausbildung des peinlichen Inquisitionsprozesses im Spätmittelalter und in der frühen Neuzeit, in: ZStW 104 (1992), S. 328 – 360.
Jerouschek, Günter: Tagungsbericht: Symposium in memoriam Benedikt Carpzov (1595 – 1666), Leipzig und Halle, 3. – 5.10.1996, in: ZStW 109 (1997), S. 390 – 396.
Jescheck, Hans-Heinrich/*Weigend*, Thomas: Lehrbuch des Strafrechts. Allgemeiner Teil, 5. Aufl., Berlin 1996.
Jeßberger, Florian: Die I.G. Farben vor Gericht. Von den Ursprüngen eines „Wirtschaftsvölkerstrafrechts", in: JZ 2009, S. 924 – 932.
Jessen, Peter: Benedikt Carpzov – ein sächsischer Jurist und Leipziger Schöffe, in: Sächsisches Staatsministerium der Justiz (Hrsg.), Leipzig, Stadt der Rechtsprechung. Prozesse, Personen, Gebäude, Dresden 1994, S. 30 – 52.
Jestaedt, Matthias: Rechtspositivismus (Version 8.6.2022, 9:10 Uhr), in: Staatslexikon, 8. Aufl., online (abrufbar unter https://www.staatslexikon-online.de/Lexikon/Rechtspositivismus – abgerufen am 5. August 2022).
Joecks, Wolfgang/*Miebach*, Klaus (Hrsg.): Münchener Kommentar zum Strafgesetzbuch, 4. Aufl., München 2020 ff. – Zit.: *Bearbeiter*, in: MüKo-StGB, *Jahreszahl des jeweiligen Bandes*.
Kant, I[mmanuel]: Beantwortung der Frage: Was ist Aufklärung?, vom 30. September 1784, in: Berlinische Monatsschrift 1784, S. 481 – 494.
Kant, Immanuel: Die Metaphysik der Sitten (text- und seitengleich mit Bd. VIII der Werkausgabe, hrsgg. v. Wilhelm Weischedel), 1. Aufl., Frankfurt am Main 1977.
Kant, Immanuel: Kritik der praktischen Vernunft. Grundlegung zur Metaphysik der Sitten [1786/86] (text- und seitenidentisch mit Bd. VII der Werkausgabe, hrsgg. v. Wilhelm Weischedel), 8. Aufl., Frankfurt am Main 2014. – Zit.: *Kant*, Kritik der praktischen Vernunft [1788], 2014; *Kant*, Grundlegung, 2014.
Kaufmann, Armin: Lebendiges und Totes in Bindings Normentheorie. Normlogik und moderne Strafrechtsdogmatik, Göttingen 1954.
Kaufmann, E[kkehart]: Acht [Teil 1], in: Erler, Adalbert u.a. (Hrsg.), Handwörterbuch zur deutschen Rechtsgeschichte. HRG, Bd. I, 1. Aufl., Berlin 1971, Sp. 25 – 32.
Kaufmann, Thomas: Das „Zeitalter der Entdeckungen" und Luthers „Welt", in: Eser, Thomas/Armer, Stephanie (Hrsg.), Luther, Kolumbus und die Folgen. Welt im Wandel 1500 – 1600, Nürnberg 2017, S. 8 – 13.
Kesper-Biermann, Sylvia: „… das anregende und läuternde Durchgangsmoment". Bayerns Strafgesetzbuch von 1813 in der Kodifikationsbewegung des 19. Jahrhunderts, in: Koch, Arnd u.a. (Hrsg.), Feuerbachs Bayerisches Strafgesetzbuch, Tübingen 2014, S. 461 – 475.
Kesper-Biermann, Sylvia: Einheit und Recht. Strafgesetzgebung und Kriminalrechtsexperten in Deutschland vom Beginn des 19. Jahrhunderts bis zum Reichsstrafgesetzbuch 1871, Frankfurt am Main 2009.
Kießling, Friedrich: Europa im Zeitalter des Imperialismus 1890 – 1918, Berlin u.a. 2024.
Kindhäuser, Urs: Schuld und Strafe. Zur Diskussion um ein „Feindstrafrecht", in: Vormbaum, Thomas (Hrsg.), Kritik des Feindstrafrechts. Unter Mitarbeit von Martin Asholt, Berlin/Münster 2010, S. 63 – 84.
Kindhäuser, Urs/*Neumann*, Ulfrid/*Paeffgen*, Hans-Ullrich/*Saliger*, Frank (Hrsg.): NomosKommentar Strafgesetzbuch, 6. Aufl., Baden-Baden 2023. – Zit.: *Bearbeiter*, in: NK-StGB, 2023.
Kingreen, Thorsten/*Poscher*, Ralf: Polizei- und Ordnungsrecht mit Versammlungsrecht. Begründet von Bodo Pieroth u.a., 12. Aufl. 2022.
Klatt, Matthias/*Meister*, Moritz: Der Grundsatz der Verhältnismäßigkeit Ein Strukturelement des globalen Konstitutionalismus, in: JuS 2014, S. 193 – 199.
Kleensang, Michael: Das Konzept der bürgerlichen Gesellschaft bei Ernst Ferdinand Klein. Einstellungen zu Naturrecht, Eigentum, Staat und Gesetzgebung in Preußen 1780 – 1810, Frankfurt am Main 1998.
Klein, Ernst Ferdinand: Anmerkungen zu der vorstehenden Preisschrift des Herrn Prof. Eisenhardt, in: ArchCrimR Bd. 3, 2. Stück (1801), S. 64 – 72.

K[lein], E[rnst] F[erdinand]: Kurze Übersicht meiner Theorie über die sogenannten außerordentlichen Strafen mit Rücksicht auf die in diesem Bande der Annalen erzählten Rechtsfälle, in: Annalen der Gesetzgebung und Rechtsgelehrsamkeit in den Preussischen Staaten 21 (1801), S. 291 – 299.

Klein, Ernst Ferdinand: Selbstbiographie, [Berlin 1810].

Kleinbreuer, Stefan: Das Rheinische Strafgesetzbuch. Das materielle Strafrecht der Rheinprovinz und sein Einfluß auf die Strafgesetzgebung in Preußen und im Norddeutschen Bund, Diss. Bonn 1999.

Kleinheyer, Gerd: Benedikt Carpzov (1595 – 1666), in: ders./Schröder, Jan (Hrsg.), Deutsche und Europäische Juristen aus neun Jahrhunderten, 6. Aufl., Tübingen 2017, S. 92 – 97.

Kleinöder, Nina: Kolonialwirtschaft ohne Kolonien? Deutscher Eisenbahnbau in Afrika im und nach dem Ersten Weltkrieg, in: Ziegler, Dieter/Hesse, Jan-Otmar (Hrsg.), 1919 – Der Versailler Vertrag und die deutschen Unternehmen, Berlin u.a. 2022, S. 311 – 342.

Knefelkamp, Ulrich: Das Mittelalter, 4. Aufl., Paderborn 2022.

Koch, Arnd: Das Jahrhundert der Strafrechtskodifikation: Von Feuerbach zum Reichsstrafgesetzbuch, in: ZStW 122 (2010), S. 741 – 756.

Koch, Arnd: Deutsche Strafrechtsgeschichte seit dem Bayerischen Strafgesetzbuch von 1813 bis 1871, in: Hilgendorf, Eric/Kudlich, Hans/Valerius, Brian (Hrsg.), Handbuch des Strafrechts, Bd. 1: Grundlagen des Strafrechts, Heidelberg 2019, § 7.

Koch, Arnd: Die Grundlagen des deutschen Strafverfahrens. Zehn verbreitete Fehlvorstellungen und ihre notwendige Korrektur, in: Steinberg, Georg (Hrsg.), Recht und Macht. Zur Theorie und Praxis von Strafe. Festschrift für Hinrich Rüping zum 65. Geburtstag, München 2008, S. 393 – 408.

Koch, Arnd: Entstehung der Reichsstrafprozessordnung und deren Weiterentwicklung bis zum Ende des Kaiserreichs, in: Hilgendorf, Eric/Kudlich, Hans/Valerius, Brian (Hrsg.), Handbuch des Strafrechts, Bd. 7: Grundlagen des Strafverfahrensrechts, Heidelberg 2020, § 4.

Koch, Arnd: Entstehung und Entwicklung des Strafgesetzbuchs von 1871, in: Hilgendorf, Eric/Kudlich, Hans/Valerius, Brian (Hrsg.), Handbuch des Strafrechts, Bd. 1: Grundlagen des Strafrechts, Heidelberg 2019, § 8.

Koch, Arnd: Theorie und Praxis der Todesstrafe in der DDR, in: Steinberg, Georg (Hrsg.), Sozialistische Straftheorie und -praxis in Europa, Baden-Baden 2018, S. 185 – 211.

Koch, Arnd: „v. Liszt-Schule" – Personen, Institutionen, Gegner, in: ders./Löhnig, Martin (Hrsg.), Die Schule Franz von Liszts. Sozialpräventive Kriminalpolitik und die Entstehung des modernen Strafrechts, Tübingen 2016, S. 27 – 56.

Koch, Arnd: Zur Auslegung des Rechtsbeugungstatbestandes nach Systemwechseln, in: ZIS 2011, S. 470 – 474.

Koch, Arnd/Kubiciel, Michael u.a. (Hrsg.): Strafrecht zwischen Novemberrevolution und Weimarer Republik, Tübingen 2020.

Köpke, D[anny]: Der Volksgerichtshof: Im Namen des Volkes? Eine Analyse im Kontext der Neuordnung der Justiz im nationalsozialistischen Deutschland, Hamburg 2011.

Krajewski, Markus: Mauerschützen und Menschenrechte, in: JZ 1997, S. 1054 – 1055.

Krause, Thomas: Geschichte des Strafvollzugs. Von den Kerkern des Altertums bis zur Gegenwart, Darmstadt 1999.

Krauss, Frank Martin: Thomas Hobbes (1588 – 1669), in: Kleinheyer, Gerd/Schröder, Jan (Hrsg.), Deutsche und Europäische Juristen aus neun Jahrhunderten, 6. Aufl., Tübingen 2017, S. 202 – 205.

Kroeschell, Karl: Deutsche Rechtsgeschichte, Bd. 1: Bis 1250, 13. Aufl., Köln u.a. 2008.

Kroeschell, Karl: Deutsche Rechtsgeschichte, Bd. 3: Seit 1650, 5. Aufl., Köln u.a. 2008.

Kroeschell, Karl/*Cordes*, Albrecht/*Nehlsen-von Stryk*, Karin: Deutsche Rechtsgeschichte, Bd. 2: 1250 – 1650, 9. Aufl., Köln u.a. 2008.

Kubiciel, Michael: „Absonderung des Menschen vom Menschen"? Feuerbachs Freiheitsverständnis im Lichte der Religions- und Sittlichkeitsdelikte, in: Koch, Arnd u.a. (Hrsg.), Feuerbachs Bayerisches Strafgesetzbuch, Tübingen 2014, S. 393 – 411.

Kubiciel, Michael: Bindings Normentheorie und die Strafrechtswissenschaft der Gegenwart, in: ders. u.a. (Hrsg.), „Eine gewaltige Erscheinung des positiven Rechts". Karl Bindings Normen- und Strafrechtstheorie, Tübingen 2020, S. 331 – 347.

Kubiciel, Michael: Grund und Grenzen des Präventivgewahrsams für Terrorverdächtige, in: ZRP 2017, S. 57 – 59.

Kuch, David: Was ist eigentlich … die Radbruchsche Formel?, in: JuS 2020, S. 720 – 721.

Kuhli, Milan: Carl Gottlieb Svarez und das Verhältnis von Herrschaft und Recht im aufgeklärten Absolutismus, Frankfurt am Main 2012.

Kuhli, Milan: Das Völkerstrafgesetzbuch und das Verbot der Strafbegründung durch Gewohnheitsrecht. Zur Frage der Zulässigkeit von strafgesetzlichen Verweisungen auf Völkergewohnheitsrecht im Hinblick auf das Verbot der Strafbegründung durch Gewohnheitsrecht nach Art. 103 Abs. 2 GG, Berlin 2010.

Kuhli, Milan: Die Weimarer Reichsverfassung und das Verbot rückwirkender Strafverschärfung, in: MHI 20 Nr. 2 (2021), S. 45 – 56.

Kuhli, Milan: Ernst Ferdinand Klein und das Strafrecht des Preußischen Allgemeinen Landrechts – Strafzwecke, Rechtsfolgen und Gesetzlichkeitsprinzip, in: Hirsch, Philipp/Stiening, Gideon/Kuhli, Milan (Hrsg.), Ernst Ferdinand Klein *(Arbeitstitel)*, Berlin (im Erscheinen).

Kuhli, Milan: Grundzüge der Strafrechtsgeschichte. Vom 18. Jahrhundert bis zur Gegenwart, in: ZJS 2021, S. 21 – 29 (Teil 1), S. 271 – 281 (Teil 2).

Kuhli, Milan: Normative Tatbestandsmerkmale in der strafrichterlichen Rechtsanwendung. Institutionelle, rechtsverweisende und dichte Elemente im Strafrecht, Tübingen 2018.

Kuhli, Milan: Rechtsquellen des Strafverfahrensrechts, in: Hilgendorf, Eric/Kudlich, Hans/Valerius, Brian (Hrsg.), Handbuch des Strafrechts, Bd. 7: Grundlagen des Strafverfahrensrechts, Heidelberg 2020, § 7.

Kuhli, Milan: Rezension zu Koch, Arnd u.a. (Hrsg.), Feuerbachs Bayerisches Strafgesetzbuch, 2014 – Zugleich einige Anmerkungen zu Feuerbachs Rechtsverletzungslehre, in: RphZ 2015, S. 343 – 351.

Kuhli, Milan: Roboterprogrammierung im Dilemma. Neue Verhaltensnormen für tödliche Notstandssituationen mit Unbeteiligten?, in: Bublitz, Christoph/Bung, Jochen u.a. (Hrsg.), Recht – Philosophie – Literatur. Festschrift für Reinhard Merkel zum 70. Geburtstag. Teilband I, Berlin 2020, S. 887 – 908.

Kuhli, Milan: Thomas Hobbes und das Konzept eines Feindstrafrechts, in: ZRph 2013, S. 97 – 116.

Kuhli, Milan: Unrecht und Schuld bei Binding, in: Kubiciel, Michael u.a. (Hrsg.), „Eine gewaltige Erscheinung des positiven Rechts". Karl Bindings Normen- und Strafrechtstheorie, Tübingen 2020, S. 169 – 191.

Kuhli, Milan: Vergangenes Unrecht und geltendes Strafrecht. Zur Reflexion des NS- und SED-Unrechts im Jurastudium, in: Broemel, Roland/Kuhlmann, Simone u.a. (Hrsg.), Forschung als Handlungs- und Kommunikationszusammenhang. Festschrift für Hans-Heinrich Trute zum 70. Geburtstag, Tübingen 2023, S. 265 – 277.

Kuhli, Milan: Schubart und Wekhrlin in Haft. Zur Rechtsgeschichte landesherrlicher Verhaftungen im späten 18. Jahrhundert, in: Mährle, Wolfgang u.a. (Hrsg.), Die Geburt des modernen Journalismus. Christian Friedrich Daniel Schubart und Wilhelm Ludwig Wekhrlin (Arbeitstitel), Stuttgart (im Erscheinen).

Kuhli, Milan: Zum Rechtsbegriff bei Karl Binding und Max Ernst Mayer. Theoretische Begründung, historischer Kontext und strafrechtliche Konsequenzen, in: GA 2023, S. 457 – 470.

Kuhli, Milan: Zur Verfassung von Weimar – eine Einführung, in: Jura 2009, S. 321 – 329.

Kuhli, Milan/*Asholt*, Martin: Welchen gesetzgeberischen Einfluss hat die Strafrechtswissenschaft? Eine Skizze historischer Rahmenbedingungen, in: GA 2023, S. 192 – 204.

Kuhli, Milan/*Papenfuß*, Judith: Ein Spiegelbild des allgemeinen Strafrechts? Zur Entwicklung des materiellen Jugendstrafrechts seit 1923, in: ZJJ 2024, S. 12 – 17.

Kuhli, Milan/*Papenfuß*, Judith: Warum die „Letzte Generation" (noch) keine kriminelle Vereinigung ist, in: KriPoZ 2023, S. 71 – 77.

Kunz, Karl-Ludwig/*Singelnstein*, Tobias: Kriminologie. Eine Grundlegung, 8. Aufl., Stuttgart u.a. 2021.
Laage, Clea: Gesetzliches Unrecht: Die Bedeutung des Begriffs für die Aufarbeitung von NS-Verbrechen. Die Rezeption der Radbruchschen Formel in Rechtsprechung und Rechtslehre nach 1945, Frankfurt am Main 2014.
Ladiges, Manuel: Entwicklung des Strafverfahrensrechts von 1919 bis 1945, in: Hilgendorf, Eric/Kudlich, Hans/Valerius, Brian (Hrsg.), Handbuch des Strafrechts, Bd. 7: Grundlagen des Strafverfahrensrechts, Heidelberg 2020, § 5.
Lagodny, Otto: Strafrecht vor den Schranken der Grundrechte. Die Ermächtigung zum strafrechtlichen Vorwurf im Lichte der Grundrechtsdogmatik, dargestellt am Beispiel der Vorfeldkriminalisierung, Tübingen 1996.
Lange, Hermann/*Kriechbaum*, Maximiliane: Römisches Recht im Mittelalter, Bd. II: Die Kommentatoren, München 2007. – Zit.: *Verf. (Lange, Kriechbaum oder Kriechbaum/Lange)*, in: Lange u.a., Römisches Recht II, 2007.
Larenz, Karl: Methodenlehre der Rechtswissenschaft, 6. Aufl., Berlin u.a. 1991.
Lerch, Kent D./*Ziemann*, Sascha/*Ziethen*, Jörg: Die Leiden des jungen „Gretchen". Ein Frankfurter Kriminalfall anno 1771/1772: Der Prozess gegen die Kindsmörderin Susanna Margaretha Brandt, in: Forschung Frankfurt 2/2011, S. 49 – 54.
Lieberwirth, Rolf: Constitutio Criminalis Carolina, in: Cordes, Albrecht u.a. (Hrsg.), Handwörterbuch zur deutschen Rechtsgeschichte. HRG, Bd. I, 2. Aufl., Berlin 2008, Sp. 885 – 890.
Lieberwirth, Rolf: Folter, in: Cordes, Albrecht u.a. (Hrsg.), Handwörterbuch zur deutschen Rechtsgeschichte. HRG, Bd. I, 2. Aufl., Berlin 2008, Sp. 1610 – 1614.
Lieberwirth, Rolf: Freiheitsstrafe, in: Cordes, Albrecht u.a. (Hrsg.), Handwörterbuch zur deutschen Rechtsgeschichte. HRG, Bd. I, 2. Aufl., Berlin 2008, Sp. 1761 – 1765.
Limbach, Anna Caroline: Das Strafrecht der Paulskirchenverfassung 1848/49, Frankfurt am Main u.a. 1995.
Liszt, Franz v[on]: Der Zweckgedanke im Strafrecht, in: ZStW 3 (1883), S. 1 – 47.
Liszt, Franz von: Die deterministischen Gegner der Zweckstrafe (1893) [Ausschnitt], in: Vormbaum, Thomas (Hrsg.), Moderne deutsche Strafrechtsdenker, Berlin u.a. 2011, S. 224 – 237.
Liver, Peter: Zivilrechtliche Begriffe im Strafrecht. Bemerkungen eines Zivilisten, in: Walder, Hans u.a. (Hrsg.), Lebendiges Strafrecht. Festgabe zum 65. Geburtstag von Hans Schultz, Bern 1977, S. 108 – 133.
Locke, John: Zwei Abhandlungen über die Regierung. Hrsgg. u. eingel. v. Walter Euchner, Frankfurt am Main 1977.
Lombroso, Cesare: Der Verbrecher in anthropologischer, ärztlicher und juristischer Beziehung. In deutscher Bearbeitung von M. O. Fraenkel. Mit Vorwort von von Kirchenheim, Hamburg 1887.
Lück, Heiner: Benedict Carpzov (1595 – 1666) und das „römisch-sächsische Recht". Zu seinem 350. Todestag am 31. August 2016, in: ZEuP 2016, S. 888 – 927.
Lück, Heiner: Benedict Carpzov (1595 – 1666) und der Leipziger Schöffenstuhl, in: Jerouschek, Günter/Schild, Wolfgang/Gropp, Walter (Hrsg.), Benedict Carpzov. Neue Perspektiven zu einem umstrittenen sächsischen Juristen, Tübingen 2000, S. 55 – 72.
Lüderssen, Klaus: Die Wiederkehr der „Befreiung des Strafrechts vom zivilistischen Denken" – eine Warnung, in: Ebert, Udo u.a. (Hrsg.), Festschrift für Ernst-Walter Hanack zum 70. Geburtstag am 30. August 1999, Berlin u.a. 1999, S. 487 – 499.
Luther, Christoph: Aufgeklärt strafen. Menschengerechtigkeit im 18. Jahrhundert, Frankfurt am Main 2016.
Mai, Gunther: Der Alliierte Kontrollrat in Deutschland 1945 – 1948. Alliierte Einheit – deutsche Teilung?, München 1995.
Maihold, Harald: Die Diskussion zu Reform und Ablösung des Bayerischen Strafgesetzbuches 1813 bis 1861, in: Koch, Arnd u.a. (Hrsg.), Feuerbachs Bayerisches Strafgesetzbuch, Tübingen 2014, S. 495 – 523.

Marxen, Klaus: Strafrecht nach der Überwindung zweier Unrechtsregime in Deutschland. Ein Plädoyer für eine zeithistorische Rechtsschule im Strafrecht, in: Grundmann, Stefan u.a. (Hrsg.), Festschrift 200 Jahre Juristische Fakultät der Humboldt-Universität zu Berlin. Geschichte, Gegenwart und Zukunft, Berlin u.a. 2010, S. 1201 – 1217.
Marxen, Klaus/*Werle*, Gerhard/*Vormbaum*, Moritz: Die strafrechtliche Aufarbeitung von DDR-Unrecht. Eine Bilanz, 2. Aufl., Berlin u.a. 2020.
Matt, Holger/*Renzikowski*, Joachim (Hrsg.): Strafgesetzbuch: StGB. Kommentar, 2. Aufl., München 2020 – Zit.: *Bearbeiter*, in: MR, 2020.
Meier, Bernd-Dieter: Sanktionenrecht, in: Strafrecht in der alten Bundesrepublik 1949 – 1990. Grundlagen, Allgemeiner Teil und Rechtsfolgenseite im zeitgeschichtlichen Spiegel von Gesellschaft und Politik, Baden-Baden 2020, S. 467 – 493.
Meier, Brigitte: Friedrich Wilhelm II. König von Preußen (1744 – 1797). Ein Leben zwischen Rokoko und Revolution, Regensburg 2007.
Menne, Jonas: „Lombroso redivivus?" Biowissenschaften, Kriminologie und Kriminalpolitik von 1876 bis in die Gegenwart, Tübingen 2017.
Merten, Detlef: Rechtsstaatliche Anfänge im preußischen Absolutismus, in: DVBl 1981, S. 701 – 709.
Meyer, Thomas: Zu diesem Band, in: Arendt, Hannah, Eichmann in Jerusalem. Ein Bericht von der Banalität des Bösen. Aus dem amerikanischen Englisch Brigitte Granzow. Herausgegeben von Thomas Meyer. Mit einem Nachwort von Helmut König, Erweiterte Neuausgabe, München 2022.
Meyer, Thomas: Zwischen positivem Recht und Vernunft. Karl Bindings Verhältnis zu Hegel und den Hegelianern des 19. Jahrhunderts, in: Kubiciel, Michael u.a. (Hrsg.), „Eine gewaltige Erscheinung des positiven Rechts". Karl Bindings Normen- und Strafrechtstheorie, Tübingen 2020, S. 37 – 61.
Michalik, Kerstin: Kindsmord: Sozial- und Rechtsgeschichte der Kindstötung im 18. und beginnenden 19. Jahrhundert am Beispiel Preußen, Pfaffenweiler 1997.
Michalik, Kerstin: Vom „Kindsmord" zur Kindstötung, in: Feministische Studien, 1994 (Heft 1), S. 44 – 55.
Midelfort, H. C. Erik: Geschichte der abendländischen Hexenverfolgung, in: Lorenz, Sönke (Hrsg.), Hexen und Hexenverfolgung im deutschen Südwesten. Aufsatzband, Karlsruhe 1994, S. 49 – 58.
Mittermaier, [Carl Joseph Anton]: Ueber den gegenwärtigen Standpunkt der Strafgesetzgebung mit Prüfung der neuesten Gesetzgebungsarbeiten in Oesterreich, Preußen, Baiern, Königreich Sachsen, in Toskana, Modena und Piemont, in der Schweiz, im Königreich der Niederlande und in Schweden, in: ArchCrimR N.F. 1856, S. 228 – 267.
Möller, Horst: Die historische Bedeutung der Grundrechte in der Weimarer Verfassung, in: Rödder, Andreas (Hrsg.), Weimar und die deutsche Verfassung. Zur Geschichte und Aktualität von 1919, Stuttgart 1999, S. 105 – 116.
Moldenhauer, Eva/*Michel*, Karl Markus: Anmerkung der Redaktion zu Band 7, in: Hegel, Georg Wilhelm Friedrich, Grundlinien der Philosophie des Rechts Oder Naturrecht und Staatswissenschaft im Grundrisse [1820]. Mit Hegels eigenhändigen Notizen und den mündlichen Zusätzen (Georg Wilhelm Friedrich Hegel, Werke 7), Frankfurt am Main 1986, S. 524 – 531.
Mommsen, Hans: Hannah Arendt und der Prozeß gegen Adolf Eichmann, in: Arendt, Hannah, Eichmann in Jerusalem. Ein Bericht von der Banalität des Bösen. Aus dem Amerikanischen von Brigitte Granzow. Mit einem einleitenden Essay von Hans Mommsen, 5. Aufl., München/Zürich 2010, S. 9 – 48.
Mommsen, Wolfgang J.: Das Zeitalter des Imperialismus, Augsburg 2000.
Montesquieu, Charles-Louis de Secondat Baron de la Brède et de: Vom Geist der Gesetze. Auswahl, Übersetzung u. Einleitung v. Kurt Weigand, Stuttgart 1994.
Moosheimer, Thomas: Hugo Grotius (1583 – 1645), in: Kleinheyer, Gerd/Schröder, Jan (Hrsg.), Deutsche und Europäische Juristen aus neun Jahrhunderten, 6. Aufl., Tübingen 2017, S. 187 – 194.

Moraw, Peter: Der Reichstag zu Worms von 1495, in: Landeshauptarchiv Koblenz u.a. (Hrsg.), 1495 – Kaiser Reich Reformen. Der Reichstag zu Worms. Ausstellung, Koblenz 1995, S. 25 – 37.

Müller, Daniela: Schuld – Geständnis – Buße. Zur theologischen Wurzel von Grundbegriffen des mittelalterlichen Strafprozeßrechts, in: Schlosser, Hans/Sprandel, Rolf/Willoweit, Dietmar (Hrsg.), Herrschaftliches Strafen seit dem Hochmittelalter. Formen und Entwicklungsstufen, Köln u.a. 2002, S. 403 – 420.

Müller, Ingo: Furchtbare Juristen. Die unbewältigte Vergangenheit der deutschen Justiz, Berlin 2020.

Münkler, Herfried: Antifaschismus als Gründungsmythos der DDR. Abgrenzungsinstrument nach Westen und Herrschaftsmittel nach innen, in: Agethen, Manfred/Jesse, Eckhard u.a. (Hrsg.), Der missbrauchte Antifaschismus. DDR-Staatsdoktrin und Lebenslüge der deutschen Linken. Herausgegeben im Auftrag der Konrad-Adenauer-Stiftung e.V., Freiburg i. Br. 2002, S. 79 – 99.

Münkler, Herfried: Thomas Hobbes, 2. Aufl., Frankfurt am Main 2001.

Münkler, Herfried: Thomas Hobbes. Eine Einführung, 3. Aufl., Frankfurt am Main 2014.

Mumme, Helmut: Ernst Ferdinand Klein's Auffassung von der Strafe und den sichernden Maßnahmen, Hamburg 1936.

Naucke, Wolfgang: Deutsches Kolonialstrafrecht 1886 – 1918, in: ders., Über die Zerbrechlichkeit des rechtsstaatlichen Strafrechts. Materialien zur neueren Strafrechtsgeschichte, Baden-Baden 2000, S. 265 – 285.

Naucke, Wolfgang: Einführung: Beccaria, Strafrechtskritiker und Strafrechtsverstärker, in: Beccaria, Cesare: Von den Verbrechen und von den Strafen (1764). Aus dem Italienischen v. Thomas Vormbaum, Berlin 2004, S. IX – XLVI.

Naucke, Wolfgang: Einführung: Rechtstheorie und Staatsverbrechen, in: Binding, Karl/Hoche, Alfred, Die Freigabe der Vernichtung lebensunwerten Lebens. Ihr Maß und ihre Formen (1920), Berlin 2006, S. V – LXXI.

Naucke, Wolfgang: Kant und die psychologische Zwangstheorie Feuerbachs, Hamburg 1962.

Naucke, Wolfgang: Von Feuerbach zu Mittermaier: Ein Fortschritt in der Strafrechtswissenschaft?, in: ders., Über die Zerbrechlichkeit des rechtsstaatlichen Strafrechts. Materialien zur neueren Strafrechtsgeschichte, Baden-Baden 2000, S. 203 – 220.

Niesen, Peter/*Eberl*, Oliver: Demokratischer Positivismus: Habermas und Maus, in: Buckel, Sonja/Christensen, Ralph/Fischer-Lescano, Andreas (Hrsg.), Neue Theorien des Rechts, 2. Aufl., Stuttgart 2009, S. 1 – 26.

Niesen, Peter/*Eberl*, Oliver: Demokratischer Positivismus: Habermas und Maus, in: Buckel, Sonja/Christensen, Ralph/Fischer-Lescano, Andreas (Hrsg.), Neue Theorien des Rechts, 3. Aufl., Stuttgart 2020, S. 13 – 28.

Nipperdey, Thomas, Deutsche Geschichte 1800 – 1866. Bürgerwelt und starker Staat, München 1998.

Nonn, Christoph: Das 19. und 20. Jahrhundert, 3. Aufl., Paderborn 2014.

Nonn, Christoph: Das 19. und 20. Jahrhundert, 5. Aufl., Paderborn 2022.

Nüchterlein, Jana: Volksschädlinge vor Gericht. Die Volksschädlingsverordnung vor den Sondergerichten Berlins, Marburg 2015.

Oehler, Dietrich: Benedict Carpzovs Practica Nova (1635) in heutiger Betrachtung, in: Weigend, Thomas/Küpper, Georg (Hrsg.), Festschrift für Hans Joachim Hirsch zum 70. Geburtstag am 11. April 1999, Berlin/New York 1999, S. 105 – 113.

Oestmann, Peter: Aktenversendung, in: Cordes, Albrecht u.a. (Hrsg.), Handwörterbuch zur deutschen Rechtsgeschichte. HRG, Bd. I, 2. Aufl., Berlin 2008, Sp. 128 – 132.

Ogris, Werner: Friedrich der Große und das Recht, in: Hauser, Oswald (Hrsg.), Friedrich der Große in seiner Zeit, Köln/Wien 1987, S. 47 – 92.

Ollinger, Thomas: Die Entwicklung des Richtervorbehalts im Verhaftungsrecht von den Anfängen bis zur Paulskirchenverfassung, Berlin 1997.

Ostendorf, Heribert: Der „Nürnberger Juristenprozess" und seine Auswirkungen auf eine internationale Strafgerichtsbarkeit, in: ders./Danker, Uwe (Hrsg.), Die NS-Strafjustiz und ihre Nachwirkungen, Baden-Baden 2003, S. 125 – 135.

Ostendorf, Heribert/*ter Veen*, Heino: Das „Nürnberger Juristenurteil". Eine kommentierte Dokumentation, Frankfurt/New York 1985.

Otto, Wilfriede: Die „Waldheimer Prozesse" 1950. Historische, politische und juristische Aspekte im Spannungsfeld zwischen Antifaschismus und Stalinismus, in: Meier, Helmut u.a. (Hrsg.), Forschung- und Diskussionskreis DDR-Geschichte. hefte zur ddr-geschichte 12, Berlin 1993, S. 5 – 27.

Pagenkopf, Martin: Leipzig: Vom Reichsgericht zum Bundesverwaltungsgericht, in: NJW 2002, S. 2442 – 2447.

Pahlmann, Bernhard: Johann von Schwarzenberg (1465 – 1528), in: Kleinheyer, Gerd/Schröder, Jan (Hrsg.), Deutsche und Europäische Juristen aus neun Jahrhunderten, 6. Aufl., Tübingen 2017, S. 392 – 395.

Pahlmann, Bernhard/*Schröder*, Jan: Eike von Repgow (um 1180/1190 bis nach 1232), in: Kleinheyer, Gerd/Schröder, Jan (Hrsg.), Deutsche und Europäische Juristen aus neun Jahrhunderten, 6. Aufl., Tübingen 2017, S. 130 – 133.

Palmade, Guy (Hrsg.): Das bürgerliche Zeitalter. Unter Mitarbeit von Jean Pierre Daviet (Kap. 3) und Patrick Verley. Aus dem Französischen übersetzt von Egbert Türk, Augsburg 2000. – Zit.: Verf. *(Palmade, Daviet oder Verley)*, in: Palmade, Zeitalter, 2000.

Paul, Wolfgang: Wer war Hermann Göring, Esslingen 1983.

Peschel-Gutzeit, Lore Maria (Hrsg.): Das Nürnberger Juristen-Urteil von 1947. Historischer Zusammenhang und aktuelle Bezüge, Baden-Baden 1996.

Peters, Edward: Folter. Geschichte der Peinlichen Befragung. Aus dem Amerikanischen übersetzt von Jobst Christian Rojahn. Mit einem aktualisierten Vorwort zur deutschen Taschenbuchausgabe von Kurt Groenewold, Hamburg 2003.

Pieth, Mark: Strafrechtsgeschichte, 2. Aufl., Basel 2020.

Plath, Jennifer: Das Jugendgerichtsgesetz der DDR von 1952. Eine darstellende und vergleichende Untersuchung, Hamburg 2005.

Politi, Mauro: The Rome Statute of the ICC: Rays of Light and Some Shadows, in: ders. u.a. (Hrsg.), The Rome Statute of the International Criminal Court. A Challenge to Impunity, Aldershot u.a. 2001, S. 7 – 16.

Pufendorf, Samuel von: Über die Pflicht des Menschen und des Bürgers nach dem Gesetz der Natur. Herausgegeben und übersetzt von Klaus Luig, Frankfurt am Main/Leipzig 1994.

Radbruch, Gustav: Gesetzliches Unrecht und übergesetzliches Recht, in: SJZ 1946, S. 105 – 108.

Reinhard, Wolfgang: Zwang zur Konfessionalisierung? Prolegomena zu einer Theorie des konfessionellen Zeitalters, in: ZHF 10 (1983), S. 257 – 277.

Rengier, Rudolf: Strafrecht Allgemeiner Teil, 15. Aufl., München 2023.

Roggemann, Herwig: Die Internationalen Strafgerichtshöfe. Einführung, Rechtsgrundlagen, Dokumente, 2. Aufl., Berlin 1998.

Rosenbaum, Birgit: Die Arbeit der Großen Strafrechtskommission zum Allgemeinen Teil. Analytische Betrachtung eines gescheiterten Gesetzgebungsvorhabens am Beispiel der Diskussionen zum Irrtum, Berlin 2004.

Roth, Andreas: Die Rezeption des bayerischen StGB durch Legislative und Wissenschaft. Vollendung der Aufklärung oder Aufbruch in die Moderne?, in: Koch, Arnd u.a. (Hrsg.), Feuerbachs Bayerisches Strafgesetzbuch, Tübingen 2014, S. 525 – 543.

Rottleuthner, Hubert: Das Nürnberger Juristenurteil und seine Rezeption in Deutschland – Ost und West, in: NJ 1997, S. 617 – 623.

Rousseau, Jean Jacques: Vom Gesellschaftsvertrag oder Grundsätze des Staatsrechts. In Zusammenarbeit mit Eva Pietzcker übersetzt u. hrsgg. v. Hans Brockard, Stuttgart 2011.

Roxin, Claus/*Greco*, Luís: Strafrecht Allgemeiner Teil, Bd. I: Grundlagen, der Aufbau der Verbrechenslehre, 5. Aufl., München 2020.

Rudolf, Hans Ulrich/*Oswalt*, Vadim: Atlas Weltgeschichte, Stuttgart 2009.

Quellen- und Literaturverzeichnis

Rüping, Hinrich: Carpzov und Thomasius, in: ZStW 109 (1997), S. 381 – 389.
Rüping, Hinrich/*Jerouschek*, Günter: Grundriss der Strafrechtsgeschichte, 6. Aufl., München 2011.
Rüthers, Bernd/*Fischer*, Christian/*Birk*, Axel: Rechtstheorie und Juristische Methodenlehre, 12. Aufl., München 2022.
Sachs, Michael (Hrsg.): Grundgesetz. Kommentar, 9. Aufl., München 2021. – Zit.: *Bearbeiter*, in: Sachs, GG, 2021.
Safferling, Christoph: Zum aktuellen Stand des Völkerstrafrechts. Eine kurze Darstellung der Entwicklung vor und nach der Römischen Konferenz, in: JA 2000, S. 164 – 169.
Safferling, Christoph/*Dauner-Lieb*, Barbara: Juristisches Faktenwissen zum nationalsozialistischen Unrecht. Essenzielle Grundlage für eine Auseinandersetzung nach § 5a II DRiG, in: NJW 2023, S. 1038 – 1044.
Schabas, William A.: An Introduction to the International Criminal Court, 6th ed., Cambridge 2020.
Schaffstein, Friedrich: Das Verbrechen als Pflichtverletzung, in: Dahm, Georg u.a. (Hrsg.), Grundfragen der neuen Rechtswissenschaft, Berlin 1935, S. 108 – 142.
Schaffstein, Friedrich: Das Verbrechen eine Rechtsgutsverletzung? (1935) [Ausschnitt], in: Vormbaum, Thomas (Hrsg.), Moderne deutsche Strafrechtsdenker, Berlin u.a. 2011, S. 284 – 290.
Schaffstein, Friedrich: Die allgemeinen Lehren vom Verbrechen in ihrer Entwicklung durch die Wissenschaft des gemeinen Strafrechts, Berlin 1930 (Neudr.: Aalen 1973).
Schaffstein, Friedrich: Ehrenstrafe und Freiheitsstrafe in ihrer Bedeutung für das neue Strafrecht, in: DtStrafR 1934, S. 273 – 282.
Schaffstein, Friedrich: Studien zur Entwicklung der Deliktstatbestände im Gemeinen Deutschen Strafrecht, in: Nachrichten der Akademie der Wissenschaften in Göttingen, I. Philologisch-Historische Klasse, 1985, Nr. 3, S. 123 – 176.
Schild, Wolfgang: Die Geschichte der Gerichtsbarkeit. Vom Gottesurteil bis zum Beginn der modernen Rechtsprechung. 1000 Jahre Grausamkeit. Hintergründe, Urteile, Aberglaube, Hexen, Folter, Tod, Hamburg 1980.
Schild, Wolfgang: Gottesurteil, in: Cordes, Albrecht u.a. (Hrsg.), Handwörterbuch zur deutschen Rechtsgeschichte. HRG, Bd. II, 2. Aufl., Berlin 2012, Sp. 481 – 491.
Schilling, Heinz: Die Konfessionalisierung im Reich. Religiöser und gesellschaftlicher Wandel in Deutschland zwischen 1555 und 1620, in: HZ 246 (1988), S. 1 – 45.
Schlegel, Arndt: Normative Grenzen für internetbasierte Ermittlungsmethoden. Zugleich ein Beitrag zur Technikoffenheit strafprozessualer Ermächtigungsgrundlagen, Wiesbaden 2019.
Schlosser, Hans: Die „Leopoldina". Toskanisches Strafgesetzbuch vom 30. November 1786. Originaltext, deutsche Übersetzung und Kommentierung. Berlin/New York 2010.
Schlosser, Hans: Europäische Rechtsgeschichte, 5. Aufl., München 2023.
Schlottau, Ralf: Deutsche Kolonialrechtspflege. Strafrecht und Strafmacht in den deutschen Schutzgebieten 1884 bis 1914, Frankfurt am Main u.a. 2007.
Schmidt, Eberhard: Die geistesgeschichtliche Bedeutung der Aufklärung für die Entwicklung der Strafjustiz aus der Sicht des 20. Jahrhunderts, in: ZStrR 73 (1958), S. 341 – 360.
Schmidt, Eberhard: Einführung in die Geschichte der deutschen Strafrechtspflege, 3. Aufl., 1965 (Nachdr.: Göttingen 1995).
Schmidt, Eberhard: Johann Heinrich Casimir von Carmer, in: Andreae, Friedrich u.a. (Hrsg.), Schlesier des 18. u. 19. Jahrhunderts, Breslau 1926, S. 22 – 29.
Schmidt, Gerhard: Sinn und Bedeutung der Constitutio Criminalis Carolina als Ordnung des materiellen und prozessualen Rechts (1966), in: Schroeder, Friedrich-Christian (Hrsg.), Die Carolina. Die Peinliche Gerichtsordnung Kaiser Karls V. von 1532, Darmstadt 1986, S. 185 – 204.
Schmidt, Georg: Geschichte des Alten Reiches. Staat und Nation in der Frühen Neuzeit 1495 – 1806, München 1999.
Schmidt, Georg: Wandel durch Vernunft. Deutsche Geschichte im 18. Jahrhundert, München 2009.

Schmoller, Gustav/*Hintze*, Otto: Die Behördenorganisation und die allgemeine Staatsverwaltung Preußens im 18. Jahrhundert Bd. 6, 2. Hälfte (Königliche Akademie der Wissenschaften [Hrsg.], Acta Borussica. Denkmäler der Preußischen Staatsverwaltung im 18. Jahrhundert), Berlin 1901. – Zit.: Acta Borussica VI/2, 1901.

Schmoller, Gustav/*Hintze*, Otto: Die Behördenorganisation und die allgemeine Staatsverwaltung Preußens im 18. Jahrhundert Bd. 8 (Königliche Akademie der Wissenschaften [Hrsg.], Acta Borussica. Denkmäler der Preußischen Staatsverwaltung im 18. Jahrhundert), Berlin 1906. – Zit.: Acta Borussica VIII, 1906.

Schneider, Hartmut (Hrsg.): Münchener Kommentar zur Strafprozessordnung, Bd. 2: §§ 151 – 332 StPO, 2. Aufl., München 2024. – Zit.: *Bearbeiter*, in: MüKo-StPO, 2024.

Schöllgen, Gregor/*Kießling*, Friedrich: Das Zeitalter des Imperialismus, 5. Aufl., München 2009.

Schorer, Reinhold: Die Strafgerichtsbarkeit der Reichsstadt Augsburg 1156 – 1548, Köln u.a. 2001.

Schorn-Schütte, Luise: Geschichte Europas in der Frühen Neuzeit. Grundzüge einer Epoche 1500 – 1789, 4. Aufl., Paderborn 2024.

Schreiber, Hans-Ludwig: Gesetz und Richter. Zur geschichtlichen Entwicklung des Satzes nullum crimen, nulla poena sine lege, Frankfurt am Main 1976.

Schroeder, Friedrich-Christian: Die Peinliche Gerichtsordnung Kaiser Karls V. (Carolina) von 1532 (1980), in: ders. (Hrsg.), Die Carolina. Die Peinliche Gerichtsordnung Kaiser Karls V. von 1532, Darmstadt 1986, S. 305 – 337.

Schroeder, Friedrich-Christian: Einleitung, in: ders. (Hrsg.), Die Carolina. Die Peinliche Gerichtsordnung Kaiser Karls V. von 1532, Darmstadt 1986, S. 1 – 6.

Schröder, Jan: Franz von Liszt (1851 – 1919), in: Kleinheyer, Gerd/Schröder, Jan (Hrsg.), Deutsche und Europäische Juristen aus neun Jahrhunderten, 6. Aufl., Tübingen 2017, S. 271 – 276.

Schröder, Jan: Karl Binding (1841 – 1920), in: Kleinheyer, Gerd/Schröder, Jan (Hrsg.), Deutsche und Europäische Juristen aus neun Jahrhunderten, 6. Aufl., Tübingen 2017, S. 63 – 67.

Schröder, Jan: Paul Johann Anselm von Feuerbach (1775 – 1833), in: Kleinheyer, Gerd/Schröder, Jan (Hrsg.), Deutsche und Europäische Juristen aus neun Jahrhunderten, 6. Aufl., Tübingen 2017, S. 134 – 141.

Schroeder, Klaus-Peter: Vom Sachsenspiegel zum Grundgesetz. Eine deutsche Rechtsgeschichte in Lebensbildern, 2. Aufl., München 2011.

Schubert, Werner (Hrsg.): Der Code pénal des Königreichs Westphalen von 1813 mit dem Code pénal von 1810 im Original und in deutscher Übersetzung, Frankfurt am Main 2001.

Schünemann, Bernd: Einführung in das strafrechtliche Systemdenken, in: ders. (Hrsg.), Grundfragen des modernen Strafrechtssystems, Berlin u.a. 1984, S. 1 – 68.

Schünemann, Bernd: Feindstrafrecht ist kein Strafrecht!, in: Vormbaum, Thomas (Hrsg.), Kritik des Feindstrafrechts. Unter Mitarbeit von Martin Asholt, Berlin/Münster 2010, S. 11 – 20.

Schultz, Hans: Kriminalpolitische Bemerkungen zum Entwurf eines Strafgesetzbuches, E 1962, JZ 1966, S. 113 – 123.

Schulze, Hagen: Staat und Nation in der europäischen Geschichte, 2. Aufl., München 2004.

Schulze, Winfried: Einführung in die Neuere Geschichte, 5. Aufl., Stuttgart 2010.

Schwahn, Hans-Joachim: Zehn Jahre keine Todesstrafe mehr auf deutschem Boden, NJW 1998, S. 2568 – 2571.

Schwennicke, Andreas: Die allgemeinen Strafrechtslehren im Allgemeinen Landrecht für die Preußischen Staaten von 1794 und ihre Entwicklung in der Rechtsprechung bis zum preußischen Strafgesetzbuch von 1851, in: Dölemeyer, Barbara/Mohnhaupt, Heinz (Hrsg.), 200 Jahre Allgemeines Landrecht für die preußischen Staaten. Wirkungsgeschichte und internationaler Kontext, Frankfurt am Main 1995, S. 79 – 104.

Schwennicke, Andreas: Zwischen Tradition und Fortschritt – Zum zweihundertsten Geburtstag des Preußischen Allgemeinen Landrechts von 1794, in: JuS 1994, S. 456 – 460.

Seebode, Manfred: Streitfragen des strafrechtlichen Rückwirkungsverbots im Zeitenwandel. Das Rechtsgutachten für den Reichstagsbrandprozeß, in: JJZG 3 (2001/2002), S. 203 – 233.

Sellert, Wolfgang: Benedict Carpzov – Ein fanatischer Strafjurist und Hexenverfolger?, in: Lehmann, Hartmut/Ulbricht, Otto (Hrsg.), Vom Unfug des Hexen-Processes. Gegner der Hexenverfolgungen von Johann Weyer bis Friedrich Spee, Wiesbaden 1992, S. 325 – 340.

Spee, Friedrich von: Cautio Criminalis Oder Rechtliches Bedenken wegen der Hexenprozesse. Deutsche Ausgabe von Joachim-Friedrich Ritter, Köln/Graz 1967.

Spendel, Günter: Zur Aufhebung von NS-Unrechtsurteilen, in: ZRP 1997, S. 41 – 44.

Stäcker, Therese: Die Franz von Liszt-Schule und ihre Auswirkungen auf die deutsche Strafrechtsentwicklung, Baden-Baden 2012.

Steinberg, Georg: Christian Thomasius als Naturrechtslehrer, Köln/Berlin/München 2005.

Steinberg, Georg: Deutsche Strafrechtsgeschichte, Köln 2023.

Steinberg, Georg: Geschichte des europäischen Strafrechts bis zum Reformationszeitalter, in: Hilgendorf, Eric/Kudlich, Hans/Valerius, Brian (Hrsg.), Handbuch des Strafrechts, Bd. 1: Grundlagen des Strafrechts, Heidelberg 2019, § 5.

Steiniger, P[eter] A[lfons]/*Leszczyński*, K[azimierz] (Hrsg.): Fall 3. Das Urteil im Juristenprozeß, gefällt am 4. Dezember 1947 vom Militärgerichtshof III der Vereinigten Staaten von Amerika. Mit ergänzenden Materialien zusammengestellt und eingeleitet von P[eter] A[lfons] Steiniger, Berlin 1969.

Stollberg-Rilinger, Barbara: Das Heilige Römische Reich Deutscher Nation. Vom Ende des Mittelalters bis 1806, 6. Aufl., München 2018.

Stolleis, Michael: Geschichte des öffentlichen Rechts in Deutschland, Bd. 1: Reichspublizistik und Policeywissenschaft, 1600 – 1800, 2. Aufl., München 2012.

Stolleis, M[ichael]: Weimarer Reichsverfassung (öffentlich-rechtlich), in: Erler, Adalbert u.a. (Hrsg.), Handwörterbuch zur deutschen Rechtsgeschichte. HRG, Bd. V, 1. Aufl., Berlin 1998, Sp. 1218 – 1222.

Stolp, Inga: Die geschichtliche Entwicklung des Jugendstrafrechts von 1923 bis heute. Eine systematische Analyse der Geschichte des Jugendstrafrechts unter besonderer Berücksichtigung des Erziehungsgedankens, Baden-Baden 2015.

Storz, Gerhard: Karl Eugen. Der Fürst und das „alte gute Recht", Stuttgart 1981.

Stratenwerth, Günter/*Kuhlen*, Lothar: Strafrecht Allgemeiner Teil. Die Straftat, 6. Aufl., München 2011.

Streitberger, Fritz: Der Freiheit eine Gasse. Die Lebensgeschichte des Christian Friedrich Daniel Schubart, Bietigheim 2001.

Thäle, Brigitte: Die Verdachtsstrafe in der kriminalwissenschaftlichen Literatur des 18. und 19. Jahrhunderts, Frankfurt am Main u.a. 1993.

[*Thomasius*, Christian]: Christian Thomasii gelehrte Streitschrift von dem Verbrechen der Zauber- und Hexerey. Aus dem Lateinischen übersetzt, und bey Gelegenheit der Gaßnerischen Wunderkuren zum Besten des Publikums herausgegeben, [o. Ort] 1775.

Timm, Alexander: Der Entwurf eines Strafgesetzbuchs von 1962, Berlin 2016.

Ueberschär, Gerd R[olf] (Hrsg.): Der Nationalsozialismus vor Gericht. Die alliierten Prozesse gegen Kriegsverbrecher und Soldaten 1943 – 1952, 3. Aufl., Frankfurt am Main 2008.

Ulbricht, Otto: Kindsmord und Aufklärung in Deutschland, München 1990.

van Dülmen, Richard (Verf. u. Hrsg.): Entstehung des frühneuzeitlichen Europa 1550 – 1648, Augsburg 2000.

van Oorschot, Theo G. M., Einführung, in: ders. (Hrsg.), Friedrich Spee (1591 – 1635). Düsseldorfer Symposium zum 400. Geburtstag. Neue Ergebnisse der Spee-Forschung. Unter Mitarbeit von Martin Gerlach, Bielefeld 1993, S. 7 – 9.

Vassalli, Giuliano: Radbruchsche Formel und Strafrecht. Zur Bestrafung der „Staatsverbrechen" im postnazistischen und postkommunistischen Deutschland. Aus dem Italienischen von Thomas Vormbaum, Berlin u.a. 2010.

Vogel, Thomas: Fehderecht und Fehdepraxis im Spätmittelalter am Beispiel der Reichsstadt Nürnberg (1404 – 1438), Frankfurt am Main u.a. 1998.

Vormbaum, Moritz: Das Strafrecht der Deutschen Demokratischen Republik, Tübingen 2015.

Vormbaum, Moritz: Das Strafrecht der Deutschen Demokratischen Republik, in: Hilgendorf, Eric/Kudlich, Hans/Valerius, Brian (Hrsg.), Handbuch des Strafrechts, Bd. 1: Grundlagen des Strafrechts, Heidelberg 2019, § 10.
Vormbaum, Moritz: Einführung, in: ders. (Hrsg.), Spätverfolgung von NS-Unrecht, Berlin 2023, S. 1 – 3.
Vormbaum, Thomas: Einführung in die moderne Strafrechtsgeschichte, 4. Aufl., Heidelberg u.a. 2019.
Vormbaum, Thomas: Entwicklungsphasen des Strafgesetzbuchs, in: Hilgendorf, Eric/Kudlich, Hans/Valerius, Brian (Hrsg.), Handbuch des Strafrechts, Bd. 1: Grundlagen des Strafrechts, Heidelberg 2019, § 9.
Vormbaum, Thomas (Hrsg.): Moderne deutsche Strafrechtsdenker, Berlin u.a. 2011.
Vormbaum, Thomas (Hrsg.): Moderne italienische Strafrechtsdenker, Berlin u.a. 2012.
Vormbaum, Thomas (Hrsg.): Strafrechtsdenker der Neuzeit, Baden-Baden 1998.
Vormbaum, Thomas/*Rentrop*, Kathrin (Hrsg.): Reform des Strafgesetzbuchs. Sammlung der Reformentwürfe, Bd. 1: 1909 bis 1919, Berlin 2008.
Vormbaum, Thomas/*Rentrop*, Kathrin (Hrsg.): Reform des Strafgesetzbuchs. Sammlung der Reformentwürfe, Bd. 2: 1922 bis 1939, Berlin 2008.
Wadle, Elmar: Der Ewige Landfriede von 1495 und das Ende der mittelalterlichen Friedensbewegung (1995), in: ders. (Hrsg.), Landfrieden, Strafe, Recht. Zwölf Studien zum Mittelalter, Berlin 2001, S. 183 – 196.
Wadle, Elmar: Die Entstehung der öffentlichen Strafe – Klassische Vorstellungen und neue Fragen (1996), in: ders. (Hrsg.), Landfrieden, Strafe, Recht. Zwölf Studien zum Mittelalter, Berlin 2001, S. 219 – 241.
Wadle, Elmar: Die peinliche Strafe als Instrument des Friedens (1996), in: ders. (Hrsg.), Landfrieden, Strafe, Recht. Zwölf Studien zum Mittelalter, Berlin 2001, S. 197 – 217.
Wadle, Elmar: Gottesfrieden und Landfrieden als Gegenstand der Forschung nach 1950 (1996), in: ders. (Hrsg.), Landfrieden, Strafe, Recht. Zwölf Studien zum Mittelalter, Berlin 2001, S. 11 – 39.
Wadle, Elmar: Zur Delegitimierung der Fehde durch die mittelalterliche Friedensbewegung, in: Schlosser, Hans/Sprandel, Rolf/Willoweit, Dietmar (Hrsg.), Herrschaftliches Strafen seit dem Hochmittelalter. Formen und Entwicklungsstufen, Köln u.a. 2002, S. 9 – 30.
Wächtershäuser, Wilhelm: Das Verbrechen des Kindesmordes im Zeitalter der Aufklärung. Eine rechtsgeschichtliche Untersuchung der dogmatischen, prozessualen und rechtssoziologischen Aspekte, Berlin 1973.
Wagner, Walter: Der Volksgerichtshof im nationalsozialistischen Staat. Mit einem Forschungsbericht für die Jahre 1975 bis 2010 von J. Zarusky. Erweiterte Neuausgabe, München 2011.
Walter, Tonio: Einführung in das Strafrecht, in: JA 2013, S. 727 – 733.
Walter, Tonio: P.J.A. Feuerbach – Gelehrter, Gesetzgeber und Richter, in: Koch, Arnd u.a. (Hrsg.), Feuerbachs Bayerisches Strafgesetzbuch, Tübingen 2014, S. 19 – 37.
Walther, Manfred: Hat der juristische Positivismus die deutschen Juristen wehrlos gemacht?, in: KJ 1988, S. 263 – 280.
Walz, Gotthilf: Die Entwicklung der Strafrechtspflege in Kamerun unter deutscher Herrschaft 1884 – 1914, Freiburg 1981.
Weber, Klaus: Wiedervereinigung, in: ders. (Hrsg.), Creifelds, Rechtswörterbuch, 25. Ed., München 2020.
Weber, Robert: Die Entwicklung des Nebenstrafrechts 1871 – 1914, Baden-Baden 1999.
Weckner, Falk: Strafrecht und Strafrechtspflege für Afrikaner und ihnen gleichgestellte Farbige in Deutsch-Ostafrika, Hamburg 2010.
Wehler, Hans-Ulrich, Deutsche Gesellschaftsgeschichte, Bd. 5: Bundesrepublik und DDR. 1949 – 1990, München 2008.
Weinke, Annette: Die Waldheimer „Prozesse" im Kontext der strafrechtlichen Aufarbeitung der NS-Diktatur in der SBZ/DDR, in: *Haase*, Norbert/Pampel, Bert (Hrsg.), Die Waldheimer

„Prozesse" – fünfzig Jahre danach. Dokumentation der Tagung der Stiftung Sächsische Gedenkstätten am 28. und 29. September 2000 in Waldheim, Baden-Baden 2001, S. 27 – 48.
Weinke, Annette: Gewalt, Geschichte, Gerechtigkeit. Transnationale Debatten über deutsche Staatsverbrechen im 20. Jahrhundert, Göttingen 2016.
Weitzel, Jürgen: Der Kampf um die Appellation ans Reichskammergericht. Zur politischen Geschichte der Rechtsmittel in Deutschland, Köln/Wien 1976.
Welzel, Hans: Naturalismus und Wertphilosophie im Strafrecht (1935), in: ders., Abhandlungen zum Strafrecht und zur Rechtsphilosophie, Berlin u.a. 1975, S. 29 – 119.
Werber, Wolfgang: Analogie- und Rückwirkungsverbot im Dritten Reich unter Berücksichtigung der Kontinuitätsfrage zur Weimarer Zeit, Diss. Bonn 1998.
Werkentin, Falco: Die Waldheimer „Prozesse" – ein Experimentierfeld für die künftige Scheinjustiz unter Kontrolle der SED?, in: *Haase*, Norbert/*Pampel*, Bert (Hrsg.), Die Waldheimer „Prozesse" – fünfzig Jahre danach. Dokumentation der Tagung der Stiftung Sächsische Gedenkstätten am 28. und 29. September 2000 in Waldheim, Baden-Baden 2001, S. 6 – 26.
Werle, Gerhard: Justiz-Strafrecht und polizeiliche Verbrechensbekämpfung im Dritten Reich, Berlin u.a. 1989.
Werle, Gerhard: Menschenrechtsschutz durch Völkerstrafrecht, in: ZStW 109 (1997), S. 808 – 829.
Werle, Gerhard/*Jeßberger*, Florian: Das Völkerstrafgesetzbuch, in: JZ 2002, S. 725 – 734.
Werle, Gerhard/*Jeßberger*, Florian: Völkerstrafrecht, 5. Aufl., Tübingen 2020.
Werle, Gerhard/*Vormbaum*, Moritz: Nationalsozialistisches Unrecht, SED-Unrecht und juristische Ausbildung – Zur Reform von § 5a DRiG, in: JZ 2021, S. 1163 – 1167.
Werner, Raik: Resozialisierung, in: Weber, Klaus (Hrsg.), Weber kompakt, Rechtswörterbuch, 9. Ed. (Stand: 1. Oktober 2023), München 2023.
Westphalen, Daniela: Karl Binding (1841 – 1920). Materialien zur Biographie eines Strafrechtsgelehrten, Frankfurt am Main u.a. 1989.
Wieacker, Franz: Privatrechtsgeschichte der Neuzeit unter besonderer Berücksichtigung der deutschen Entwicklung, 2. Aufl., 1967 (Nachdr.: Göttingen 1996).
Will, Thomas: Die Zentrale Stelle in Ludwigsburg. Werkstattbericht, in: Vormbaum, Moritz (Hrsg.), Spätverfolgung von NS-Unrecht, Berlin 2023, S. 121 – 136.
Willoweit, Dietmar/*Schlinker*, Steffen: Deutsche Verfassungsgeschichte. Vom Frankenreich bis zur Wiedervereinigung Deutschlands, 8. Aufl., München 2019.
Winkler, Heinrich August: Geschichte des Westens. Die Zeit der Gegenwart, 1. Aufl. der Sonderausgabe, München 2016. – Zit.: *Winkler*, Geschichte IV, 2016.
Winkler, Heinrich August: Geschichte des Westens. Die Zeit der Weltkriege 1914 – 1945, 1. Aufl. der Sonderausgabe, München 2016. – Zit.: *Winkler*, Geschichte II, 2016.
Winkler, Heinrich August: Geschichte des Westens. Vom Kalten Krieg zum Mauerfall, 1. Aufl. der Sonderausgabe, München 2016. – Zit.: *Winkler*, Geschichte III, 2016.
Winkler, Heinrich August: Geschichte des Westens. Von den Anfängen in der Antike bis zum 20. Jahrhundert, 1. Aufl. der Sonderausgabe, München 2016. – Zit.: *Winkler*, Geschichte I, 2016.
Wirth, Ingo/*Kroll*, Remo: Morduntersuchung in der DDR, Berlin 2014.
Wittig, Petra: Wirtschaftsstrafrecht, 6. Aufl., München 2023.
Wolf, Erik: Das künftige Strafensystem und die Zumessungsgrundsätze, in: ZStW 54 (1935), S. 544 – 574.
Wolff, Christian: Grundsätze des Natur- und Völkerrechts. Mit einem Vorwort von Marcel Thomann, Hildesheim/New York 1980.
Wolff, Jörg/*Egelkamp*, Margreth/*Mulot*, Tobias: Das Jugendstrafrecht zwischen Nationalsozialismus und Demokratie. Die Rückkehr der Normalität. Unter Mitarbeit von Michael Gassert, Baden-Baden 1997.
Zaczyk, Rainer: Kritische Bemerkungen zum Begriff der Verhaltensnorm, in: GA 2014, S. 73 – 90.
Zaffaroni, Eugenio Raúl/*Croxatto*, Guido Leonardo: Friedrich Spee. Der erste kritische Kriminologe, in: ZStW 131 (2019), S. 1228 – 1256.

Ziemann, Sascha: Neukantianisches Strafrechtsdenken. Die Philosophie des Südwestdeutschen Neukantianismus und ihre Rezeption in der Strafrechtswissenschaft des frühen 20. Jahrhunderts, Baden-Baden 2009.

Zimmerling, Jürgen: Die Entwicklung der Strafrechtspflege für Afrikaner in Deutsch-Südwestafrika 1884 – 1914. Eine juristisch/historische Untersuchung, Bochum 1995.

Zimmermann, Andreas: Role and Function of International Criminal Law in the International System after the Entry into Force of the Rome Statute of the International Criminal Court, in: GYIL 45 (2002), S. 35 – 54.

Zimmermann, Till/*Griesar*, Fabio: Die Strafbarkeit von Straßenblockaden durch Klimaaktivisten gem. § 240 StGB, in: JuS 2023, S. 401 – 408.

Zippelius, Reinhold/*Würtenberger*, Thomas: Deutsches Staatsrecht, 33. Aufl., München 2018.

Zwiehoff, Gabriele: Materialien zur Geschichte der Strafprozessordnung und der Strafgerichtsverfassung Bd. 1: 1877 – 1949, Münster 2012.

Zwiehoff, Gabriele: Materialien zur Geschichte der Strafprozessordnung und der Strafgerichtsverfassung Bd. 2: 1950 – 1965, Münster 2012.

Sach- und Personenregister

Abschreckung 75, 117, 213, 215, 221 ff., 229, 259, 285, 320
Absolute Straftheorie *siehe* Straftheorie, absolute
Absolutismus 67, 69, 186, 190, 320
Absprache im Strafverfahren *siehe* Verfahrensabsprache
ad-hoc-Strafgerichtshof 173
Akkusationsprozess 52, 301, 303, 305
Aktenversendung 249, 302, 309 f.
Allgemeines Landrecht für die Preußischen Staaten 75, 78 ff., 95, 111, 192, 223, 257, 288 f., 322 f.
Alliierte 139, 142 f., 153, 156
Alternativ-Entwurf 166, 239
Altes Reich 24, 78
Analogie 244, 249, 276
Analogiegebot 249
Analogienovelle 202, 267 f.
Analogieverbot 243, 254, 262
Angeklagter 145, 153 f., 160 ff., 300, 309, 329
Angriffskrieg 153 f.
Antifaschismus 162
Appellationsgericht 46
Appellationsprivileg 46
Arbeitshaus 230
Arendt, Hannah 157
Arzt 101, 156
Ärzteprozess 156
Aufklärung 50, 58, 60 ff., 71, 74 ff., 79 ff., 190, 192, 201, 222, 253 f., 256 f.
Augsburger Reichstag 38
Auschwitzprozess, Frankfurter 160
Auslegung 59, 93, 136, 151, 244, 264, 275
Außerordentliche Strafe 59, 250, 322 ff.
Autorennen 175

Baden 83
Bambergensis 34, 51
Bauernkrieg 37
Bayerisches Strafgesetzbuch 91 ff., 111, 193 ff., 259, 261, 292
Beamte 79, 125, 142, 254

Beamtenrecht 79
Beccaria, Cesare 71 ff., 77, 81, 222, 253, 290 f., 318 f.
Befreiungskriege 69
Belgien 42
Berlin 87, 117, 162, 173, 269, 320
Besatzung 139, 142, 153, 162
Beschuldigter 253, 269, 300, 308, 318, 330, 336
Besonderer Teil 202
Besserung 117, 121, 137, 142, 213, 223, 225, 229 f., 234, 236, 287, 290
Bestimmtheitsgrundsatz / Bestimmtheitsprinzip 243, 258, 266
Beweggrund, niedriger 127, 142
Beweis 9, 250, 301, 305, 321, 323
Bibel 35, 37, 184 f., 219
Bill of Rights 41
Binding, Karl 114, 117, 231 ff., 254, 263
Blutschutzgesetz 129
Blutstrafen 26
Böhmen 21 f.
Brandenburg 22, 79
Brandstiftung 218, 247, 260, 269 f., 288 f.
Brandt, Susanne Margaretha 75
Bruns, Hans-Jürgen 206 f.
Buchdruck 14, 35
Bund, Deutscher 84, 88 ff., 104, 144
Bundesgerichtshof 151, 281
Bundesjustizministerium 238
Bundesrepublik Deutschland 17 f., 139, 148, 158 ff., 163 ff., 208, 238, 275 f., 281, 295, 299, 334
Bundesverfassungsgericht 137, 176, 209 f., 275, 281
Bürgerkrieg 41, 43, 189 f.

Calvinismus 36, 39, 43
Carmer, Johann Heinrich Casimir von 79
Carolina 15, 34, 48 ff., 75, 78, 105, 185, 218, 247 ff., 256, 284 ff., 302 f., 306 ff., 314 ff.

Sach- und Personenregister

Carpzov (Carpzow), Benedict (Benedikt) 58 ff., 75, 184 ff., 219 f., 250 f., 285, 302
Code d'instruction criminelle 329
Code pénal 94 ff.
Constitutio Criminalis Bambergensis *siehe* Bambergensis
Constitutio Criminalis Carolina *siehe* Carolina
Constitutio Criminalis Theresiana *siehe* Theresiana
Corpus iuris civilis 33 f.
Cromwell, Oliver 41

Dahm, Georg 200
Deal im Strafverfahren *siehe* Verfahrensabsprache
Delikt 28, 50 ff., 79, 96, 142, 173, 185, 193, 204, 230 ff., 251, 269 f., 293, 305, 313, 316
Demjanjuk, John (Iwan) 161
Demokratie 125, 182, 211
Demonstrationsstrafrecht 166
Den Haag 153, 173
Denunziation 162, 171, 277, 304
Deutsche Demokratische Republik (DDR) 139, 151, 162, 168 ff., 277, 279, 281, 296
Deutscher Bund *siehe* Bund, Deutscher
Diebstahl 28, 79, 96, 102, 120, 153, 168, 202, 204, 218, 262, 267, 286
Digitalisierung 177
Diktatur 125, 158, 182
Diskriminierung 129, 142, 280
Doping 10, 171, 277
Dreißigjähriger Krieg 39, 184, 186

Edikt von Nantes 43
Ehebruch 75, 194, 248
Ehrenstrafe 282, 284, 288
Eichmann, Adolf 157
Einsatzgruppenprozess, Ulmer *siehe* Ulmer Einsatzgruppenprozess
Einzelfallgesetz 273
Eiserner Vorhang 173
EMRK 164
Endlicher Rechtstag 310
England 41, 85, 189, 287

Entziehung elektrischer Energie 262, 267
Epoche 11, 13 ff., 35 f., 61, 68, 92, 139
Ermächtigungsgesetz 125, 142, 272 f.
Erster Weltkrieg *siehe* Weltkrieg, Erster
Erwachsener 193, 299
Europa 20, 26, 39, 60, 67 ff., 84, 107, 109, 164, 173 f., 312, 320, 334
Europäische Menschenrechtskonvention *siehe* EMRK
Ewiger Landfrieden 31, 45
Exil 186, 189

Fehde 25 ff., 45 f.
Feindstrafrecht 174
Festungshaft 326
Feudalsystem 69, 186
Feuerbach, Paul Johann Anselm von 91 f., 192 ff., 226, 258 ff.
Feuerprobe 305
Folter (peinliche Befragung) 52, 73, 75 f., 80, 305 ff., 316, 318 ff., 334
Foucault, Michel 98, 100
Fränkische Zeit 26
Frankreich 39, 43, 69 f., 83, 89, 192, 312
Französische Revolution 69
Freiheit 69, 74, 85 ff., 192, 226, 228, 254, 288, 291, 297 ff.
Freiheitsstrafe 8, 75, 96, 98 f., 150, 215, 264, 282 f., 286 ff.
Freisler, Roland 202, 333
Frieden, westfälischer 40, 42
Friedrich II. (Kaiser) 30
Friedrich II. (Preußen) / Friedrich der Große 67, 79, 222, 256, 320, 326
Friedrich Wilhelm II. (Preußen) 79, 326
Friedrich Wilhelm III. (Preußen) 326
Friedrich Wilhelm IV. (Preußen) 87
Führerprinzip 125

Gefängnis 69, 75, 100 f., 150, 282, 286 ff.
Geldstrafe 8, 96, 215, 264, 282, 288, 299
Gemeines Strafrecht → Strafrecht, gemeines
Generalprävention 4, 213, 215 f., 223, 226, 240, 258

Sach- und Personenregister

Gerichtsbesetzung 52
Geschwisterinzest *siehe* Inzest
Geschworene 329, 331
Gesellschaft 4, 8, 14, 37, 56, 60, 67, 74, 103, 137, 158, 177, 188, 191 f., 213, 215, 221, 224, 231 f., 239 f., 253, 290 f., 313
Gesellschaftsvertrag 74, 191 f., 221, 253, 291
Gesellschaftszustand 191
Gesetzesgehorsam 191
Gesetzespositivismus 134
Gesetzgeber 24, 75, 95, 134, 136, 167, 175, 182, 197, 204, 209 ff., 234, 245, 253 f., 257, 262 f., 276, 280
Gesetzlichkeitsprinzip *siehe* nulla-poena-Prinzip
Gesinnungsstrafrecht 203 ff., 237
Geständnis 53, 305, 307 f., 318, 321 f., 335
Gewaltenteilung 70, 125, 254, 330
Gewohnheitsrecht 57, 243, 245, 276, 301
Gewohnheitsverbrecher 137, 142, 230, 233 ff., 263
Glaubenskriege *siehe* Religionskriege
Gleichschaltung 125
Glorious Revolution 41
Goethe, Johann Wolfgang von 75
Goldene Bulle 22
Göring, Hermann 154
Gott 35, 60, 65, 184 ff., 220, 247, 305
Gottesfrieden 27 f.
Gotteslästerung 247
Gottesurteil 305
Grausamkeit 73, 318
Grotius, Hugo 60, 74, 186 ff.
Grundgesetz 163, 208, 275 f., 295, 328, 334
Grundrecht 70, 87, 125

Habsburger 23, 87, 320
Hambacher Fest 86
Hassemer, Winfried 176
Hauptverhandlung 300, 336
Hegel, Georg Wilhelm Friedrich 226 f., 260

Heiliges Römisches Reich 17, 20, 23 ff., 32, 36, 41, 44, 55 f., 78 f., 82, 287, 305, 312
Heimtückegesetz 204, 266
Heinrich II. 43
Heinrich IV. 43
Heranwachsender 165, 169
Herrscher 20, 22 f., 25 f., 28, 67, 73, 79, 84, 190 f., 222, 253, 257, 330
Hexenverfolgung 61, 63, 75, 312 ff.
Hinrichtung 63, 154, 218, 222, 251, 284, 317, 320
Hitler, Adolf 125, 143
Hobbes, Thomas 189 ff., 221
Hoche, Alfred 114
Hochverrat 79, 269 f.
Hoftag 24
Hohenzollern 153
Hommel, Karl Ferdinand 256
Homosexualität 92, 193
Hugenotten 43
Humanismus 64 f.
Humanität 71, 73

I.G.-Farben-Prozess 156
Imperialismus 107
Indigene 106, 109
Industrialisierung 85
Inhaftierung 298, 324, 326 ff.
Innozenz III, Papst 305
Inquisitionsprozess 52, 301 ff., 310, 318, 327, 329
Internationaler Strafgerichtshof 153, 173
Internationaler Strafgerichtshof für Jugoslawien 173
Internationaler Strafgerichtshof für Ruanda 173
Internet 177
Inzest 176, 195, 209 f.

Jakobs, Günther 115, 174
Josephina 78, 288
Juden 129, 157, 266
Jugendgerichtsgesetz 124, 128, 169 f.
Jugendstrafrecht 128, 165, 169
Juristenprozess 156
Justizunrecht 149

163

Kaiser 23, 30, 38, 40, 48, 69, 78, 82, 84, 87, 89, 109, 153
Kaiserreich 17, 90, 97, 105, 108 f., 118, 121, 123, 136, 293, 331
Kalter Krieg 139, 155, 173
Kant, Immanuel 66, 76 f., 192, 224 ff., 232, 291
Karl I. (England) 41
Karl II. (England) 41
Karl IX. (Frankreich) 43
Karl V. (Kaiser) 38
Katharina de' Medici 43
Katholizismus 36
Kernstrafrecht 120
Kieler Schule 200
Kindstötung 52, 75
Kirche 27, 35, 38, 79
Kirchenrecht 79
Klassische Schule *siehe* Schule, klassische
Klein, Ernst Ferdinand 79
Klimaschutz 177
Kodifikation 54, 62, 78 f., 112, 257, 288, 329
Kolonialstrafrecht 107 ff.
Kolumbus, Christoph 14
Konfession 36, 39 f., 43, 186
Konfessionalisierung 36
Kontaktsperre 167
Kontrollrat, Alliierter 139, 142 f.
Kopernikus, Nikolaus 65
Körperstrafe 26, 98 f., 282 ff., 288
Körperverletzung 9, 227, 260, 264
Kriegsende 141, 147
Kriegsverbrechen 154, 173
Kriegsverbrecher 153
Kriminalpolitik 1, 167, 200, 239
Kriminologie 101, 103
Kurfürsten 22, 24, 328

Landesherr 38, 309, 311, 326 ff.
Landesverrat 79, 288, 333
Landesverweisung 284
Landfrieden 28, 30 f., 44 ff.
Landstreicher 80
Lehnsverfassung 24
Lehnswesen 22
Leibesstrafe *siehe* Körperstrafe

Leipzig 58, 114, 302
Leopoldina 78, 290
Leviathan 189, 191, 221
Lex van der Lubbe 273
Liszt, Franz von 117, 121, 205, 228 ff., 263
Locke, John 190
Lombroso, Cesare 102 f.
Ludwig XVI. 69
Ludwigsburg 159
Luther, Martin 14, 35
Luxemburg 42, 84
Luxemburger 23

Machtergreifung 125, 265
Mainzer Reichslandfrieden *siehe* Reichslandfrieden, Mainzer
Marburger Programm 229
Maria Theresia 67, 256
Maßregel 137, 142, 230, 233 ff., 298, 324 f.
Mauer, Berliner 162, 173, 277, 281
Mauerschützenprozesse 281
Maximilian I. 45
Meineid 247
Menschenwürde 76, 174
Migration 177
Mittelalter 13 ff., 20 ff., 24 ff., 35, 51, 178, 284, 301, 305, 312 f.
Mittermaier, Carl Joseph Anton 93
Moderne Schule *siehe* Schule, moderne
Monopolsicherung 119
Montesquieu, Charles de 192, 254
Moral 80, 91, 166, 192, 194, 198
Mord 75, 79, 81, 127, 138, 142, 148, 157, 159, 204, 247, 281, 288, 291, 293, 320, 331
Mordlust 127, 142
Müller-Arnold-Prozess 326
Mündlichkeit 329, 336
Münzfälschung 54, 247

Nachfolgeprozesse *siehe* Nürnberger Nachfolgeprozesse
Nagler, Johannes 271
Napoléon Bonaparte 69, 82 ff., 94
Nationalversammlung 69, 87, 123, 264
Naturrecht 60 ff., 74, 76, 79, 112 f., 186, 188

Sach- und Personenregister

Nebenstrafrecht 118
Nichtigkeitsbeschwerde 47
Niederlande 42, 60, 108, 153, 173, 186, 269
Niedriger Beweggrund *siehe* Beweggrund, niedriger
Norddeutscher Bund 88 f., 97, 104 f.
Normentheorie 114
Nötigung 177
Notverordnung 271
Novemberrevolution 123
NSDAP 162, 266
nulla-poena-Prinzip (Gesetzlichkeitsprinzip) 92, 95, 106, 109, 123, 126, 163, 179 241 ff.
Nürnberger Nachfolgeprozesse 156
Nürnberger Prozesse 153
Nutzungsrecht 24

Oetker, Friedrich August 271
Ökozid 177
Opfer 153, 204
Österreich 67, 78, 82 ff., 88 f., 256, 288

Panoptikum 100
Partikulargesetzgebung 57, 93
Partikularrecht 32, 55
Partikularstaaten 90, 94, 331
Paulskirche 87, 292
Pavia 71
Peinliche Befragung *siehe* Folter
Peinliche Strafe 25, 27, 29, 32, 284, 286, 301
Peinliches Recht 197, 308
Polenstrafrechtsverordnung 266
Policey 50
Polizei 50, 91, 162, 171, 196, 294, 328, 336
Positivismus 114, 117, 131 ff.
Positivismuslegende 131
Prangerstehen 282, 284, 288
Prävention 4, 29, 50, 117, 212 ff., 218, 221 ff., 228, 230 ff., 239 f., 258
Presse 86, 118
Preußen 67, 78 f., 82 ff., 88, 222, 256, 320, 326
Preußische Criminalordnung 329

Preußisches Allgemeines Landrecht *siehe* Allgemeines Landrecht für die Preußischen Staaten
Preußisches Strafgesetzbuch 75, 79, 95, 104, 261
Protestant 36, 38 f., 42, 312
Protestantismus 35 f.
Pufendorf, Samuel von 62

Quellensammlung 19

Rache 221
Radbruch, Gustav 131 ff., 149 f., 280 f.
Radbruch'sche Formel 280 f.
Rädern 222, 288, 320
RAF (Rote Armee Fraktion) 167
Raub 247
Rechtfertigungsgrund 280
Rechtsbeugung 149, 151
Rechtsgut 199, 201 f., 207 ff.
Rechtsmittel 46 f, 150, 332
Rechtsstaatlichkeit 76, 141, 144, 150 f., 162, 174
Rechtstag, endlicher *siehe* Endlicher Rechtstag
Rechtsverletzungslehre 91, 192 ff.
Rechtswissenschaft 58, 60, 71, 91, 101, 114 f., 174, 177, 184, 197 f., 200 f., 203, 205, 208, 238, 271
Reformation 14, 35 ff.
Reichsacht 45
Reichsgericht 46, 262, 269, 274, 328
Reichsjustizministerium 131, 156, 266
Reichskammergericht 46 f., 328
Reichskanzler 125, 271
Reichslandfrieden, Mainzer 30
Reichspräsident 125, 269, 272
Reichsreformen 44
Reichsregierung 125, 272
Reichsstadt 20, 32, 57
Reichsstände 20, 24, 38, 40, 45 f.
Reichsstrafgesetzbuch 75, 104 ff., 109, 115 f., 118, 121, 124, 126, 163, 168, 170, 204, 234, 236 f., 261 ff., 267, 269 f., 275, 293
Reichsstrafprozessordnung 105, 109
Reichstag (bis zur Frühen Neuzeit) 24, 38, 45 f., 48
Reichstag zu Worms 45 f.

165

Sach- und Personenregister

Reichstagsbrandprozess 145, 264, 269 f., 273 f.
Reichstagsbrandverordnung 144, 270, 273
Relative Straftheorie *siehe* Straftheorie, relative
Religionskriege 36
Renaissance 65
Republikschutzgesetze 123
Resozialisierung 137
Revision, strafprozessuale 150
Rheinbund 83
Richterprivileg 149 ff.
Richtervorbehalt 328, 334
Rote Armee Fraktion *siehe* RAF
Rousseau, Jean Jacques 69, 190
Ruanda 108, 173
Rückwirkungsverbot 243, 254, 258, 262, 264, 269, 278 f., 281

Sachsen 20, 22, 32, 58 f., 90, 162
Sachsenspiegel 32
Säkularisierung 36, 61, 71, 74 f., 186
Salvatorische Klausel 49, 315
Schadenszauber 314
Schaffstein, Friedrich 200 f., 205, 237
Schöffengericht 302, 331
Schöffenstuhl (Schöppenstuhl) 58, 302
Schuld 8, 57, 114, 137, 202, 204, 239, 305, 323 ff., 329, 331
Schuldunfähigkeit 8
Schule, klassische 231, 233 f., 236
Schule, moderne 231, 233 f., 236
Schulenstreit 114, 117, 121, 234, 325
Schutzgebietsgesetz 109 f.
Schwurgericht 329 f., 331
Seenotrettung 177
Sexualstrafrecht 166
Sicherheitsrat der Vereinten Nationen 173
Sicherungsverwahrung 137, 230, 234 ff., 298
Sitten 153, 198
Sittengesetz 153
Sondergericht 151
Spanien 42, 70, 108, 307
Spätantike 33, 51
Spee, Friedrich 63, 317

Spezialprävention 117, 212, 215 f., 228, 231, 240
Staatsanwalt 144, 151, 158, 161, 171, 300, 328 ff., 336
Staatsräson 76, 320
Stadtrecht 57
Stalking 276
Standgericht 144
Strafanwendungsregel 153
Strafgesetzbuch 75, 163, 167, 238, 242, 262, 275 f.
Strafgesetzbuch für das Königreich Bayern *siehe* Bayerisches Strafgesetzbuch
Strafhöhe 117, 215 f., 264, 291
Strafmündigkeit 8, 122, 124
Strafprozess, reformierter 331
Strafprozessordnung 150, 174, 300, 328, 331, 335 f.
Strafprozessrecht 53
Strafrecht, gemeines 56 f., 60
Strafrechtsreform 121, 124, 166, 234
Straftheorie, absolute 214, 229, 233, 238
Straftheorie, relative 214, 231 ff., 238
Strafverfahrensrecht *siehe* Strafprozessrecht
Strafverhängung 4, 8, 75, 149 f., 153, 219, 221 f., 224, 250, 272, 285 f., 291, 311
Strafvollstreckung 219, 310
Strafvollzug 9, 222 f., 272, 320
Strafzumessung 122, 169, 204, 233, 239, 264
Sühnegedanke 75, 239
Suizidhilfe 176
Svarez, Carl Gottlieb 79

Talion 291
Tätertyp 117, 121, 126
Terror 69, 125 f., 130, 144, 167, 174 f.
Theresiana 78, 320
Thomasius, Christian 61, 256, 317
Todesstrafe 59, 72, 75, 77, 81, 106, 122, 163, 170, 185, 193, 251, 269, 272 ff., 282, 284 ff., 288 ff.
Todesurteil 58, 145, 149, 151, 162, 285
Toskana 78, 290 f.

Totschlag 8, 75, 79, 120, 247, 281, 331

Ulmer Einsatzgruppenprozess 158, 160
Unschädlichmachung 117, 229 f., 233, 237, 326
UN-Sicherheitsrat *siehe* Sicherheitsrat der Vereinten Nationen
USA 70, 139, 174

van der Lubbe, Marinus 145, 269 f., 273 f.
Verbrechen 75, 80, 95 f., 101, 103, 114, 148, 153 f., 159, 173, 193, 202 f., 207, 227, 230, 250, 253 f., 269, 271, 290 f., 320, 323, 325
Verdachtsregelung 52 f.
Verdachtsstrafe 311, 322 f.
Vereinigungslehre 215
Verfahrensabsprache (Deal im Strafverfahren) 335
Verfassung 69 f., 87, 123, 125, 136, 163, 264, 272, 275, 278, 292
Verfassungsbeschwerde 176
Verfassungsgericht *siehe* Bundesverfassungsgericht
Vergehen 95 f., 193 f., 233
Vergeltung 214, 218, 225, 227, 231, 233, 291
Vergewaltigung 247, 284
Verhaftung 162, 305, 326 ff.
Verhältnismäßigkeit 208 f., 290
Verhör 305, 319
Verjährung 148, 160
Vernunft 60 f., 66, 74, 79, 187 f., 291
Versailler Vertrag 110, 153
Versuch 53, 96, 142, 153, 204, 281
Verteidiger (Verteidigung) 167, 329, 336
Vertrag von Versailles *siehe* Versailler Vertrag
Vertrag, völkerrechtlicher 40, 155, 164
Vierteilung 284
Völkergewohnheitsrecht 276
Völkerrecht 40, 42, 108, 153, 155, 164, 173, 276

Völkerrechtlicher Vertrag *siehe* Vertrag, völkerrechtlicher
Völkerstrafrecht 153, 155, 173
Volksgemeinschaft 128, 202 f., 205
Volksgerichtshof 144, 151, 333
Volkssouveränität 69
Vollzug *siehe* Strafvollzug
Voltaire 69, 192
Vorfeldkriminalisierung 175

Wahlfälschung 171, 277
Weber, Hellmuth von 271
Wehrmacht 154
Weimarer Reichsverfassung 123, 125, 264, 270 ff., 275
Weimarer Republik 122 ff., 136, 166, 234, 264
Weltkrieg, Erster 107 f., 110, 118, 123, 136, 153
Weltkrieg, Zweiter 139, 143, 152 f., 162, 278, 280
Westfälischer Frieden *siehe* Frieden, westfälischer
Wiedervereinigung 172, 278, 281
Wiener Kongress 84, 94
Wilhelm I. 89
Wilhelm II. 153
Willkür 133, 144, 205, 327
Wirtschaftskriminelle 174
Wirtschaftskrise 69
Wittelsbacher 23
Württemberg 83, 89 f., 326

Zauberei 314
Zerboni, Joseph 326
Zeuge 52, 308, 322
Zuchthaus 75, 129, 193, 269, 287 f., 299, 322
Zwangsarbeit 290
Zwangskastration 142, 237
Zwangsvollstreckung 25
Zweckgedanke 117, 228 f., 231
Zweckmäßigkeit 71 f., 76
Zweiter Weltkrieg *siehe* Weltkrieg, Zweiter